오늘부터
팀장
입니다

오늘부터 팀장입니다

초판 1쇄 발행 2022년 6월 13일

지은이 레이첼 파체코 / **옮긴이** 최윤영

펴낸이 조기흠
기획이사 이홍 / **책임편집** 임지선 / **기획편집** 유소영, 정선영, 박단비, 전세정 / **글도움** 김현경
마케팅 정재훈, 박태규, 김선영, 홍태형, 배태욱, 임은희 / **디자인** 박진범 / **제작** 박성우, 김정우

펴낸곳 한빛비즈(주) / **주소** 서울시 서대문구 연희로2길 62 4층
전화 02-325-5506 / **팩스** 02-326-1566
등록 2008년 1월 14일 제25100-2017-000062호

ISBN 979-11-5784-584-2 03320

이 책에 대한 의견이나 오탈자 및 잘못된 내용에 대한 수정 정보는 한빛비즈(주)의 홈페이지나
이메일(hanbitbiz@hanbit.co.kr)로 알려주십시오. 잘못된 책은 구입하신 서점에서 교환해드립니다.
책값은 뒤표지에 표시되어 있습니다.

⌂ hanbitbiz.com facebook.com/hanbitbiz post.naver.com/hanbit_biz
▶ youtube.com/한빛비즈 instagram.com/hanbitbiz

지금 하지 않으면 할 수 없는 일이 있습니다.
책으로 펴내고 싶은 아이디어나 원고를 메일(hanbitbiz@hanbit.co.kr)로 보내주세요.
한빛비즈는 여러분의 소중한 경험과 지식을 기다리고 있습니다.

오늘부터 팀장 입니다

서툴고 의욕만 앞선
초보 팀장들을 위한 와튼스쿨 팀장수업

레이첼 파체코 지음 | 최윤영 옮김

HB 한빛비즈
Hanbit Biz, Inc.

내가 팀장으로
성장할 수 있도록 지지해주신
부모님에게 감사드립니다.

* 차례

팀장이 알아야 할
경영관리의 모든 것

수년 전에 나는 작지만 빠르게 성장하고 있는 스타트업에서 CPO(최고인재책임자)로 일한 적이 있다. 출근한 첫 주에 전 직원이 고작 다섯 명이던 초창기부터 일해온 샌디[1]라는 팀장과 함께 커피를 마셨다. 그녀는 자기 분야에서 뛰어난 역량을 지닌 인재였고 그간의 성과도 매우 놀라웠다. 샌디에게 그곳은 대학 졸업 후 첫 직장이었다. 그녀는 입사한 지 2년 차밖에 되지 않았지만, 이미 네 명의 팀원들과 일하는 팀장이었다. 그래서 팀원 중에는 샌디보다 나이가 많은 사람도 있었다. 커피를 마시던 날 아침에 마침 샌디는 팀원들이 작성한 성과평가지를 받아 든 참이었다. 그 안에는 배심원들의

---

1   이 책에 등장하는 예화들은 실제 사건을 바탕으로 하고 있지만 등장인물의 이름은 모두 바꾸거나 익명으로 처리했다. 모든 이름은 내가 팀장수업 커리큘럼을 만드는 과정에 큰 도움을 주었던 사람들의 이름에서 따왔다.

평가가 낱낱이 기록되어 있었다. 종합해보면 그들에게 샌디는 최악의 팀장이었다. 카페라테를 앞에 두고 샌디는 자신이 팀장으로서 어떤 잘못들을 해왔는지 구체적으로 적힌 성과평가지를 읽어내려갔다. 대부분 잘못은 샌디 자신도 모르게 저질러진 것들이었다.

이게 놀랄 만한 일이었을까? 회사에 막 입사했을 때 샌디는 실무 경험이 전무한 신출내기였다. 더욱이 회사 설립 초창기에 입사했던 지라 그녀의 성장을 도와주고 팀장으로서 익혀야 할 경영관리에 대해 알려줄 경험 많은 상사도 없었다. 회사 내부에서는 교육 프로그램을 운영할 여력이 없었을 테고, 외부에서 체계적인 교육을 받도록 지원할 예산도 없었을 것이다. 샌디의 팀원들이 쉽지 않은 시간을 보내며 기대하던 지원을 받지 못해 불만을 가득 품고 있는 동안, 그녀 역시 팀장 역할을 힘겹게 수행하며 간신히 버텨왔을 것이란 점은 어렵지 않게 짐작할 수 있었다.

샌디의 상황은 그리 놀랄 만하지도 특별하지도 않다. 많은 사람이 제대로 준비되지 않은 채 팀을 운영하는 책임을 맡는다. 빠르게 성장하는 작은 조직에서는 더욱 그렇다. 빠르게 성장하는 조직에서는 구성원들도 그만큼 빠르게 역량을 키우고 성장하길 바랄 수밖에 없다. 하지만 모든 사람이 그 속도를 따라잡을 수 있는 것은 아니다. 최선을 다함에도 갈피를 못 잡고 비틀거리다 아예 수렁에 빠져버리는 사람이 생긴다. 높은 성과를 낸 사람들은 팀장으로 승진하지만 미처 성장 속도를 따라잡지 못하는 팀원들은 불만을 잔뜩 품은 채 회사를 떠난다. 신출내기 팀장들 역시 그들[2] 자신과 자기 일에 만족하지 못하고 참담한 심정이 된다. 지금까지 일했던 여러 스타트업과 조직에서 나는 이러한 사이클이 계속해서 반복되는 것을 목격해왔다.

● 훌륭한 팀장이 되는 것은 왜 어려운가 ●

나는 최근 15년간 코치이자 컨설턴트로 활동하면서 신임 팀장이 경험하는 여러 도전과 고충에 관한 사례들을 수집했다. 특히 대기업과 달리 자원이 부족해 팀장들을 잘 교육할 수도, 외부 전문 교육과정에 보낼 수도 없는 작은 조직의 신임 팀장들 사례에 집중했다. 그리고 이 사례들을 바탕으로 소규모 조직이 지닌 한계 상황에서 신임 팀장들이 자신의 역할을 좀 더 수월하게 진행하는 데 도움이 될 만한 경영관리 기법과 실행 도구를 개발했다.

이 책은 애초에 작은 조직의 신임 팀장들에게 초점이 맞춰졌지만, 변호사와 의사를 비롯한 전문직 종사자들과 공공기관에서 일하는 사람들에게도 유용한 내용이 많을 것이다. 기업이 아닌 다른 형태의 조직에서 일하는 사람들도 이른바 나쁜 상사 문제로 고통을 겪고 있으며, 팀장의 역할과 자질을 훈련받을 기회도 매우 적다. 그렇

2　이 책에서는 불특정 개인을 지칭할 때 더욱 포괄적이고 공정한 설명이 될 수 있도록 '그들'과 같은 복수형을 사용했다.

기 때문에 이러한 책이 그들에게 필요할 것으로 생각했다.

팀장에게 요구되는 경영관리 능력은 온라인으로 진행되는 대규모 세미나나 이틀간의 주말 교육 프로그램을 통해 얻어질 수 있는 것이 아니다. 팀장의 임무와 역할을 잘 수행하기 위한 경영관리 방법을 배우고 익히는 과정은 그리 간단하지 않다. 첫 번째 이유는 팀장의 역할인 경영관리가 매우 광범위한 업무 영역을 포괄하기 때문이다. 피드백을 포함한 적절한 의사소통, 직무설계와 인사관리, 목표 및 성과관리, 핵심역량 개발, 팀워크와 팀 역학 관리, 조직 문화, 상사와의 관계 관리 등이 모두 팀장이 익혀야 할 경영관리 항목들이다.

팀장의 경영관리 대상은 팀과 팀원 그리고 팀장 본인이다. 이 책의 제1장부터 제3장까지는 팀원이 대상이고, 제4장과 제5장은 팀이 대상이다. 그리고 제6장의 주제들은 팀장 본인을 대상으로 한다. 팀원을 대상으로 하는 경영관리에 대해서는 성과관리, 동기부여, 일의 의미라는 세 가지 큰 주제로 나누어 살펴본다. 팀을 대상으로 하는 경영관리는 채용 및 해고, 팀 역학의 두 가지 주제를 핵심으로 한다. 마지막으로 팀장 본인이 대상일 때 가장 중요한 주제는 신뢰를 쌓고 권한을 효과적으로 사용하는 방법을 비롯한 자기경영 원칙과 상사와의 관계 관리이다.

팀장으로서의 자질과 역량을 배우고 익히는 것이 어려운 두 번째 이유는 여러분이 필요한 만큼 시간이 여유롭게 주어지지 않을 것이기 때문이다. 여러분은 조직의 빠른 성장 속도에 발맞추고자 분투하고 있을 것이다. 빠르게 성장하는 조직에서는 여러분이 팀장으로서 역량과 자질을 익히는 데 필요한 시간과 기회를 충분히 주지 못한다. 그래서 나는 가능하면 여러분이 각각의 항목을 최대한 빠르게 습득할 수 있도록 하는 데 주안점을 두고 내용을 구성했다.

팀장의 역할에는 엄청난 책임감이 수반된다. 좋든 싫든 팀원들의 업무와 조직생활 전반에 커다란 영향을 미치기 때문이다. 팀장은 팀원들의 성장과 발전을 도우며 올바른 방향으로 이끌 수도 있지만, 권한을 잘못 사용함으로써 오히려 그들을 혼란에 빠트리거나 후퇴하도록 만들며 악영향을 끼칠 수도 있다. 여러분에게도 끔찍한 상사와 함께 일해본 경험이 있을 것이다. 일 자체는 만족스러웠음에도 끔찍한 상사를 견디지 못해 회사를 그만둔 적도 있을 것이다.

팀장으로서 가장 두려운 순간은 자신의 말과 행동이 즉각적인 영향을 미치고 결과로 이어질 때일 것이다. 여러분의 말 한마디에 팀원들은 훨씬 더 강하게 동기부여가 될 수도 있지만, 때로는 사소해 보이는 행동 하나로 인해 자기 일에서 의미를 찾지 못하고 사기가 저하될 수도 있다. 여러분도 사람이기 때문에 아무리 유능할지라도 팀장으로서 부족함을 느끼는 상황이 얼마든지 생길 수 있다. 뜻하지 않은 어처구니없는 실수를 하는 바람에 똑똑한 팀원을 잃을 수도 있고 혹은 나쁜 팀장이라는 평판을 얻을 수도 있다. 얼마든지 가능한 일이다. 하지만 이 책이 여러분을 점차 훌륭한 팀장으로 거듭나게 도울 것이다. 장담하건대 처음부터 훌륭한 팀장 기질을 타고나는 사람은 없다. 그런 기질은 체계적인 훈련과 지속적인 노력으로 만들어진다.

● 현업에 곧바로 적용할 수 있는 구체적인 행동 지침들 ●

이 책은 2020년 봄부터 여름 사이에 집필했다. 이후 코로나19 팬데믹으로 뉴욕을 비롯한 많은 도시가 완전히 봉쇄되고 2주 후 판매가 시작됐다. 팬데믹이 첫 번째 절정에 달했던 2020년 4월에 출판사 편집자인 매트와의 첫 회의는 줌으로 진행할 수밖에 없었다. 몇 주 후에는 조지 플로이드(George Floyd) 사건이 일어났고, 미국 전역에서 인종차별에 항의하는 시위가 벌어졌다. 이후 친구와 동료들은 이 책에서 코로나19 팬데믹으로 인해 원격근무가 늘어난 문제와 직장 내에서의 인종차별 문제를 논의하는 것이 필요하지 않겠냐는 의견을 말해주었다. 하지만 목차에서 보듯 원격근무 상황에서의 경영관리나 다양성과 포용 전략에 관한 내용을 별도의 장으로 할애해 쓰진 않았다. 그 이유는 이 책을 쓸 때 나는 이미 모든 조직에 존재하는 시간과 공간을 포함한 다양한 차이와 변수들을 염두에 두었기 때문이다. 원격근무 상황에서 특히 요구되는 자율적이고 융통성 있는 관리 방식, 모든 조직에서 예민하게 다루어야 할 다양성과 포용 전략은 별도의 장으로 쓰지 않았을 뿐 스물다섯 가지 주제에 각각 반영되어 있다. 훌륭한 팀장의 역할은 팀원들이 어디에서 어떤 모습으로 있든 상관없이 그들의 다양성을 인정하며 잘 성장하도록 도움으로써 팀을 관리하는 것이다. 컴퓨터 화면을 통해 만나든 사무실에서 마주하든 상관없이 말이다.

스물다섯 번의 수업을 통해 훌륭한 팀장이 되는 데 꼭 필요한 지침들을 살펴볼 텐데, 이론보다는 현업에 곧바로 적용할 수 있는 실질적인 행동 요령에 초점을 맞출 것이다. 이 책은 소설보다는 시나리오 형태에 더 가깝게 쓰였다. 일부 내용은 언제 어디서든 당장 활용해볼 수 있다. 또 어떤 내용은 지금 당장은 필요 없어 보여도 나중에 어떤 상황이 되면 다시 들춰보게 될 것이다. 가령 저성과자를 해고해야 하거나 팀원을 승진시킬 때 말이다. 나아가 구체적인 행동 지침을 실천하는 데에 제약으로 작용하는 여러 종류의 인지 편향과 무의식적 편견에 대해서도 살펴볼 것이다. 어떤 내용은 진작 알았더라면 하고 무릎을 칠 것이고, 또 어떤 내용은 평소 알고 있던 것과 달라서 관점을 달리해 한 번 더 생각해보는 계기를 마련해줄 것이다.

나는 여러분이 훌륭한 팀장으로 성장해가는 여정에 이 책이 늘 함께하길 바란다. 이 책을 모서리도 접고 밑줄도 그으며 읽었으면 좋겠다. 훌륭한 팀장이 되기 위해 분투 중인 다른 동료나 친구들과도 돌려가며 읽었으면 좋겠다. 팀장에게 주어진 경영관리 임무는 매우 무겁지만, 책에서는 가능한 한 무겁지 않게 접근하려고 애썼다.

미국 프로농구 선수 시절 "농구는 신장이 아니라 심장으로 하는 것이다"라는 유명한 격언을 남긴 앨런 아이버슨(Allen Iverson)은 한 기자회견에서 '훈련(practice)'이라는 단어를 일곱 번이나 외쳐서 화제가 되기도 했다. 한때 훈련을 게을리한다는 비판을 받았던 것에 대해 기자들이 질문하자 비꼬기 위해 그런 것이었다. 훈련은 중요하다. 하지만 여러분이 이미 팀장이 되었다면 훈련이 곧 실전이다. 운동화 끈을 묶고 코트 위에 올라가 경기를 시작해야 한다.

자, 그러면 이제 혼란스럽고 때론 분통 터지고 실망스럽다가 가끔 보람도 느껴지는 팀장의 세계로 들어가 보자.

제1장

성과
관리

팀장이 된 지 얼마 되지 않았을 때 내 팀원인 마이클과 '성과'에 관한 대화를 나누곤 극심한 스트레스에 시달렸던 기억이 떠오른다. 당시 팀에서 뒤처져 있던 마이클은 다른 팀원들을 따라잡느라 고군분투하는 중이었다. 나는 그가 얼마나 힘겨운 노력을 하고 있는지 잘 알았지만, 결국에는 성과에 관해 이야기해야 하는 순간을 마주했다. 미리 머릿속에서 해야 할 말들을 그려보았지만, 막상 이야기를 시작하자 도통 무슨 뜻인지 모를 말만 내뱉으며 횡설수설하고 말았다. 대화를 겨우 끝내고 났을 때는 온몸이 땀에 젖어 있었다.

　나는 마이클에게 "당신의 성과가 기대치에 미치지 못하고 있으며, 그것은 당신의 역량이 담당 직무에 적합하지 않기 때문으로 판단한다"라는 요지의 말을 일방적으로 전달했다. 지금 생각해도 정말 형편없는 대화였다. 팀장으로서 정확한 업무 기준과 기대치를 제시하고 건설적인 피드백을 해줌으로써 마이클이 더욱 성장할 수 있도록 도와야 했는데, 나는 그러지 못했다. 마이클에게는 회사를 떠나는 것 외에 다른 선택지가 남아 있지 않은 상태였다. 마이클의 실패는 팀원의 성과를 관리할 책임이 있는 나의 실패이기도 했다. 다행인 것은 마이클의 이야기가 해피엔딩이 되었다는 점이다. 그는 퇴직 후에 하버드대학교 법학전문대학원에 진학하더니 지금은 대법원 판사의 서기가 되었다. 반면에 그 회사는 이후 파산하고 말았다. 결과적으로 마이클이 승리한 셈이다.

팀장에게 주어지는 가장 중요한 임무 중 한 가지는 '팀원들의 성과 관리'다. 성과를 잘 내지 못하는 팀원을 이끌어주는 것은 어려운 일이다. 업무에 대한 기대치를 반복해서 명확하게 전달해야 하고, 많은 시간을 들여 건설적인 피드백을 해줘야 하고, 성과 개선을 위한 코칭도 필요하기 때문이다.

팀에서 압도적으로 높은 성과를 내는 팀원을 관리하는 것은 더욱 어렵다. 무엇보다 이들에게 충분한 자율성과 책임감을 동시에 부여하는 일에 많은 시간과 에너지를 투자해야 한다. 도전의식을 느낄 수 있는 업무를 배정하고, 동기부여가 되는 성장 목표를 제시함으로써 계속 발전하도록 돕는 것 역시 만만치 않은 일이다. 때로는 너무 뛰어난 팀원보다는 적당히 성과를 내면서 성실하게 업무를 수행하는 평범한 팀원이 더 많았으면 좋겠다고 생각할 수도 있다. 그만큼 팀원의 성과를 관리하는 것은 많은 시간과 에너지가 드는 일이다.

자, 이제부터 다음과 같은 몇 가지 질문에 대답하면서 팀원의 성과를 관리하는 임무에 대해 자세히 살펴보자.

- 팀원이 성과를 달성하도록 돕기 위해서 사전에 어떤 준비가 필요할까?
- 팀원이 탄 배가 방향을 잃고 암초에 좌초되지 않도록 하려면 어떻게 도와야 할까?
- 성과를 달성하는 데 필요한 기술과 역량을 개발하고 발전시키려면 어떻게 도와야 할까?
- 팀원과 성과에 관해 대화할 때 계속 성장할 수 있도록 도우려면 어떤 이야기를 해야 할까?

성과에 대한 기대치를
명확하게 제시하라

어느 후텁지근한 여름날, 나는 친구 사라와 함께 두 팔을 힘차게 흔들며 파워워킹을 했다. 걸으면서 우리는 언제나 그랬듯이 인생과 연애에 관한 대화를 나눴는데, 사라는 아빠에게 들은 명언이라며 이런 말을 했다. "모호한 기대는 반드시 실망을 낳는다."[1]

이는 연애를 하는 사람들뿐만 아니라 팀장들도 반드시 기억해야 할 중요한 개념이다. 팀원이 보낸 이메일을 확인하거나, 팀원과 화상회의를 진행하거나, 혹은 팀원이 진행하는 프레젠테이션을 들으면서 팀장은 수시로 실망감을 느끼게 된다. '일주일이나 작업한 결

---

1 이 말은 변호사 겸 벤처 투자자 마크 모르겐슈테른(Marc Morgenstern)이 쓴 〈모르겐슈테른의 격언(Morgenstern's Maxims)〉이라는 글에서 인용한 것이다. 그의 격언은 다음 사이트에 더 자세히 소개돼 있다. www.bluemesapartners.com

과가 고작 이거야?'라든가, '어떻게 이게 괜찮다고 생각할 수 있지?' 라든가, 또는 '배가 항구는커녕 해안가 근처에도 못 왔는데? 도대체 어디서 헤매고 있지?'와 같은 생각을 하면서 말이다. 이렇게 몇 번쯤 실망을 거듭하다 보면 사라가 한 말의 의미를 저절로 깨달을 수 있을 것이다.

● 팀장의 임무에 관한 불편한 진실 ●

팀을 운영하는 팀장의 임무에 관한 불편한 진실 하나는 그 자체가 매우 쉽게 좌절하고 실망할 수밖에 없는 일이라는 것이다. 팀원들은 팀장의 기대를 수시로 저버리며 목표로 향해 가는 경로를 이탈하기 일쑤다. 그러면 팀장은 "실력이 이것밖에 안 되느냐"는 가혹한 말로 팀원의 기를 죽인 다음 손수 나서서 일을 해치운다. 그 결과 팀원은 무능해지고 성과를 달성하지 못한 채 낙오한다. 모든 일이 빠르게 돌아가고, 모든 구성원이 각자의 업무에 책임지며 일해야 하는 스타트업 조직에서 이런 일이 생기면 그 결과는 훨씬 더 참혹하다.

또 하나의 불편한 진실은 그 실망감이 팀장 자신의 탓이라는 것이다. 즉 그 실망감은 팀원이 수행하는 업무에 대해 명확한 기준과 성과에 대한 기대치를 전달하지 않은 팀장 때문에 생겨난 것이다. 명확한 기대치를 전달받지 못한 팀원은 성과를 달성할 준비를 마치지 못한 채 업무에 뛰어든다. 그 결과 업무 성과가 저조하다면 이는 팀원이 무능해서라기보다 임무를 제대로 수행하지 못한 팀장의 잘못이다.

팀장으로서 업무 수행의 기준과 성과에 대한 기대치를 모호하게 설정하거나 전달하는 사례는 부지기수이다. 모 기업에서 팀장으로 일하는 다이앤을 만나 대화를 나눈 적이 있는데, 그는 내게 래릿이라는 팀원이 얼마나 무능한지에 대해 설명하며 한참 동안 불평을 늘어놓았다. 다이앤은 고객을 유치하는 것이 래릿의 담당 업무인데도 담당자로서 다양한 고객 유치 방안에 대한 아이디어를 내놓은 적이 한 번도 없다며 속상해했다. 한마디로 일을 주도적으로 하지 않아서 무척 실망스럽다는 것이었다.

이쯤에서 정답을 알겠다며 뿌듯해하는 사람이 있을지도 모르겠다. 아마도 '다이앤이 팀장으로서 왜 실패했는지 알겠군. 래릿에게 좀 더 주도적으로 일하라고 말했어야지!'라고 생각하면서 말이다. 하지만 아쉽게도 그건 정답이 아니다. 다이앤은 래릿에게 "주도적으로 일하라"는 말을 여러 차례 했다. 다만 주도적으로 일하는 것이 어떻게 일하는 것인지 구체적인 태도와 방식에 관해서 설명한 적이 없을 뿐이다. 다이앤은 고객 유치 업무에서 기대하는 성과가 무엇인지에 대해서도 명확하게 제시한 적이 없었다. 래릿은 분명히 주도적으로 일하려고 했지만 다이앤에게는 그렇게 보이지 않았다. 다이앤이 기대하는 '주도적으로 일하는 것'의 기준을 제대로 이해하지 못했으니 그럴 만도 했다.

팀원이 수행하는 업무의 기준과 성과에 대한 명확한 기대치를 설정하고 구체적으로 설명하는 것은 팀장의 가장 중요한 임무 중 하나이다. 팀을 운영할 때 팀원의 마음을 어림짐작해서도 안 되지만, 팀원이 팀장의 마음을 어림짐작하도록 내버려 둬서도 안 된다. 훌륭한 팀장이 되려면 팀원에게 기대하는 성과를 구체적이고 분명하게 제시해야 한다. 팀원이 이제 갓 입사한 신입사원이라면 이는 더욱 중요하다.

팀장으로서 업무 수행 기준과 성과에 대한 기대치를 말해준다는 것은 굉장히 단순한 개념 같지만, 생각보다 이 역할을 제대로 해내지 못하는 팀장들이 많다. 그 이유는 크게 두 가지로 설명할 수 있다. 한 가지는 팀원들 업무에 시시콜콜 간섭하는 '마이크로매니저'라는 비난을 듣고 싶지 않아서이고, 다른 한 가지는 조직에서 흔히 발생하는 '더닝 크루거 효과' 때문이다.

● 마이크로매니저가 되는 것에 대한 두려움 ●

여러분은 주위 사람들에게 '힙'하고 '쿨'한 팀장으로 인식되기를, 그래서 모두가 자신을 좋아해 주기를 바랄 것이다. 그래서 팀원들에게 최대한 자율적으로 일하라며 관용을 베풀고, 문제가 발생했을 때도 가능한 한 유연하게 대처하려고 할 것이다. 사람들은 꼼꼼하게 업무를 챙기는 '마이크로매니저'보다는 가끔 업무 현황이나 확인하며 느슨하게 관리하는 상사를 더 좋아한다고 생각하기 때문이다. 스타트업이 인기가 많은 이유 중 하나는 그들 조직에는 실질적인 상사 역할을 하는 사람이 없기 때문일지도 모른다. 스타트업의 상사는 나이 많은 친근한 동료에 가깝다. 어떤 책에서는 "팀원을 관리하는 최고의 방법은 아무것도 관여하지 않는 것이다"라고 공공연하게 설명하기도 한다. 상황이 이렇다 보니 팀장들은 마이크로매니저라는 낙인을 가장 두려워한다.

하지만 정말 그럴까. 정말 팀원의 업무에 관여하지 않을수록 좋은 팀장일까. 그렇지 않다. 우선 알아야 할 것은, 시시콜콜 간섭하는 것과 명확한 기대치를 제시하는 것은 전혀 다르다는 점이다. 팀장이 구체적으로 업무 지시를 하지 않으면 팀원들은 엄청난 불안을 느낄 수 있다. 어느 해인가 갓 입사한 열 명의 신입사원을 대상으로 직접 모니터링을 해본 적이 있는데, 그들 모두 팀장으로부터 명확한 기준에 관해 설명을 듣는 것이 업무 수행에 훨씬 더 도움이 된다고 말했다. 모호하고 흐릿한 업무 지시를 원하는 사람은 한 명도 없었다.

물론 사소한 것까지 일일이 간섭하는 팀장과 일하는 건 고역이다. 그들은 팀원들의 컴퓨터 주변을 끊임없이 맴돌다가 어느 순간 마우스를 빼앗아 본인 마음대로 문서를 수정해버리곤 한다. 나도 그런 일을 당한 적이 있다. 당시 팀장은 내게 하루에도 몇 번씩 이메일을 보내 지시한 업무를 마쳤는지 확인했다. "팀장님 이메일에 답장하느라 일할 시간이 없습니다"라고 말하고 싶은 것을 겨우 참았던 기억이 난다.

마이크로매니저는 팀원의 손을 꽉 붙든 채 모든 단계를 함께 걸어가면서 어디에 발을 디뎌야 하는지, 어디에 물기가 있으니 조심해야 하는지 매번 참견한다. 그러면서 만약의 경우를 위해 장화를 신으라고 주장하는가 하면, 어느 순간에는 갑자기 걸음을 멈추라고 지시하기도 한다. 그러면 팀원들은 팀장의 지시에 따라 수동적으로 움직일 수밖에 없다.

팀원의 업무에 일일이 간섭하라는 의미가 아니다. 업무를 제대로 수행했을 때 기대할 수 있는 가장 바람직한 결과가 어떤 것인지에 대해 명확한 그림을 제시하라는 것이다. 훌륭한 팀장은 팀 전체의 목표와 기대치를 명확히 제시하고, 팀원들이 각자의 업무를 통해서 그 목표와 기대치를 달성하는 방법을 스스로 찾아내도록 돕는다.

● 더닝 크루거 효과로 인한 인지 편향을 피하려면 ●

팀장이 구체적인 기대치를 제시하기 어려운 두 번째 이유는 그들 자신의 잘못이 아니다. 그것은 사람들이 흔히 경험하는 '더닝 크루거 효과' 때문이다. 더닝 크루거 효과는 심리학자 데이비드 더닝(David Dunning)과 저스틴 크루거(Justin Kruger)의 이름을 따서 만든 용어로, 일종의 '인지 편향' 현상을 가리킨다. 이 이론에 따르면, '초보자'일수록 자신의 능력을 실제보다 높게 평가하고, 실수하더라도 스스로 알아차리지 못하기 때문에 계속해서 우월감을 느낀다.[2] 다른 한편으로 '전문가'의 경우에는 자신에게 쉬운 일은 남들에게도 쉬울 것이라 믿는 경향이 있는데, 이 역시 더닝 크루거 효과에서 비롯된다.

팀장이 팀원에게 어떤 업무를 맡기면서 구체적인 지침을 설명하지 않는 이유도 더닝 크루거 효과로 인해 그 업무가 팀원에게도 쉽고 간단할 것으로 생각하기 때문이라고 해석할 수 있다. 하지만 팀장에게 쉽고 간단한 일이라고 해서 팀원에게도 그러리란 보장은 어디에도 없다. 특별히 주의를 기울이지 않으면 팀장들은 너무 쉽게 인지 편향에 사로잡힐 수 있다.

다음 그림은 조직에서 자주 발생하는 더닝 크루거 효과의 예를 보여준다. 팀장에게 20분 안에 통계 분석 관련 문서를 작성해달라는 업무 지시를 받은 팀원은 "이거 미적분 공부할 때 이미 배운 거잖아. 20분이면 충분하겠어!"라고 판단한다. 하지만 팀장이 원하는 건 토빗 모형을 타블로를 이용해 3차원 히트맵으로 그리는 것이다. 팀장은 타블로를 익숙하게 다루므로 20분이면 충분하겠지만, 이제 막 타블로를 배운 신입사원이라면 꼬박 하루가 필요할 수도 있다. 팀원은 업무 내용을 제대로 파악하지 못하고 있을 뿐만 아니라 자신의 실력에 대해서도 과대평가를 하고 있다. 20분 뒤에 팀장은 팀

---

2 lustin Kruger, David Dunning, "Unskilled and Unaware of It: How Difficulties in Recognizing One's Own Incompetence Lead to Inflated Self-Assessments," *Journal of Personality and Social Psychology* 77, no. 6 (1999): 1121~1134.

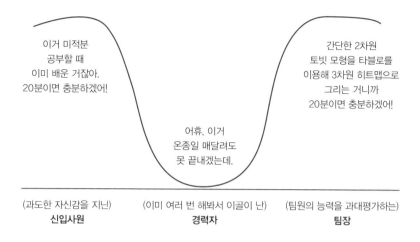

이거 미적분
공부할 때
이미 배운 거잖아.
20분이면 충분하겠어!

어휴, 이거
온종일 매달려도
못 끝내겠는데.

간단한 2차원
토빗 모형을 타블로를
이용해 3차원 히트맵으로
그리는 거니까
20분이면 충분하겠어!

(과도한 자신감을 지닌)
신입사원

(이미 여러 번 해봐서 이골이 난)
경력자

(팀원의 능력을 과대평가하는)
팀장

조직에서 자주 발생하는 더닝 크루거 효과

원이 작성한 통계 문서를 보고 '이런 것도 제대로 못 하다니!'라며 실망하게 될 것이다.

팀장 자신은 이미 여러 번 해본 일이기 때문에 쉽고 간단해 보여도 팀원에게는 그렇지 않을 수 있다는 점을 유념해야 한다. 팀원이 업무에 대해 잘 파악하고 있는지, 자신의 업무 수행 능력에 대해 객관적으로 평가하고 있는지도 잘 살펴보아야 한다.

● 명확한 기대치를 설정하는 방법 ●

팀장은 마이크로매니저가 되고 싶지 않다는 의식적인 이유로 인해, 그리고 더닝 크루거 효과라는 무의식적인 이유로 인해 팀원에게 업무에 관한 명확한 기대치를 설명하지 않는다. 그렇다면 이러한 장애물을 극복하고 팀원에게 명확한 목표와 기대치를 잘 전달하기 위해서는 어떻게 해야 할까? 다음의 네 가지 접근법을 통해 좀 더 자세히 살펴보도록 하자.

첫 번째는 '해당 업무의 최종 목표'를 제시하는 것이다. 이때 포함되어야 할 구체적인 정보는 ① 해당 업무가 왜 필요한가? ② 해당 업무를 통해 무엇을 얻고자 하는가? ③ 해당 업무는 팀에, 프로젝트에, 고객사에, 혹은 고객에게 어떤 영향을 미칠 수 있는가? 등이다.

[예시] "나는 여러분의 업무 현황을 일목요연하게 확인할 수 있는 주간업무계획표를 원합니다. 주간업무계획표를 잘 작성하면 매번 이메일을 보내지 않아도 각종 업무 현황을 빠르게 파악할 수 있습니다. 업무가 지연될 경우 다른 일에 얼마나 영향을 미칠지도 쉽게 확인할 수 있고요."

두 번째는 '업무의 결과물이 어떠한 모습이어야 하는지' 구체적으로 설명하는 것이다. 이때 포함되어야 할 정보는 ① 해당 업무를 통해 만들어질 결과물의 성공적인 형태는 어떠한 것인가? ② 결과물을 어떤 형태로 얼마나 구체적으로 그려낼 수 있는가? 등이다.

[예시] "효과적인 주간업무계획표는 누가 어떤 일을 하는지, 각 업무가 언제까지 이루어지는지 등 구체적인 실행 계획을 명확하게 보여줍니다. 이와 함께 다음 일정은 어떻게 되는지, 업무 수행 과정에서 어떤 문제가 생길 수 있는지도 분명히 보여줍니다. 이 같은 내용을 모두 담아서 간트 차트를 이용해 주간업무계획표를 작성하면 좋겠습니다."

세 번째는 '업무 일정'에 대해 분명하게 제시하는 것이다. 이때 함께 전달해야 할 구체적인 정보는 예를 들어 ① 해당 업무를 언제까지 끝내야 하는가? ② 초안은 언제까지 나와야 하는가? ③ 초안의 형태는 어떠해야 하는가? 가령 고객사 전달용인가, 사내 회람용인가? 등이다.

[예시] "앞으로는 매주 주간업무계획표가 업데이트될 때마다 주간업무회의 시작 24시간 전까지 제게 이메일로 보내주세요. 그리고 3분기 마케팅 계획안의 초안은 이번 주 금요일 오후 네 시에 회의실에 모든 팀원이 함께 검토할 수 있도록 준비해주세요."

네 번째는 '해당 업무에 관련된 모범 사례'를 보여주는 것이다. 이전의 비슷한 업무 사례나 도움이 될 만한 정보를 공유하면 된다. 가령 이전에 간트 차트를 이용해 작성했던 주간업무계획표를 보여주면서 참조하도록 한다.

팀원에게 업무를 지시할 때는 이처럼 구체적이고 명확한 정보를 함께 제공해야 한다. 이 네 가지 접근법은 하나의 지침일 뿐 완벽한 해답은 아닐 수 있다. 이런 식의 접근법 역시 실패할 가능성은 얼마든지 있다.

업무 마감일을 확실하게 설정하는 게 중요하다는 것은 모두가 안다. 하지만 사사건건 간섭하는 상사로 낙인찍힐까 두려워 팀원에게 마감일을 분명하게 이야기하지 않는 팀장이 있다. 자신이 원하는 바를 명확하게 표현하는 것 자체를 불편해하는 팀장도 있다. 그들은 팀원에게 가능한 마감일을 묻기만 할 뿐 자신이 기대하는 마감일이 언제라고 말하지 않는다. 문제는 팀장의 이런 태도가 팀 전체에 마감일을 중요하게 여기지 않는 분위기를 조성할 수 있다는 점이다.

팀장은 팀원에게 업무 지시를 할 때 마감일을 포함해 결과에 대한 명확한 기대치를 제시해야 한다. 팀장 자신이 기대치를 분명히 알고 있는 것은 소용이 없다. 팀원에게 그것을 확실하게 주지시키는 것이 중요하다. 팀원들에게 권위적인 상사 혹은 일일이 간섭하는 팀장으로 비칠 것에 대한 두려움은 떨쳐내도 좋다. 팀원에게도 팀장이 무엇을 기대하는지, 어떤 결과를 원하는지 구체적으로 아는 것이 훨씬 더 도움이 된다는 점을 믿기 바란다.

☑ 팀원에게 업무를 맡길 때는 기대하는 결과에 대해 명확히 제시하라. 그렇지 않으면 원하는 결과물을 얻지 못할 수 있고, 이는 팀원에 대한 실망과 비난으로 이어진다.

☑ 팀장이 업무 수행 기준과 성과에 대한 명확한 기대치를 제시하지 않는 이유는 크게 두 가지다. 일일이 간섭하는 팀장이라는 오명을 원하지 않기 때문에 그리고 팀원의 자질과 역량을 과대평가하기 때문이다.

☑ 이에 대한 해결책은 간단하다. 팀원에게 업무를 지시할 때는 해당 업무의 필요성과 함께 목표, 결과물의 형태, 마감일을 구체적으로 제시하면 된다. 가능하다면 비슷한 업무의 모범 사례도 함께 제공한다.

☑ 기대치가 충족되지 않았을 경우 실망하거나 비난하는 대신 그 원인에 대해 팀원과 대화를 나누도록 한다. 팀원이 결과물에 대한 명확한 기준을 갖고 업무 수행에 임했는지 확인하고, 업무의 결과물에 대한 팀장의 기대치가 무엇인지 분명하게 이해하지 못했다면 언제든 다시 물어보고 확인해야 한다는 점을 알려준다.

지속적이고 체계적으로
피드백을 제공하라

훌륭한 팀장이 갖춰야 할 첫 번째 자질은 명확한 기대치를 제시하는 것이다. 하지만 명확하고 구체적인 기대치가 제시된 상황에서도 팀원들은 종종 일을 그르치고 엉뚱한 방향으로 나아가기도 한다. 목표 달성에 실패하거나 커다란 난관에 부딪힐 때도 있다. 물론 엄청난 성과를 거두어 팀장에게 매우 만족스럽고 뿌듯한 미소를 선사할 수도 있지만 말이다.

팀원들이 방향을 잃지 않고 목표를 향해 올바로 나아갈 수 있도록 하려면 어떻게 해야 할까. 이는 훌륭한 팀장이 지녀야 할 두 번째 자질, 즉 체계적인 피드백을 제공하는 것과 관련이 있다. 이 지점에서 조용히 한숨을 내쉬는 사람이 있을 것이다. 피드백이 얼마나 중요한지는 귀에 딱지가 앉도록 들어왔지만, 올바른 시점에 적절한 피드백을 하는 것이 그리 쉬운 일이 아니란 점을 이미 경험으로 알고 있을 테니 말이다.

조직에서 일하는 많은 사람이 피드백 주고받는 것을 불편하게 여긴다. 엉뚱한 피드백을 해서 오히려 혼란만 부추기고 분위기를 어색하게 만들기도 한다. 제2강에서는 피드백이 중요한 이유와 함께 왜 그토록 피드백을 주고받기가 어려운지에 대해 짚어보고, 더 나아가 체계적이고 효과적으로 피드백을 주고받는 방법에 대해 살펴보겠다.

● 신입사원일수록 피드백이 더 중요한 이유 ●

컨설턴트로 경력을 쌓기 시작할 무렵에 나는 팀장의 피드백이 얼마나 중요한지 확실하게 깨닫는 경험을 한 적이 있다. 내 첫 번째 직장은 경영컨설팅회사였으며, 나는 그곳에 꼭 맞는 준비된 인재라고 생각했다. 대학에 다닐 때 은행에서 인턴십을 했던 경험이 큰 도움이 될 것으로 믿었기 때문이다. 하지만 당시 인턴인 내가 주로 했던 일은 고객사에 명절 선물을 배달하고, 동료 인턴 나탈리와 점심으로 뭘 먹을지 고민하며, 대학 시절 입던 옷 중에 그래도 괜찮은 걸 골라 출근 복장을 선택하는 일이었다. 지금 생각해보면 은행에서의 인턴십 경험은 컨설턴트로 경력을 쌓으려는 내게 실질적인 도움이 되지 않았다. 준비된 인재라고 생각했던 것은 나의 착각이었다.

컨설팅회사에 입사해 처음 만난 팀장은 조시 하디였다. 그는 매사에 지나치게 진지하고 근엄했으며, 진지한 것보다 재미있는 것을 좋아했던 나는 조시와 잘 지내기가 어려웠다. 그는 사소해 보이는 실수조차 콕콕 집어내 잘못을 지적했다. 가령 파워포인트로 제안서를 작성할 때 글자의 색깔이나 크기를 가지고도 이러쿵저러쿵 말이 많았다. 회의에 오 분 늦은 것까지도 무슨 큰 잘못인 양 잔소리를 해댔다. 대학교에 다닐 때 수업에 십 분 정도 늦는 건 예사로 알았던 나로선 그게 왜 잘못인지 알 수 없었다. 내가 정말 화가 났던 건 회의 시간에 내가 회의록을 쓰는지 그리고 어떻게 쓰는지까지 참견하고 나섰을 때였다. 회의록도 제대로 못 쓰는 실력으로 대학 졸업장을 딸 수 있었겠는가? 회의록이 대단히 중요한 문서도 아닌데 왜 자꾸 고치라고 시켰을까? 당시의 나는 조시가 왜 그렇게 이래라저래라 일일이 간섭하는지 좀처럼 이해할 수 없었다.

어느 정도 시간이 지나서야 나는 조시의 그런 간섭이 내 성장에 큰 도움이 되었다는 점을 깨닫고 감사하게 생각했다. 회사에 갓 입사해 형편없는 컨설턴트였던 내게 조시의 지적은 쓸데없는 잔소리가 아니라 꼭 필요한 피드백이었다. 조시는 내가 불편해하는 것을 알면서도 계속해서 피드백을 해줬는데, 그래야 내가 훌륭한 컨설턴트로서의 자질을 갖추고 올바로 성장할 수 있다는 것을 알았기 때문이다.

팀장인 조시가 신입사원인 내게 해준 피드백은 매우 체계적이고 효과적이었다. 그는 내가 어떤 식으로 일했는지, 어떻게 팀을 돕거나 방해했는지, 고객사와 어떤 식으로 상호작용했는지에 대해 파악하고 그에 따른 피드백을 제때 해주었다. 덕분에 나는 실수를 바로 잡고 행동을 수정할 기회를 가질 수 있었다. 만일 그때 조시의 피드백이 없었다면 나는 경력을 쌓는 과정에서 점점 더 큰 실수를 하고 돌이킬 수 없는 잘못까지 했을지도 모른다. 조시 덕분에 나는 업무 경력의 초기 단계에서 사소한 실수들을 교정해주는 피드백이 얼마나 중요한지 깨달을 수 있었다.

신입사원일수록 피드백이 중요한 이유는 경력 초기에 일을 제대로 배우지 않으면 나중에 어떤 실수를 하더라도 그것이 잘못된 것인지조차 모를 수 있기 때문이다. 팀원들이 업무 경력 초기에 제대로 일을 배우고 올바른 방향으로 성장할 수 있도록 돕는 것은 팀장에게 주어진 매우 중요한 책임이다.

● 피드백하지 않는 나쁜 팀장의 심리 ●

훌륭한 팀장이 되려면 건설적이고 체계적인 피드백을 자주 건네야 한다. 피드백 없이는 팀원의 성장을 가로막는 잘못된 행동을 바로잡기가 어렵다. 내 경우도 마찬가지였다. 조시가 사소해 보이는 부분들에 대해서까지 효과적인 피드백을 꾸준히 해주지 않았다면, 나는 여전히 신출내기 컨설턴트의 바보 같은 습관들을 고치지 못한 채 헤매고 있었을 것이다.

그런데 모두 알다시피 건설적인 피드백을 제공한다는 건 정말 어색한 일이다. 팀원이 팀장과 비슷한 연배일 때는 더욱 그렇다. 또 이제 막 팀장이 되었다면 자신의 업무가 익숙하지 않은 상태일 수 있다. 그런 상황에서는 팀장 자신도 선배나 상사로부터 피드백을 받아야 한다. 하지만 팀장인 여러분 역시 적절한 피드백을 받지 못할 가능성이 더욱 커지고, 그러면 '팀장인 나도 아직 부족한 마당에 팀원들에게 잘못을 지적하고 피드백을 하는 것이 과연 괜찮을까?'라는 생각을 하게 될 것이다.

더욱이 우리는 다른 사람이 나를 좋아해 주길 바란다. 특히 자신이 속한 집단에서 겉도는 사람이 되는 것을 두려워한다. 이것은 인간의 당연한 본능이다. 팀장으로서 팀원들로부터 호감을 얻고 싶지 미움을 사고 싶지 않은 것도 당연하다. 그러니 피드백을 했다가 팀원의 감정이라도 상하게 하면 어쩌나 하는 걱정을 하게 된다. 즉 나쁜 팀장이 될까 두려운 것이다.

이쯤에서 나쁜 팀장에 관한 짧은 사례를 하나 살펴보자. 저스틴은 한 스타트업의 운영팀 책임자였다. 운영팀에는 일부 업무에서 실력이 다소 뒤처지는 비트라는 팀원이 있었다. 저스틴은 그의 부족한 실력에 실망하면서도 어떤 피드백도 주지 않았다. 비트의 마음을 상하게 해서 나쁜 팀장이란 소리를 듣고 싶지 않았기 때문이다. 저스틴은 팀원들 사이에서 인기가 많은 팀장이 되고 싶었다. 그렇게 수개월이 흘렀을 때 스타트업의 대표는 비트의 업무 능력이 좀처럼 개선되지 않아 더 이상 같이 일하기가 힘들겠다고 판단했다. 대표는 결국 역량 미달을 이유로 비트를 해고하기로 했다. 이 소식을 저스틴으로부터 전달받은 비트는 큰 충격에 휩싸였다. 그는 자신이 잘하고 있다고 생각했기 때문이다. 업무를 제대로 해내지 못하고 있었다면 저스틴은 왜 좀 더 빨리 말해주지 않았을까? 어째서 수개월 동안이나 아무런 피드백도 해주지 않았을까?

저스틴은 자신이 바라는 대로 좋은 팀장이라고 할 수 있을까? 아니다. 그는 자신의 의무를 다하지 않았다는 점에서 오히려 나쁜 팀장이다. 업무 능력이 기준에 못 미치는 팀원에게 이를 지적하고 적절한 피드백을 제공하는 것은 팀장에게 주어진 중요한 '의무'이다. 팀장은 팀원들이 피드백을 수용할 수 있는 근육을 기르도록, 건설적인 평가를 회피하거나 방어적으로 대하지 않도록 도와야 한다.

경영관리에서 이른바 '포괄주의'는 최소한의 규제 원칙만 정하고 나머지는 자유롭게 알아서 하도록 하는 것이다. 반면에 '열거주의'는 원칙적으로 모든 것을 규제하고 예외적으로 몇 가지만 규제하지 않는 것이다. 조직 구성원이 스스로 동기부여하면서 성과를 달성할 수 있는 바람직한 조직 문화를 만들기 위해서는 포괄주의가 필요하다. 포괄주의가 팀원이 업무를 어떻게 수행하는지 살피고 적절한 피드백을 제공하는 것과 대치된다고 생각하는 것은 오산이다. 꼭 필요한 피드백을 확실하게 제공하지 않으면 팀원들은 오히려 자율적으로 일하는 것에 어려움을 느낀다. 결과적으로 팀원의 성장을 방해할 뿐 아니라 팀 전체에 수동적인 문화를 조성하게 된다. 팀원에게 피드백하는 일은 자칫 어색하고 불편할 수 있다. 하지만 어색함과 불편함을 받아들이고 반드시 피드백을 제공해야 한다.

● 효과적인 피드백을 제공하는 절차 ●

지금까지 왜 피드백이 중요한지, 피드백하지 않았을 때 어떤 일이 발생할 수 있는지 살펴보았다. 팀원의 감정을 상하게 해서 나쁜 팀장으로 찍히면 어쩌나 하는 걱정은 접어두기 바란다. 이제는 어떻게 하면 훌륭한 피드백을 제공할 수 있는가 하는 문제로 넘어가자.

피드백은 명확하고 체계적이어야 한다. 데이터를 기반으로 특정 행동을 변화시키거나 보완할 수 있다면 더할 나위 없이 훌륭한 피드백이라고 할 수 있다. 또 피드백은 건설적이고 긍정적이어야 한다. 잘못을 지적하는 것이 아니라 개선 방향을 제시하는 것에 초점을 맞춰야 한다. 피드백에 필요한 기본적인 자세는 친절과 공감 그리고 팀원의 발전과 성장을 돕고 싶다는 바람이다. 훌륭한 피드백의 또 다른 조건은 시의적절해야 한다는 점이다. 꼭 필요한 순간에 피드백하는 것도 매우 중요하다.

체계적이고 효과적인 피드백은 다음과 같은 네 단계를 따라서 이루어진다.[1]

첫 번째 단계는 '상황을 설명하는 것'이다. 강조해야 할 것은 피드백받는 사람이 당시에 어떻게 행동했는가 하는 점이다. 또 상황을

---

1 이 절차를 누가 개발했는지는 확실하지 않지만, 팀원들이 피드백을 주고받는 법을 훈련하는 데 수년째 사용되고 있다.

설명할 때는 날짜, 시간, 관계된 사람들까지 명확하게 제시하며 구체적으로 해야 한다.

[예시] "트로이, 치유 프로젝트에 필요한 자료 제출이 좀 늦었던데요. 업무계획서에는 자료 제출이 화요일까지로 표시되어 있어요."

두 번째 단계는 '팀원에게 설명할 기회를 주는 것'이다. 설명을 듣고 나서는 피드백 내용에 대해 질문할 기회를 주고 이에 대해 답변한다. 필요하다면 추가적인 정보를 제공한다. 피드백을 듣고 나서 뭔가 떠오르는 게 있는지, 어떤 생각이 드는지 질문해도 좋다.

세 번째 단계는 '팀원의 행동이 미친 영향을 설명하는 것'이다. 팀원의 행동으로 인해 팀장으로서 느낀 점을 말하고, 그 행동이 팀 전체와 고객사에 어떤 영향을 미칠지에 대해 설명한다.

[예시] "자료 제출이 늦는 바람에 다른 팀원들에게도 영향이 있었어요. 분석 업무를 진행하지 못했거든요. 팀 전체가 저녁 내내 그 자료만 기다리고 있었어요."

네 번째 단계는 '행동의 변화를 제안하는 것'이다. 대개 "앞으로는 이런 식으로 좀 다르게 해보면 어떨까"라는 말로 시작한다. 행동을 바꾸거나 개선하는 방법에 대해 제안하고, 제안에 따른 행동의 변화 여부를 언제쯤 다시 확인하면 좋을지 의견을 물어본다.

[예시] "앞으로는 시간이 좀 더 필요하면 최대한 빨리 말해줘요. 그래야 추가적인 지원이 필요한지 확인할 수 있거든요. 마감 준수와 관련된 것 외에 제가 더 도와줄 건 없어요?"

이 단순한 절차가 어떻게 해서 강력한 효과를 내는지 의아할 수도 있다. 한 가지씩 차근차근 살펴보자.

먼저 피드백은 판단하는 말("회의에 지각하는 건 안 좋아요") 대신 데이터에 근거한 말("회의에 10분 지각했더군요")로 시작하는 것이 바람직하다. 데이터를 활용하면 감정 개입이 줄어들고 피드백을 받는 팀원도 방어적인 태도보다는 수용적인 태도로 응하게 된다. 또 팀원에게는 상황을 설명할 기회가 주어져야 한다. 가령 이사회 의장에게 갑자기 불려가는 바람에 어쩔 수 없이 늦었다면, 팀장의 일방적인 피드백이 억울하게 들릴 수도 있으니까 말이다. 그다음에는 팀원의 특정 행동이 팀장이나 팀 전체, 혹은 고객사에 어떤 영향을 미치는지 설명한다. 이로써 팀원은 팀장이 그러한 피드백을 하는 이유, 피드백이 중요한 이유를 이해할 수 있다.

마지막 단계는 행동의 변화를 촉구하는 것이다. 피드백을 주기 전에 팀원이 자신의 행동을 바꾸기 위해 어떤 식으로 다르게 행동할 수 있을지 생각해보자. 이때 여러분의 피드백이 개인적인 것이 아니라는 점을 분명히 하는 것이 중요하다. 피드백할 때 투명성이니 정직성이니 하는 단어를 들먹이며 팀원의 인격을 비난하는 내용을 언급해선 안 된다. 그것은 오만한 태도일 뿐만 아니라 필요한 행동 변화를 이끌고 성장을 돕는 데에 아무런 도움이 되지 않기 때문이다.

효과적인 피드백을 위해서는 여러분이 지적하는 특정 행동을 팀원이 어떤 식으로 바꾸거나 지속할 수 있을지 명확한 사례를 제시해야 한다. 가령 고객사를 대상으로 프레젠테이션을 할 때 팀원의 발음이 부정확한 것이 신경 쓰였다고 가정해보자. 이때 "앞으로 프레젠테이션 할 때는 발음을 정확하게 하도록 하세요"라는 피드백은 별 도움이 되지 않는다. 매일 조금씩 소리 내어 책 읽는 연습을 하도록 제안한다든가, 긴장할수록 말이 빨라지면서 발음이 부정확하게 들린다는 점을 짚어주면서 말을 천천히 하는 연습을 하도록 제안하는 것이 효과적인 피드백이다. 즉 팀원의 성장과 발전을 실질적으로 도울 수 있어야 효과적인 피드백이라고 할 수 있다.

● 피드백 절차를 진행할 때 주의할 점 ●

이렇게 네 가지 단계에 따라 피드백을 하더라도 기대했던 결과를 얻지 못하거나 오히려 역효과를 불러일으킬 수 있다. 피드백을 잘하려면 팀장에게도 학습과 훈련이 필요하다. 다음은 피드백할 때 반드시 주의해야 할 사항들이다. 이 여섯 가지만 잘 기억해도 피드백으로 인한 역효과는 피할 수 있다.

첫째, 긍정적인 피드백을 할 때도 칭찬만 해서는 안 된다. 계속해서 "정말 잘했어!"라는 말만 되풀이해서는 동기부여를 할 수 없다. 무엇을 어떻게 잘했고, 그것이 성과에 어떤 영향을 미쳤는지 건설적인 피드백을 함께 제공해야 한다. 칭찬이나 비판만 하는 것은 피드백이 아니다. 피드백은 좋은 관계를 맺기 위해서가 아니라 업무성과를 관리하기 위한 것이란 점을 잊지 마라.

둘째, 건설적 피드백과 긍정적 피드백을 혼동하지 마라. 건설적인 피드백은 문제점을 지적하되 개선할 수 있는 방향을 함께 제안하는 것이다. 긍정적인 피드백은 잘한 부분을 지적해서 더 잘할 수 있게 하는 것이다. 두 가지를 혼동해서는 안 된다. 문제점을 정확하게 짚어줘야 하는 상황에서 불필요한 칭찬을 끼워 넣으면 잘못 해석될 여지가 생긴다.

셋째, 피드백은 반드시 논의의 관점에서 접근한다. 피드백과 단순한 지적은 다르다. 피드백은 상호 간에 의견을 주고받으며 논의의 관점에서 이뤄지는 것이 바람직하다. 피드백할 때는 팀원에게 질문할 시간을 주고, 팀원의 이야기에 귀를 기울여야 한다. 자신의 행동을 어떤 방법으로 변화시킬지, 팀장에게 어떤 도움을 기대하는지 물어보라.

넷째, 과도한 부연설명을 하지 마라. 가령 다음과 같이 서두를 시작하는 것은 피드백의 본질을 흐리고 듣는 사람을 혼란스럽게 한다. "요즘 자네가 얼마나 스트레스가 많은지, 혼자 얼마나 많은 일을 떠안고 있는지 알아. 그런데도 여러 분야에서 좋은 성과를 내고 있다는 것도. 내가 하고 싶은 말은 그렇게 대단한 건 아닌데……." 피드백은 업무 성과에 초점을 맞추어 간결하고 명확하게 하는 것이 좋다.

다섯째, 잘못된 행동이 발견되면 최대한 빨리 피드백을 제공한다. 이미 수개월이 지난 일에 대해 피드백받는 것을 좋아할 사람은 없다. 이런 경우 피드백 효과가 제대로 작동하지 않을 가능성이 크다. 또 피드백의 지연은 팀원이 행동을 변화시킬 시간을 허비하는 셈이 된다.

여섯째, 잘할 자신이 없어도 일단 계속하라. 처음 피드백을 할 때는 완벽하지 않을 것이다. 절차를 잊어버릴 수 있고, 의도치 않게 팀원의 감정을 상하게 할 수도 있다. 그렇더라도 피드백을 멈추어서는 안 된다. 다른 업무가 그렇듯이 피드백도 하면 할수록 나아지고 불편한 감정도 차츰 사라질 것이다.

● 피드백을 받는 것이 어려운 이유 ●

체계적이고 효과적인 피드백을 제공하는 방법에 대해 살펴봤는데, 여기서 끝이 아니다. 훌륭한 팀장이 되려면 효과적인 피드백을 주는 것뿐만 아니라 팀원으로부터 효과적인 피드백을 받는 것에도 능숙해져야 한다. 그러려면 팀원들이 팀장인 여러분에게 피드백을 잘할 수 있도록 여건을 마련해줘야 한다. 이 책을 읽는 여러분은 아마도 자신의 성장에 관심이 많고 자의식이 강한 사람일지 모른다. 그렇다면 상사에게 지속적인 피드백을 요청하고 적극적으로 수용하면서 늘 변화하고 발전하려는 자신의 태도에 상당한 자부심을 느끼고 있을 것이다.

이렇게 성장하려는 의지가 강한 팀장이라 해도 팀원으로부터 피드백을 받는 건 여전히 어려운 일일 수 있다. 피드백을 받을 때 그토록 민망한 이유는 무엇일까? 이 역시 잠재의식과 관련돼 있다. 피드백을 받는 것이 힘든 이유는 크게 다음 네 가지로 설명할 수 있다.

첫 번째 이유는 부정적인 피드백을 멀리하고 싶은 것이 인간의 진화적 본능이기 때문이다. 미국의 심리학자 네이선 드월(Nathan DeWall)과 브래드 부시먼(Brad J. Bushman)에 따르면, 인간은 비신체적 위협 앞에서도 본능적으로 자신을 보호하려는 잠재의식을 지니고 있다.[2]

이를 '투쟁-도피 반응'이라고도 하는데, 부정적 피드백을 들었을 때 자신도 모르게 방어적인 태도가 되는 것도 그러한 반응의 일종

---

2 C. Nathan DeWall, Brad J. Bushman, "Social acceptance and rejection: The sweet and the bitter," *Current Directions in Psychological Science* 20, no. 4 (2011): 256~260.

으로 볼 수 있다.

우리 뇌는 건설적인 피드백을 자신이 속한 집단에서의 위치와 정체성에 대한 위협으로 간주하는 경향이 있다. 맡은 임무를 제대로 수행하지 못했다거나 지각하는 습관을 고쳐야 한다는 지적을 받으면 그것을 사회적 위치와 정체성에 대한 위협으로 받아들이는 것이다. 인간에게는 사회적으로 거절당하는 것이 사자에게 잡아먹히는 것만큼이나 위험한 일이다. 피드백을 들었을 때 저절로 방어적인 태도가 되는 이유가 바로 여기에 있다. 더구나 본능을 바꾸는 것은 너무나 어려운 일이다.

건설적인 피드백일지라도 받아들이기 어려운 두 번째 이유는 '과잉확신 편향' 때문이다. 과잉확신 편향이란 자신의 능력이나 가능성에 대해 비현실적으로 과도하게 자신감을 가지는 심리적 경향을 가리킨다. 이와 같은 심리적 편견은 심리학자 올라 스벤손(Ola Svenson)의 유명한 연구에서 확연히 드러난다. 올라 스벤손의 연구 결과에 따르면, 미국 운전자의 93퍼센트는 자신의 운전 실력이 평균보다 뛰어나다고 생각하는 것으로 나타났다.[3] 뇌에 감춰진 이러한 잠재의식으로 인해 우리는 특정 분야에서 자신의 실력이 평균 정도이거나 평균에 미치지 못한다는 피드백을 받으면 충격에 휩싸인다. 때로는

3　Ola Svenson, "Are we all less risky and more skillful than our fellow drivers?" *Acta Psychologica* 47, no. 2 (1981): 143~148.

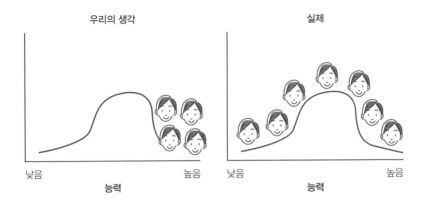

우리의 생각 / 실제

'나는 항상 평균보다 낫다'고 믿는 과잉확신 편향

충격을 넘어 겁을 집어먹고 도망갈 수도 있다!

　피드백이 불편하게 느껴지는 세 번째 이유는 자신의 행동에 대한 원인을 외부에서 찾으려는 심리적 경향 때문이다. 어떤 상황이나 행동에 대한 원인을 찾는 방식에 대한 이론을 '귀인 이론'이라고 하는데, 원인을 찾는 과정에서 흔히 범하는 심리적 오류 중 하나가 자기 행동의 원인을 외부에서 찾는 것이다. 즉 우리는 어떤 실패를 했을 때 자신의 부족함을 살피기 전에 외부 환경 탓을 먼저 해버린다. 반대로 타인의 행동에 대한 원인은 내부에서 찾으려고 한다. 가령 동료가 지각하면 게으르기 때문이라고 판단하면서 자신이 지각할 때는 버스가 제시간에 오지 않았기 때문으로 생각하는 것이다. 이러한 심리적 경향으로 인해 우리는 건설적인 피드백을 받았을 때 자신도 모르게 외부에서 원인을 찾으려고 한다. 그러니 문제의 원인을 자신의 행동이나 능력에서 찾아 지적하는 피드백을 건설적으로 받아들이기 어려운 것이다. 사회심리학자 버나드 와이너(Bernard Weiner)가 체계화한 귀인 이론은 인간 본성의 많은 부분을 설명해준다.[4]

피드백을 받는 것이 어려운 네 번째 이유는 팀장처럼 권위 있는 인물에게 자신의 목소리를 내거나 반대 의견을 내는 것 자체가 어렵기 때문이다. 예를 들어보자. 한번은 남동생 존에게 팀원으로부터 피드백을 받는 것이 어떤지 물어본 적이 있다. 그는 비꼬지도 않고 부끄러운 기색도 전혀 없이 이렇게 말했다. "난 훌륭한 팀장이지. 팀원으로부터 한 번도 피드백을 받아본 적이 없어."

팀원들이 정말로 피드백할 것이 없어서 하지 않았을까? 그렇지 않을 것이다. 팀원으로부터 피드백을 받을 때 주고받는 대화를 들여다보자. 팀장이 "내게 피드백할 것이 있나?"라고 묻는다. 그러면 팀원은 "전혀요. 팀장님은 아주 훌륭하십니다!"라고 대답한다. 사실 팀원으로서 팀장의 문제 있는 행동을 지적하고 피드백하기가 어려워 그냥 회피했는데 팀장은 이를 눈치채지 못한 채 대화가 끝나버린다. 팀장은 은근히 자부심을 느끼며 우쭐해지겠지만, 사실 이는 팀장과 팀원 모두의 성장을 가로막는 걸림돌이 될 뿐이다.

---

4 Bernard Weiner, "An attributional theory of achievement motivation and emotion," *Psychological Review* 92, no. 4 (1985): 548.

● 팀원에게 효과적인 피드백을 받는 방법 ●

그렇다면 팀원들이 자신의 목소리를 거리낌 없이 낼 수 있도록 하려면 그리고 팀원의 건설적인 피드백을 들었을 때 심리적 편견에 사로잡히지 않고 잘 받아들이려면 어떻게 해야 할까. 그 구체적인 방법을 네 가지로 정리해 살펴보자.

첫째, 적극적으로 피드백을 요청하라. 팀원들을 무대로 초청하는 것이다. 묻고 또 물어라. 피드백을 들을 땐 열린 마음으로 기꺼이 수용하며, 피드백을 준 팀원에게 진심으로 고마워하라. 또 팀원이 지적한 여러분의 행동이 어떻게 변화하고 있는지(혹은 변화에 어려움을 겪고 있다면 그 이유를) 팀원들과 반드시 공유해야 한다. 더 나아가 행동을 개선할 구체적이면서 현실적인 방법을 찾고, 개선 결과에 대한 책임을 물어달라고 팀원들에게 요청한다. 그렇게 해서 피드백이 계속 이어질 수 있다.

둘째, 상향 피드백과 하향 피드백을 분리하라. 팀원들의 실적을 평가하고 피드백하고는 마무리를 하면서 "나에 대해서도 피드백할 것이 있으면 해달라"고 요청하는 팀장이 있다. 하향 피드백을 하는 자리에서 상향 피드백을 요청해서는 안 된다. 그렇게 하면 솔직하고 건설적인 조언을 받기가 어렵기 때문이다. 상사의 평가에 따라 인센티브 금액이 결정되는 순간에 팀장에게 건설적인 피드백을 할 수 있는 팀원이 몇이나 되겠는가! 상향 피드백과 하향 피드백은 분리되어야 한다. 즉 서로 다른 시간에 일정을 잡아 주고받아야 한다. 이렇게 하면 여러분이 팀원에게 피드백을 주는 것만큼 팀원으로부터 피드백을 받는 것에도 신경 쓴다는 점을 확실하게 보여줄 수 있다.

셋째, 상향 피드백을 팀의 공식적인 업무 프로세스에 포함하라. 다시 말해, 여러분이 팀원들의 피드백을 기다리고 있다는 점을 알리고, 팀원으로서 팀장의 어떤 업무에 대해 피드백하는 것을 당연한 책임으로 느끼게 하라는 의미이다. 또 팀원이 용기를 내어 피드백했을 때는 칭찬하고 보답하라. 팀원이 제공한 피드백이 충분하지 않다고 여겨지면 그것을 팀원에게 알려라. 그래야 더 효과적인 피드백을 이끌어낼 수 있다.

넷째, 익명으로 설문조사를 하는 것도 방법이다. 팀장에게 건설적인 피드백을 제공하는 일을 팀원들이 편안하게 받아들이기까지는 꽤 오랜 시간이 걸릴 수 있다. 그런 경우 설문조사를 이용하면 그들의 부담을 한결 덜어줄 수 있다. 설문조사는 익명으로 해야 팀원들이 적극적으로 솔직하게 답변할 수 있다. 조직 전체적으로 상향 피드백을 문화로 자리 잡게 하려면 팀장에 대한 평가 항목에 팀원들의 설문조사 결과를 포함하는 것도 방법이 될 수 있다.

팀원을 대상으로 하는 팀장에 대한 설문조사 (예시)

- 이 사람은 팀장으로서 일관되고 도움이 되는 피드백을 제공해 나의 성장을 지원한다. (1~5점)
- 이 사람은 팀장으로서 내가 도움이 필요할 때면 언제든지 가까이 다가갈 수 있다. (1~5점)
- 이 사람의 경영관리 능력을 고려할 때 그/그녀가 언제까지나 나의 팀장이었으면 좋겠다. (1~5점)
- 당신이 업무 성과를 내는 데에 팀장으로부터 도움을 받을 수 있다면, 어떤 도움을 요청하겠는가?
- 팀장의 성장과 발전에 도움이 될 만한, 추가로 언급하고 싶은 피드백이 있는가?[5]

홀륭한 팀장이 되려면 체계적이고 효과적인 피드백을 제공해야 한다. 여기에서 더 홀륭한 팀장이 되려면 팀원이 여러분에게 체계적이고 효과적인 피드백을 하도록 만들어야 한다. 적절한 피드백을 적시에 제공함으로써 팀원의 성장과 발전을 돕는 것이 팀장으로서 여러분의 책임이자 의무라는 점을 기억하라.

---

5 Marcus Buckingham and Ashley Goodall, Reinventing Performance Management," *Harvard Business Review* 93, no. 4 (2015), 40~50.

☑ 팀장으로서 여러분의 임무는 건설적인 피드백을 적시에 제공하는 것
이다. 적절한 피드백을 제공하지 않으면 팀원의 장기적인 경력에 흠
집을 내게 될 것이다.

☑ 인간은 본능적으로 좋은 사람으로 보이기를 원하며, 자신에 대한 위
협으로부터 도망치려고 한다. 우리가 피드백받는 것을 불편하게 여기
는 이유는 이러한 인간의 본능과 관련이 있다. 또 인간은 자신의 성과
가 평균 이상이라고 믿는 심리적 편견을 갖고 있지만, 이를 스스로 의
식하지는 못한다.

☑ 효과적인 피드백은 데이터를 기반으로 한 객관적인 평가에서 출발한
다. 피드백의 마지막 단계에서는 반드시 특정 행동에 대한 실행 가능
한 개선사항을 함께 제공한다.

☑ 훌륭한 팀장은 팀원에게 자신에 대한 피드백을 적극적으로 요청한다.
용기 있게 피드백을 건넨 팀원에게는 칭찬과 함께 그에 합당한 보상
을 제공한다.

☑ 일단 시작하라. 피드백에 관한 수업인 제2강에서 여러분이 기억해야
단 한 가지가 있다면, 그것은 비록 어색하고 불편하더라도 일단 시작
하고 부딪히며 익숙해지도록 노력해야 한다는 것이다.

팀원이 자기 성장의
책임자가 되도록 하라

나는 원래 자주 향수에 젖는 사람이 아니지만, 공교롭게도 이번 이야기 역시 대학 졸업 후 첫 직장에서 겪은 일과 관련이 있다. 그곳에서 일하는 동안 나는 사회초년생으로서 많은 교훈을 얻었지만, 그 교훈의 가치를 제대로 깨달은 건 불과 얼마 전의 일이다.

내가 당시 깨달았던 교훈들은 이를테면 '먹고살기 위해 일을 하지만, 매 끼니 특식을 먹을 필요는 없다'라든가, '회의 시간에 딱히 할 말이 없을 땐 마일리지 프로그램을 언급하라. 늘 안전하면서도 회의 분위기를 활기차게 이끌어갈 수 있는 주제다'라든가, '인턴에게 일을 시킬 땐 그것이 커다란 성장의 기회임을 주지시켜라'와 같은 것들이다. 그 밖의 여러 교훈들 중에 사회초년생으로서 내가 얻은 가장 중요한 교훈은 바로 '나의 발전은 내가 이끌어야 한다'라는 것이었다. 첫 직장이었던 회사에서는 모든 구성원에게 '자신의 성장과 발전에 대한 책임은 각자에게 있다'라는 점을 강조했다. 물론 팀장이나 멘토가 팀원의 성장을 지원하는 역할을 했지만, 팀원들 각자 적극적으로 자신의 경력을 개발하고 성장하기 위한 노력을 해야했다. 어떤 일을 하고 싶은지, 어떻게 성장하고 싶은지, 어떤 역량을 개발하고 싶은지 결정할 책임은 모두 팀원들 개개인에게 있었다.

● 팀원 각자가 자신의 성장을 책임져야 하는 이유 ●

여러분의 팀원은 정규 교육을 요청하거나 승진을 위한 확실한 경로를 묻거나 혹은 팀장으로서 팀원인 자신이 어떤 역량을 개발하기를 원하는지 알려달라고 할 것이다. 팀원들은 어떻게 하면 여러분이 그린 지도대로 정확하게 성장할 수 있는지 그 모든 답을 여러분이 갖고 있다고 생각한다. 하지만 신생업체라면 잘 짜인 정규 교육 프로그램이나 경력 개발 프로그램을 갖추고 있지 않을 가능성이 크다. 더욱이 팀장으로서 여러분의 자원과 시간은 한정적이어서 팀원 개개인의 성장을 이끌어야 하는 책임을 맡는 것이 버거울 수 있다.

팀장으로서 여러분이 할 수 있는 건 팀원들이 각자의 성장 목표와 경력 개발 계획을 제대로 수립할 수 있도록 돕는 것이다. 특히 팀원들 각자가 스스로 성장하고 발전하며 역량을 기르는 것이 그들의 가장 중요한 책임이며, 조직으로부터 그러한 권한을 부여받았다고 느끼도록 하는 것이 중요하다. 그러면 더 이상 팀장인 여러분이 모든 답을 알고 있지 않다는 점, 여러분의 역할은 팀원들의 성장을 '지원'하는 것이라는 점 역시 확실하게 알게 될 것이다.

그렇다면 팀원 각자가 자신의 성장과 발전에 책임을 지고 주도적으로 목표를 설정하도록 하는 것이 왜 중요할까. 여기에는 두 가지 이유가 있다.

첫째, 목표 설정과 성과 달성에 관한 연구 결과에 따르면, 우리는 자신이 달성하고자 하는 성과 목표를 직접 설정하고 책임질 수 있을 때 그것을 성취할 가능성이 더 크기 때문이다.[1]

실제로 팀원들은 자신의 성장과 성과에 대한 목표를 팀장이 정해줬을 때보다 자신이 스스로 정했을 때 훨씬 적극적이고 즐거운 자세를 보인다.

둘째, 팀원들은 서로 다른 강점과 약점을 지녔으며, 관심 분야와 성공에 대한 개념도 각기 따르기 때문이다. 따라서 팀원들 모두에게 일괄적으로 적용할 수 있는 하나의 '경력개발계획'을 수립할 수는 없다. 물론 모든 팀원에게 공통으로 요구되는 역량들도 있겠지만, 모든 팀원이 똑같은 성장 목표에 따라 역량을 개발하고 능력을 키워나가길 기대할 수는 없다. 이런 이유로 각 팀원의 성장 목표와 직업적 관심사와 일치하는 개별적인 경력개발계획을 허용하는 접근 방식이 필요하다.

---

1   Edwin A. Locke, Gary. P. Latham, *A Theory of Goal Setting & Task Performance* (Englewood Cliffs, NJ: Prentice-Hall, 1990).

● 팀원 개인의 성장을 돕는 구체적인 방법 ●

그렇다면 팀장으로서 팀원이 자신의 성장을 주도할 수 있도록 도우려면 어떻게 해야 할까? 나는 주로 성장 관련 질문을 통해 팀원들이 각자의 생각을 정리하도록 하는 '개별성장계획표'[2]를 활용한다. 이 개별성장계획표를 잘 활용하면 팀원들 각자가 단기적으로 개발하기 원하는 기술 및 역량과 함께 장기적으로 어떤 경력을 원하고 어떻게 성장하길 바라는지에 대해 구체적이고 명확한 답을 얻을 수 있다. 이를 통해 여러분은 팀장으로서 각 팀원에게 적합한 방식으로 도움을 줄 수 있다.

예를 들어, 팀원 두에인이 개별성장계획표에 올해 목표로 '팀장 승진'을 적었다고 가정해보자. 그런데 팀장인 여러분이 보기에는 두에인이 팀장으로 승진하는 데 필요한 역량을 제대로 갖추려면 일 년 이상의 시간이 더 필요하다. 그렇다면 여러분은 두에인과 함께 팀장 승진에 요구되는 역량에 관해 대화를 나누고 도움을 주어야 한다. 앞에서 설명한 '과잉확신 편향'을 기억할 것이다. 여러분의 팀원들은 스스로 팀장이 되기에 충분한 역량을 갖췄다고 생각할 수 있다. 객관적으로 보았을 때는 전혀 그렇지 않은데도 말이다. 개별성장계획표를 활용하면 팀원들이 가능성이 적은 목표에 무모하게

---

2 첫 번째 개발 계획 양식 및 확대 개발 프로그램은 샌드체리어소시에이츠(Sand Cherry Associates)와 함께 개발했다.

도전했다가 실망하는 사태를 미리 막을 수 있다.

개별성장계획표의 가장 큰 강점은 각자의 역량 수준에 맞게 성장 계획을 수립할 수 있다는 점이다. 상위 목표 달성에 필요한 하위 목표를 역량별로 세분화하는 데에도 도움이 된다.

구체적인 사례를 통해 살펴보도록 하자. 팀원인 미아는 고객관리 역량을 더 개발하길 원하고, 고객 대면 업무를 늘림으로써 이 목표를 달성할 수 있다고 생각한다. 그런데 막상 고객 대면 업무가 늘어났을 때 생각보다 버겁다고 느낄 수 있고, 그렇게 되면 미아는 크게 실망하거나 패배감을 느끼게 될 것이다.

이때 팀장인 여러분은 미아에게 개별성장계획표를 활용해 고객관리 전문가라는 성장 목표에 필요한 역량을 세분화해서 살펴보도록 권할 수 있다. 고객관리 분야에서 좀 더 성장하기 위해서는 어떤 역량들이 필요할까. 가령 고객을 효과적으로 설득하기 위해서는 프레젠테이션 역량이 필요하다. 고객의 실질적인 니즈를 정확하게 파악하기 위해서는 적극적인 청취의 기술 역시 익혀야 한다. 이는 모두 고객과 직접 대면하지 않고도 충분히 개발할 수 있는 역량들이다.

개별성장계획표의 또 다른 장점은 팀원이 특정 역량을 개발하는 데 필요한 구체적인 교육이나 활동에 대해 파악할 수 있다는 점이다. 예를 들어, 팀원 제이는 데이터 분석 역량을 좀 더 개발하길 원하며, 이에 필요한 일련의 교육과 활동을 나열했다. 여기에는 온라인 교육 플랫폼에서 데이터 분석 관련 강의 듣기, 팀 내부의 다른 데이터 분석 전문가에게 도움을 요청하기, 데이터 분석 업무가 많은 프로젝트에 참여하기 등이 포함되었다. 이와 함께 제이는 자신의 목표 달성을 도와줄 사람으로 팀장을 생각하고 그에게 요청할 도움을 구체적으로 적었다.

한 가지 명심해야 할 점은 개별성장계획표는 고정된 것이 아니라는 점이다. 개별성장계획은 유연하면서 역동적이어야 한다. 필요할 때 수시로 확인하면서 수정하거나 확대하거나 업데이트할 수 있어야 한다. 팀장으로서 여러분의 역할은 팀원들이 개별성장계획표를 작성하도록 독려하고, 그들의 목표 달성에 필요한 역량을 세분화하는 데에 지침을 제공하는 것이다. 그리고 역량 개발에 필요한 여러 가지 교육과 활동을 해나갈 수 있도록 돕는 것이다.

팀원들 간에 서로의 개별성장계획표를 공유하는 것도 좋은 방법이다. 이를 통해 팀원들은 자신이 참여할 수 있는 활동에 대한 아이디어도 얻고, 각자의 계획을 적극적으로 실천해야 한다는 책임감을 더 강하게 느낄 수 있다. 개별성장계획표와 관련해 팀원들이 반드시 기억해야 할 것은 모든 계획의 주인은 바로 자기 자신이라는 점이다.

◈ 팀원들의 성과 관리를 위한 개별성장계획표 (예시) ◈

1. 1년 목표
향후 1년간 전체적인 목표는 무엇인가? 연말에는 자신이 어떤 역할을 하고 있길 원하는 가? 동료들에게 어떤 사람으로 비치길 바라는가?

2. 3년(장기) 목표
장기적인 목표는 무엇인가? 3년 후에는 본인의 어떤 모습을 기대하는가? 3년 후에 성취 하고자 하는 직함이나 역할은 무엇인가?

3. 역량/기술			
올해 성취하고 싶은 세 가지 역량이나 기술이 무엇인지 기술하라.	이들 역량이나 기술을 개발하기 위해 참여하고자 하는 교육이나 활동은 어떤 것인지 구체적으로 기술하라.	성과를 어떻게 측정할 것인가? 자신의 성과를 측정하기 위한 구체적인 기준에 관해 기술하라.	역량 개발을 지원해줄 사람은 누구이며, 그에게 요청할 사항은 무엇인지 기술하라.

☑ 훌륭한 팀장의 역할은 팀원 스스로 성장의 주인이 될 수 있도록 힘을 실어주는 것이다. 즉 팀원들이 자신의 성장 목표를 설정하고 이에 필요한 역량을 스스로 책임지고 적극적으로 개발할 수 있도록 독려하고 돕는 것이다.

☑ 팀장이 팀의 목표에 따라 팀원들의 성장 목표를 정해주는 것이 아니라 팀원들이 각자 자신의 개별적인 성장 목표를 정하고 이에 책임을 지도록 해야 하는 이유는 크게 두 가지이다. 첫째는 스스로 목표를 정하고 계획을 세울 때 더욱 열정적으로 목표를 성취할 가능성이 커지기 때문이다. 둘째, 모든 팀원의 능력과 관심사가 서로 달라서 그들의 성장과 발전에 똑같은 접근 방식을 적용하기 어렵기 때문이다.

☑ 개별성장계획표는 모든 팀원이 주도적으로 성장해가는 데 도움을 줄 수 있는 도구이다. 그들은 개별성장계획표를 통해 자신의 미래를 그려보고 더 개발하고 싶은 역량과 이를 위한 활동들에 관한 구체적인 계획을 세울 수 있다.

☑ 개별성장계획표는 팀원들이 외부 요인에 따라 성취 가능성이 좌우되는 높은 수준의 목표 대신 각자 자신의 수준에 맞는 역량을 개발하는 데에 집중하도록 해준다.

제4강

코칭으로 능동적인
문제해결력을 키워주어라

몇 년 전 명상 수련 프로그램에 참여한 적이 있다. 당시 나는 좀처럼 출구가 보이지 않는 이런저런 삶의 문제들 속에서 허덕이고 있었다. 대부분의 수련 시간은 조별로 모여 이야기를 나누는 방식으로 진행되었다. 명상 수련에서는 이야기를 나누는 것 자체가 치유의 과정이었던 듯하다. 우리는 각자 명상을 하고 난 뒤에 조별로 모여서 각자 두려워하는 것이 무엇인지, 자기 성장을 가로막고 있는 것은 무엇인지, 각자 원하는 이상적인 삶의 형태는 어떤 것인지에 관해 이야기를 나누었다. 이따금 참석자들은 자리에서 일어나 자신이 겪고 있는 어려움에 관해 이야기하기도 했다. 그러고 나면 명상을 지도하는 선생님은 다음과 같은 질문을 던졌다.

◉ 지금 상황에서 가장 두려운 것은 무엇인가?

⊙ 어려움을 해결하는 데 방해가 되는 것은 무엇인가?

⊙ 무언가 조치를 하지 않는다면 어떤 위험이 발생하겠는가?

⊙ 지금 상황에서 기대하는 이상적인 결과는 무엇인가?

질문은 매우 효과적이었다. 참석자들은 이러한 질문에 답변하면서 자신이 직면한 어려운 상황에 대해 새로운 관점을 갖게 되었다. 더 중요한 것은 앞으로 계속 나아가기 위한 길과 방법을 자기 내면에서 스스로 찾아냈다는 점이다. 그들은 질문에 답하는 과정을 통해 삶을 가로막고 있던 문제들에 대한 자신만의 결론에 다다랐다.

그렇게 눈앞의 희뿌연 안개가 걷히고 나는 도시의 바쁜 일상으로 돌아왔다. 그러면서 한 가지 깨달은 사실이 있었다. 명상 수련에서 개인의 문제에 접근하는 방식이 훌륭한 팀장이 팀원을 코치할 때의 접근 방식과 거의 같다는 점이었다.

● 코칭은 멘토링과 어떻게 다른가 ●

팀장인 여러분은 '코칭'이라는 단어에 익숙할 것이다. 팀장은 팀을 코치해야 한다거나 선수이면서 동시에 코치가 되어야 한다는 이야기도 자주 들었을 것이다. 또 여러분은 동료나 친구로부터 코칭이 그들의 삶을 어떻게 바꾸었는지, 어떻게 코칭의 도움으로 리더십을 개발할 수 있었는지, 또는 새로운 분야에 도전하려고 할 때 코칭을 통해 어떻게 자신감을 얻게 되었는지에 관한 일화들을 들어보았을 것이다.

코칭은 과연 무엇일까? 훌륭한 코치가 되려면 팀장은 어떤 역량을 개발해야 할까? 코칭은 사람들이 각자 자신의 능력을 최대한 발휘해 목표를 달성하도록 돕기 위한 기술이다. 코칭은 과거의 행동을 스스로 반추함으로써 부정적인 심리적 편견을 버리도록 해주고, 자신감과 의욕을 고취해 분명한 결정과 선택을 할 수 있도록 돕는다. 어떤 면에서 코칭은 진지하고 깊이 있는 생각을 유도하기 위한 기술처럼 보이기도 한다. 멘토링이나 피드백을 위한 대화에서와 달리 코칭을 위한 대화에서는 어떤 행동을 어떻게 수정하라고 알려주거나, 자신이라면 어떻게 하겠다는 식의 직접적인 조언을 하지 않는다. 코치는 그저 코칭을 받는 사람이 능동적으로 생각하고 의사결정을 내릴 수 있도록 도울 뿐이다.

여러분은 성과에 관해 대화하거나 피드백을 제공하면서 동시에 코칭을 활용할 수 있다. 예컨대, 고객사를 대상으로 하는 프레젠테이션이 끝난 뒤 여러분은 피드백을 제공하게 될 것이다. 이때 코칭을 통해서 팀원이 고객의 까다로운 요구에 더욱 효과적으로 대응하는 방법을 스스로 찾아내도록 도울 수 있다. 피드백이나 코칭 모두 팀원의 성장에 꼭 필요한 것이지만, 그 접근 방식이나 결과는 전혀 다르다. 다음 그림에서도 볼 수 있듯, 코칭은 자신의 경험을 토대로 조언하거나 문제에 대한 해결책을 직접 제시하는 대신 상대가 스스로 길을 찾을 수 있도록 적절한 질문을 던져주는 것이 핵심이다.

멘토링

내 경험상 고객과 문제가 생겼을 때는
정면돌파가 효과적이더라고.

나라면 이번 문제도
직접 부딪쳐
해결할 것 같아.

피드백

내가 보니 고객이 우리 업무 영역에서 벗어나는 걸
요청해도 자네는 아무 말 안 하던데.

이럴 땐 충돌을
두려워하지 말고
강하게 반박해야 해.

코칭

고객과의 문제에서 자네가 원하는
이상적인 결과는 무엇인가?

고객과 관련해 직면한 가장 큰 장애물은 무엇인가?
잠재적으로 선택할 수 있는 해결책은 무엇인가?

까다로운 고객 응대 상황에서의 멘토링 vs. 피드백 vs. 코칭은 어떻게 다른가

● 코칭은 팀원에게 어떤 도움을 주는가 ●

팀장이 사용할 수 있는 강력한 도구인 코칭은 팀원의 역량 개발과 실적 개선을 도와 궁극적으로 성장을 실현하는 데 매우 중요한 역할을 한다. 따라서 여러분은 훌륭한 팀장이면서 동시에 훌륭한 코치가 되어야 한다. 그 구체적인 방법을 살펴보기 전에 코칭이 어떤 점에서 팀원들에게 도움이 되는지에 대해 먼저 살펴보자.

첫째, 코칭은 능동성을 개발하도록 돕는다. 팀장으로서 여러분은 팀원들이 스스로 생각하고 판단하며 추진하는 능동적인 사람이길 바랄 것이다. 최고의 팀원은 팀장의 기대치를 분명하게 알고, 문제가 아닌 해결책을 탐색하며, 팀장에게 정답을 요구하는 대신 적극적으로 대안을 제시하는 사람이다. 능동성은 어떤 상황에서 어떻게 행동해야 할지 스스로 생각하고 판단해서 자신의 의견을 말할 수 있는 능력으로, 이는 모든 팀원이 개발해야 하는 역량이다. 코칭은 팀원이 능동성을 개발하도록 도움으로써 스스로 생각하고 판단하여 해결책을 찾아내도록 돕는다.

둘째, 코칭은 주인의식을 갖도록 돕는다. 코칭에서는 상대방에게 '이렇게 해야 한다'라는 식으로 말하지 않는다. 팀원이 직접 문제의 윤곽을 파악하고 문제를 해결하는 모든 과정을 스스로 책임지도록 돕는다. 코치로서 팀원 스스로 계획을 세우도록 지침을 제공하되 여러분의 생각을 그대로 받아쓰게 해서는 안 된다. 그래야 문제 상황에서 팀원이 주인의식을 갖고 자신만의 해결책을 찾아 적극적으로 실행에 옮길 수 있다. 처음에는 이런 방식에 팀원들이 두려움을 느끼기도 한다. 자신의 결정이 틀리면 어쩌나 하는 걱정과 더불어 결정에 대한 책임을 스스로 져야 한다는 부담감 때문에 말이다. 하지만 코칭을 통한 접근을 꾸준히 하게 되면 팀원에게 주인의식이라는 근육이 생겨 차츰 직접 의사결정하고 결과까지 책임지는 것에 익숙해진다.

셋째, 코칭은 신뢰 관계를 형성하도록 돕는다. 코치로서 여러분은 팀원의 사고 습관과 심리적 경향을 파악하고 대안을 발견하기 위한 일련의 질문을 한다. 이 질문들은 팀원이 자기 내면 깊숙한 곳의 이야기를 함으로써 마음속 장애물을 제거할 수 있도록 돕는다. 깊이 있는 질문을 하고 이에 대한 답변을 경청하는 과정을 통해 팀장과 팀원의 관계는 한결 새롭고 성숙해진다. 또 팀원이 안심하고 마음의 문을 여는 기회가 되어 더욱 돈독한 신뢰 관계를 형성할 수 있다. 신뢰는 팀원과의 관계에서 핵심적인 요소다. 신뢰는 무엇보다 소통과 협력을 늘리면서 갈등은 줄이는 데 탁월한 효과가 있다.[1] 팀

---

1 대인관계의 신뢰를 강조하는 연구 결과는 수없이 많다. 그중에서 내가 가장 좋아하는 연구 결과는 다음 두 논문이다. Mark Granovetter, "Economic action and social structure: The problem of embeddedness," *American Journal of Sociology* 91, no. 3 (1985), 481~510 / Peter M. Blau, "Social exchange," *International Encyclopedia of the Social Sciences* 7 (1968), 452~457.

원과 신뢰 관계를 구축하기 위해 고민하는 팀장들에게 코칭은 매우 훌륭한 답이 될 수 있다.

● 훌륭한 코치가 되는 구체적인 방법 ●

자, 그럼 팀원에 대한 코칭은 어떻게 시작해야 할까? 훌륭한 코칭을 하려면 정교한 소통 능력과 적절한 질문을 찾아내는 통찰력이 뒷받침되어야 하며, 인간 심리에 대한 과학적 접근도 필요하다. 하지만 너무 어렵게 생각하지 않아도 된다. 여러 기관과 학교에서 운영하는 교육 프로그램을 수강해서 정식 자격을 갖춘 코치가 되지 않아도 된다는 뜻이다. 코칭은 정식 교육을 받지 않아도 팀장 여러분 모두가 곧바로 시작할 수 있는 매우 기본적인 도구이다.

깊이 있는 질문을 하는 것부터 시작해보자. 답변을 듣고 나서도 곧바로 해결책이나 방향을 제시하려 들어서는 안 된다. 팀원 스스로 여러 가지 대안을 생각해보도록 유도하며 적절한 질문들을 계속해서 던져야 한다. 팀원은 질문에 대답하는 과정에서 좀 더 깊이 생각하게 되며 스스로 해결책이나 방향을 찾아가게 된다.

다음은 훌륭한 코치가 되기 위한 몇 가지 추가적인 팁이다.

첫째, 코칭을 시작하기 전에 전체적인 맥락을 파악하되 여기에 너무 많은 시간을 쓰지 마라. 처음 코칭을 시작할 때는 우선 전체적인 상황을 파악하기 위한 질문을 한다. 다만 요지만 정확하게 파악할 수 있도록 간략한 답을 유도하는 질문을 하는 것이 바람직하다. 팀원들은 자기 상황을 구구절절 설명하기를 원할 수 있지만, 코치인 여러분은 핵심으로 들어가기 전에 맥락을 파악하는 데 시간을 너무 많이 소비하지 않도록 조절해야 한다.

둘째, 질문은 한 번에 한 가지씩 열린 질문을 하라. 코칭을 처음 시작할 때는 정보를 파악하기 위해 여러 가지 질문을 한꺼번에 하게 되는데, 이는 스스로 생각을 정리하는 데 도움이 되지 않는다. 코칭할 때 질문은 한 번에 한 가지씩만 하도록 한다. 또 '예'나 '아니오'와 같은 단답형 답을 하게 하는 닫힌 질문이 아니라 자기 생각이 담긴 답을 하도록 하는 열린 질문을 한다.

셋째, 질문할 때는 선입견이나 편견을 담지 말고 순수한 호기심을 담아서 물어라. 코칭할 때 자신이 원하는 답을 얻으려고 하는 이른 바 '낚시용 질문'을 하지 마라. 팀원의 이야기를 듣고 미리 어떤 판단이나 결정을 내려서는 안 된다. 어떤 선입견이나 편견도 가져서는 안 된다. 그저 순수한 호기심을 담아서 진심으로 물어라. 가령 "왜 이렇게 하지 않았나요?"라고 묻는 대신 "어떻게 그런 길을 선택하게 되었나요?"라고 물어라.

넷째, 침묵을 애써 메우려 하지 말고 편하게 받아들여라. 여러분이 질문을 던져도 팀원이 곧바로 대답하지 못할 수 있다. 어색하게 느껴지더라도 그 침묵의 상황을 기꺼이 수용해야 한다. 침묵이 생기면 이런저런 말로 메우려 하지 말고 그저 자연스럽게 놔둔다. 팀원이 생각을 정리할 수 있도록 기회를 준다.

다섯째, 팀원이 말한 내용을 되풀이함으로써 진지하게 경청하고 있음을 보여주어라. 이는 여러분이 팀원의 생각을 제대로 이해하고 있는지 확인할 수 있게 해준다. 무엇보다 코치의 입을 통해 자신이 한 말을 다시 들어봄으로써 팀원은 자기 생각을 새로운 관점에서 반추하는 기회를 가질 수 있다.

여섯째, 코칭 이후의 다음 단계를 염두에 두어라. 코칭하면서 가능하다면 다음 단계를 준비할 수 있는 대화를 나누는 것이 필요하다. 코칭의 강력한 효과는 명확한 대응책을 마련하고 책임 메커니즘을 마련할 수 있다는 데 있다.

그리고 한 가지 추가하자면, 코칭을 처음 시작할 때는 한두 가지 효과적이면서도 단순한 질문에 초점을 맞추라는 것이다. 가령 다음과 같은 질문으로 시작할 수 있다.[2]

2　코칭 질문과 관련해서 참고할 만한 또 다른 자료는 다음과 같다. 31 Powerful Questions from Co-Active Coaching. 질문은 다음 사이트에서 확인할 수 있다. www.coactive.com

● 지금 상황에서 느끼는 감정이나 직감적으로 드는 생각은 무엇인가?

● 지금 상황이 발생한 이유는 무엇이라 생각하는가?

● 지금 상황을 친구에게 설명해야 한다면 어떻게 말하겠는가?

● 지금 상황에 대해 명확하게 설명하기 어려운 부분이 있다면 그 이유는 무엇인가?

● 지금 상황에서 가장 두려운 것은 무엇인가? 조바심을 느낀다면 그 이유는 무엇인가?

● 지금 당장 조치를 하지 않는다면 어떤 일이 발생할 것으로 생각하는가?

● 어떤 해결책을 찾는 데 있어 스스로 가장 우려되는 점은 무엇인가?

● 문제를 해결하기 위해 지금까지 어떤 시도를 해보았는가?

● 가장 도전적인 과제는 무엇이라고 생각하는가? 그 이유는?

● 스스로 생각하는 가장 이상적인 결과는 어떤 것인가?

● 아직 시도해보지 않은 다른 접근 방식의 해결책이 있는가?

● 스스로 문제를 해결하기 위해 필요한 정보나 지원은 무엇인가?

● 만일 요술봉이 있다면 그것으로 상황을 어떻게 바꾸고 싶은가?

● 문제의 상황으로 다시 돌아간다면 어떻게 다르게 행동하겠는가?

● 지금 상황을 해결하기 위해 당신이 솔직해져야 하는 부분은 어떤 것인가?

● 지금 상황을 통해 당신 자신에 대해 새롭게 알게 된 부분이 있는가?

나는 처음 코칭을 시작했을 때 좋아하는 질문들을 모두 출력해서

책상 위에 붙여두었다. 이후 대화가 막힐 때면 질문 목록을 훑어보며 적용해볼 만한 항목이 있는지 살펴보았다. 그렇게 시간이 지나자 이 질문들은 어느덧 코치로서 내 삶의 일부가 되었다.

코치로서 가장 보람을 느끼는 순간은 깊이 있는 대화를 나누는 과정에서 팀원의 마음속에 무언가가 번뜩 떠오를 때이다. 그것은 해결책일 수도 있고 어떤 아이디어일 수도 있는데, 중요한 것은 팀원이 스스로 문제를 해결하기 위한 새로운 관점을 갖게 된다는 점이다. 이런 경험을 통해서 나는 단순한 조언을 해주는 것보다 코칭이 훨씬 더 강력한 효과가 있음을 확신할 수 있었다. 누군가가 스스로 뭔가를 발견하는 과정을 목격하고 도움을 주는 것은 정말 보람있는 일이다. 코칭이 바로 그런 일이다.

☑ 코칭은 스스로 생각하고 판단해서 해결책을 찾도록 돕기 위한 것이다. 이를 위해서 반드시 전문적인 교육을 받지 않아도 된다. 코칭은 팀원의 성장을 돕는 훌륭하면서 기본적인 도구이고, 팀장들 누구나 코치가 될 수 있다.

☑ 코칭의 가장 강력한 힘은 팀원들이 스스로 결론에 이를 수 있도록 해주는 데에서 발휘된다. 또 코칭은 팀원들이 해결책을 찾는 데 집중하도록 해주고 능동적으로 문제를 해결하는 역량을 기르도록 해준다. 우리는 모두 스스로 고민하고 결정한 일에 대해 훨씬 더 적극적으로 임한다.

☑ 코칭은 질문에서 시작한다. 내면 깊숙한 곳의 이야기를 꺼낼 수 있도록 깊이 있는 질문을 하고 이에 대한 팀원의 답을 경청하는 것이 훌륭한 코치가 되기 위한 여정을 시작하는 데 필요한 전부다.

성과를 측정하고
실적 부진을 관리하라

이제 여러분은 팀원들의 업무에 대한 기대치를 명확하게 설정하고 효과적이고 체계적인 피드백을 적시에 제공하며, 팀원들이 스스로 성장 목표를 설정하고 책임지도록 통찰력 넘치는 질문을 통해 코칭할 수 있는 실력을 갖추게 되었다. 그런데 여러분이 이러한 실력을 갖춘다 해도 팀에는 여전히 성과가 좋지 못한 팀원들, 한눈에 봐도 승진이 어려울 것 같은 팀원들이 있을 수 있다. 그들도 좋은 성과를 내고 더 성장하기 위해 무던히 애를 쓰고 있겠지만, 팀장으로서 여러분은 그들이 과연 장기적으로 좋은 성과를 내고 다음 단계로 도약할 수 있을지 걱정될 것이다. 이때 필요한 것이 성과개선계획(PIP)이다. 성과개선계획은 팀원들이 각자 어떻게 실적을 개선하고 더 성장할 수 있을지 이해하도록 돕는 도구로, 팀장인 여러분이 명확하고 체계적인 행동 방향을 제공하는 데도 도움을 준다.

● 성과 부진자와 대화할 때 중요한 것 ●

실적이 저조한 팀원에게 성과개선계획을 건네고 대화를 나누는 일은 확실히 유쾌한 경험은 아니다. 불편한 감정을 느끼는 팀원의 마음속에서는 강력한 방어기제가 작동되기 시작할 가능성이 크다. 이런 이유로 성과개선계획은 그 가치를 충분히 인정받지 못하는 경우가 있다. 하지만 성과개선계획이 팀원의 성과를 관리하는 매우 효과적인 도구라는 점은 분명하다. 심지어 그것은 혼란스러운 상황을 명쾌하게 정리해 주고 팀장과 팀원 모두 문제해결에 대한 권한을 부여받았다고 느끼게 해준다.

사례를 통해 좀 더 자세히 살펴보도록 하자. 주인공은 지금 의대에서 열심히 공부하고 있을 내 동생 토마스다. 토마스는 의대 진학 전에 아주 짧게 컨설턴트로 일한 적이 있다. 대학 졸업 후 컨설팅회사에 취직해 일 년 정도 근무했는데, 하루는 팀장과 그 팀장의 상사와 회의실에서 대화를 나누게 되었다. 대화의 요지는 토마스의 부진한 성과에 관한 것이었다. 두 사람에게 성과개선계획을 전달받은 토마스는 충격에 휩싸였고 극심한 혼란을 느꼈다.

상사들이 성과개선계획의 각 항목을 구체적으로 언급하자 토마스는 자신을 해고하려는 절차가 시작된 것으로 생각했다. 그래서 두 상사가 이야기를 채 마무리하기도 전에 "일 년간 함께 일할 수 있어 감사했지만, 성과개선계획에는 동의할 수 없습니다"라고 말하곤 자리를 박차고 일어났다. 그렇게 토마스는 상사들에게 대답할 기회도 주지 않은 채 회의실을 빠져나가선 그 길로 회사를 그만두었다.

나는 이 이야기를 무척 좋아한다. 동생을 놀려먹기 좋은 소재이기도 하거니와 아무리 경험 많은 팀장이라도 성과에 관한 대화를 나누는 것은 매우 까다로운 일이란 점을 잘 보여주는 사례이기 때문이다.

팀원의 성과를 측정하고, 성과가 부진할 경우 어떻게 문제를 해결할지 파악하는 것은 팀장의 중요한 임무이다. 따라서 훌륭한 팀장이 되려면 성과개선계획을 효과적으로 사용할 수 있어야 한다. 성과개선계획이라는 도구를 사용할 때는 매우 신중해야 한다. 특히 아무런 피드백도 하지 않다가 갑자기 성과개선계획을 들이밀어 팀원을 놀라게 하는 것은 절대 해선 안 된다. 또 저성과자를 해고하기 위한 절차로 성과개선계획을 사용해선 안 된다. 오직 팀원의 성장을 돕기 위한 도구로 사용해야 한다.

성과 부진을 관리하는 도구인 성과개선계획의 가장 유용한 점은 팀원의 성과가 왜 기대에 미치지 못하는지에 관해 팀장이 구체적이고 간결하게 설명하게끔 만들어졌다는 데에 있다. 간혹 팀장들은 팀원의 성과에 대해 성급하고 주관적인 해석을 하거나 부족한 데이터를 기반으로 잘못 측정하기도 한다. 또는 성과가 저조한 이유를 장황하게 설명하거나 개인적인 문제로 치부하기도 한다. 성과개선계획은 팀장들이 이러한 실수를 하지 않도록 바로잡아주는 역할을 한다.

● 팀원의 성과를 객관적으로 측정하지 못하는 이유 ●

그러면 팀장이 팀원들의 성과를 객관적으로 측정하지 못하거나 명확하게 설명하지 못하는 이유는 무엇일까. 그것은 크게 '추론의 사다리'와 '확증 편향'이라는 두 가지 개념으로 설명할 수 있다.

먼저 '추론의 사다리'에 대해 살펴보자. 심리학자이자 경영학자 인 크리스 아지리스(Chris Argyris)가 고안한 '추론의 사다리'는 우리가 데이터를 습득하고 해석해서 행동에 이르기까지의 과정을 모형화한 것이다. 추론의 사다리 이론에 따르면 우리는 수많은 데이터 중에서 일부만을 취사선택해서 여기에 의미를 부여하고 추론 과정을 거쳐 행동을 결정한다. 이 과정은 거의 무의식적으로 이루어지기 때문에 스스로 어떤 기준으로 데이터를 선택하는지 알지 못한다.[1] 성과를 측정할 때도 마찬가지인데, 전체 중 일부의 데이터만 취해서 추론하기 때문에 그 추론은 타당하지 않거나 개인의 실제 성과를 반영하지 못할 가능성이 크다.

팀장으로서 여러분이 팀원의 성과를 측정하는 과정은 추론의 사다리 모형과 유사하다. 가령 마감 기한을 맞추지 못했다는 이유만

1　크리스 아지리스는 하버드대학교 경영대학원 교수이자 컨설팅회사 모니터그룹 (Monitor Group)의 선구자적 이론가였다. 모니터그룹은 내가 대학원을 졸업한 후 처음 입사한 곳으로 나는 그곳에서 '추론의 사다리' 이론을 처음 접했다. 추론의 사다리 이론 은 다음 자료에 좀 더 구체적으로 언급되어 있다. Peter M. Senge, *The Fifth Discipline: The Art and Practice of the Learning Organization* (New York: Broadway Business, 2006).

팀장 니코의 생각

재스퍼는 신뢰할 수 없는 사람이야.

재스퍼는 항상 지각하는 습관이 있어.

재스퍼는 회의 시간을
분명히 알고 있으면서 일부러 늦은 거야.

재스퍼는 회의에 30분 늦게 들어왔고,
늦은 이유도 설명하지 않았어.

팀원 재스퍼의 생각

니코는 팀원의 진가를 알아보지 않는 팀장이야.
그래서 함께 일하고 싶지 않아.

니코는 항상 자신의 시간이
제일 중요하다고 생각해.

니코는 내가 회의에 늦지 않으려고
얼마나 애썼는지 전혀 알아주지 않아.

이 회의에 늦지 않으려고
앞에 있던 미팅을
다 마치지 못하고 왔어.

데이터
회의 시간은 오전 9시이다.

서로 다른 결론에 이르게 하는 '추론의 사다리'

으로 팀원의 업무 수행 전문성이 떨어진다고 단정해버리는 식이다. 프레젠테이션에서 고객사의 질문에 대답하지 못했다며 업무 수행 능력이 부족한 사람으로 치부해버리기도 한다. 그러면서 어째서 그런 결론에 도달했는지 이해하고 설명하기 위한 데이터를 확인하는 데는 소홀하다. 누군가가 전문적이지 못하고 능력이 부족하다는 결론은 대개 성급한 추론에서 기인하며, 따라서 그 결론은 타당하지 않을 수 있다.

추론의 사다리는 제2강에서 설명한 '귀인 이론'과도 연관된다. 우리는 자신에게 문제가 생기면 외부에서 원인을 찾으려고 하면서, 상대에게 문제가 생기면 그 사람이 가진 결점에서 원인을 찾으려고 한다. 그래서 팀원이 프레젠테이션에서 대답을 잘하지 못하면 그가 똑똑하지 못하다거나 실력이 부족하기 때문이라고 가정한다. 프레젠테이션에 들어가기 직전에 컴퓨터가 제대로 작동하지 않아서 필요한 데이터를 충분히 확인하지 못해서, 혹은 아픈 강아지를 집에 두고 온 것 때문에 신경이 분산되어 그럴 수도 있는데 말이다.

두 번째 이유는 '확증 편향'이다. 확증 편향이란 자신의 신념과 일치하는 정보는 받아들이고 그렇지 않은 정보는 무시하는 심리적 경향을 일컫는다. 팀원의 낮은 성과에 초점이 맞춰지고 나면 여러분은 무의식적으로 해당 팀원의 실력이 부족하다는 생각을 확증할 수 있는 사례를 탐색하며, 그 생각이 잘못됐음을 증명할 수 있는 정보는 무시하게 된다. 예를 들어, 캐시가 제출한 보고서에 몇 가지 맞춤법 실수가 있다는 이유로 여러분은 캐시를 꼼꼼하지 못한 사람으로 평가한다. 그리고 일주일 후에 캐시가 보낸 이메일에서 오자를 발견한다. 또 일주일 뒤에는 캐시가 회의자료를 인원수보다 적게 준비한다. 이 과정에서 '캐시는 꼼꼼하지 못하다'라는 여러분의 생각은 더욱 확고해진다. 그러면서 올해 캐시가 제출한 다른 열두 건의 보고서는 흠잡을 데가 없었다는 점, 지금까지 그녀가 보낸 수천 건의 메일 역시 완벽하다는 점을 간과해버린다. 바로 확증 편향이 작

용한 탓이다.[2]

성과개선계획을 잘 활용하면 여러분은 팀원이 어느 업무 영역에서 성과가 부족한지 명확하게 기술할 수 있고, 각각의 성과 영역에 관련된 구체적인 사례들을 언급함으로써 추론의 사다리와 확증 편향 등과 같은 함정에 빠지지 않을 수 있다. 효과적인 성과개선계획을 작성하는 일에는 팀장으로서 꽤 많은 시간과 노력을 들여야 한다.[3] 이제 성과개선계획을 활용하는 구체적인 방법을 알아보자.

● 효과적인 성과개선계획 작성하기 ●

성과개선계획이 효과를 거두려면 팀원의 약점에 초점이 맞춰져서는 안 된다. 성과 개선을 위해 팀원이 할 수 있는 활동을 제안하고, 이 활동을 통해 실질적인 개선이 일어날 수 있도록 지원하는 데에 초점이 맞춰져야 한다. 제5강 끝에 나오는 90쪽의 성과개선계획

---

2 확증 편향의 결과를 가장 잘 보여주는 예가 '마태 효과'이다. 마태 효과는 부자는 더욱 부자가 되고 가난한 사람은 더욱 가난해지는 현상, 즉 '빈익빈 부익부' 현상을 가리킨다. 조직에서도 마태 효과 및 확증 편향이 함께 작용하는 현상을 볼 수 있다. 성과가 좋은 사람은 계속해서 고성과자로 인식되어 더 빨리 승진하고 더 좋은 프로젝트를 맡고 계속해서 더 좋은 평가를 받는다. 반면에 일단 한 번 성과 부진자로 낙인찍히면 시간이 지나 아무리 좋은 성과를 내도 과거의 편견에서 빠져나오지 못한다.

3 성과개발계획은 여러분과 여러분 조직이 팀원과 함께 성과 관련 문제를 두고 충분한 의사소통을 했으며, 성과 개선을 위해 합리적인 단계를 밟았음을 확인하는 문서가 되기도 한다.

양식을 참조하면서 각 요소에 대해 구체적으로 살펴보자.

- **개선해야 할 업무 영역** : 팀원이 업무에 대한 기대를 충족하고 다음 단계로 나아가기 위해 개선해야 할 가장 중요한 영역이다. 너무 많은 영역을 나열하면 혼란스럽고 우선순위를 정하기도 어려우니 반드시 개선이 필요한 3~4개 영역에 집중한다. 그리고 각 영역에서 기대를 충족하지 못했던 사례를 제시한다. 예를 들어, 팀원의 업무 처리가 꼼꼼하지 못해 실수가 발생했던 사례나 데이터 분석을 제대로 하지 못해 고객의 기대에 미치지 못했던 사례를 적는다.

- **개선을 위한 실행 계획** : 위에 제시한 업무 영역에서 성과를 개선하기 위한 구체적인 실행 계획을 제안한다. 각 업무 영역별로 성과 개선을 위해 팀원이 확실하게 실천할 수 있는 3~5가지 활동을 제안하고, 이 활동의 진행 상황과 결과를 측정하는 방법도 구체적으로 기술한다. 활동의 실행 과정과 결과를 계량적으로 보여주는 자료가 있다면 추가로 제시한다. 가령 일주일간의 업무 및 활동에 대한 우선순위를 명확하게 나열한 주간업무계획표를 매주 월요일 아침에 보내달라고 요청할 수 있다. 또 각 활동을 완료하는 기한도 명확하게 제시한다.

- **정확한 일정 계획** : 성과개발계획을 언제 시작해서 얼마나 지속하는지 그 기간을 명시한다. 또 그 기간에 어떤 주기로 진행 상황을

검토하고 피드백을 제공할지도 이야기한다. 가령 전체 성과개발계획을 2개월에 걸쳐 진행하되 2주마다 진행 상황을 검토할 수 있다. 팀장은 진행 상황을 주기적으로 검토해서 팀원이 기대 이상의 개선을 보인다면 성과개선계획을 중단할 수 있다. 또 계획한 기간이 곧 끝나가는 시점에서 아직 충분하지 않다고 판단되면 기간을 연장하고 일부 내용을 추가할 수도 있다. 성과개선계획 진행 과정에서 아무런 개선이 이루어지지 않는다면 해당 팀원의 부서 이동을 고려할 수 있지만, 이를 갑자기 결정해서 통보해서는 안 된다.

● 성과개선계획에 관한 대화 나누기 ●

팀장으로서 여러분은 팀원에게 "당신은 저성과자이므로 성과개선계획이 필요합니다"라고 말해야 한다. 이러한 이야기를 할 때 팀원이 자리를 박차고 나가지 않게 하려면 어떻게 대화하는 것이 효과적일까?

대부분 팀장은 성과개선계획을 익숙하게 작성하고, 팀원의 성장을 돕겠다는 진정성을 갖고 접근한다. 하지만 실제로 저성과자인 팀원과 대화를 나눠야 하는 자리에 앉으면 너무 긴장한 나머지 이상한 이야기를 꺼내 머릿속으로 계획했던 것들을 망쳐버리곤 한다. 초보 팀장은 더욱 그렇다. 충분히 이해한다. 팀원에게 "당신의 업무 성과가 좋지 않으므로 개선을 위한 실행 계획이 필요하고 그 과정에서 뚜렷한 개선을 보여주지 못하면 조직 내에서 위치가 매우 불안해질 수 있습니다"라고 말하는 것은 매우 불편하고 두려운 일이다. 따라서 특히 초보 팀장이라면 실제 대화를 나누기에 앞서 역할극을 해보면서 미리 연습을 해두는 것이 필요하다.

다음은 성과개선계획에 관한 대화를 효과적으로 이끌어가는 몇 가지 방법이다.

첫째, 성과개선계획에 관한 대화를 나누겠다고 미리 알려주어라.
성과개선계획을 불시에 내밀고 이야기를 시작해서는 안 된다. 성과 관련 대화를 할 것이라고 팀원에게 미리 알려주는 편이 좋다. 그저 간단하게 "다음 개인 면담에서는 좀 더 개선이 필요한 부분에 관해 살펴보고, 어떻게 개선해나갈 수 있을지 이야기해보면 좋겠어요"라는 정도면 된다. 그런데 이렇게 미리 알려줬을 때도 문제가 발생할 수 있다. 가령 개인 면담 하루 전에 이메일을 보내면 팀원은 면담 전까지 24시간 내내 긴장 속에서 지낼지도 모른다. 그렇다고 이메일을 보내지 않으면 갑작스러운 소식에 충격을 받은 팀원이 대화 자체를 경계할 수 있다. 따라서 평소에도 꾸준히 피드백을 제공해서 성과 관련 대화를 하게 되더라도 팀원이 너무 당황하지 않도록 준비시키는 것이 중요하다. 만일 성과 관련해서 대화하자고 했을 때 팀원이 놀라고 당황한다면, 팀장 스스로 지금까지 팀원의 업무 역량과 성과에 관해 어떻게 피드백해왔는지 곰곰이 생각해봐야 한다.

둘째, 성과개선계획 작성에 팀원을 참여시켜라. 대화를 시작할 때 여러분이 미리 작성한 성과개선계획을 출력해 보여주지 말고 먼저 팀원과 대화를 나누는 것이 좋다. 팀원 역시 자신의 업무 성과를 개선하는 방법에 관해 여러 가지 아이디어를 가졌을 수 있기 때문이다. 이런 경우 팀원의 아이디어를 성과개선계획에 포함하는 것이 좋다. 가능하다면 팀원이 참여해 성과개선계획을 마무리할 수 있도록 한다. 여러분은 팀장으로서 개선이 필요한 업무 영역에 대해 개략적으로 설명하고, 각 영역에서 성과를 개선하기 위한 구체적인 활동과 개선 결과를 입증하는 방법에 대해서는 팀원과 함께 의견을 나누면서 작성하는 것도 방법이다.

셋째, 팀장으로서 가진 철학을 공유하라. 대화를 나누기 전에 팀장으로서 여러분이 성과개선계획에 대해 어떤 생각으로 어떻게 접근하고자 하는지 설명하고 공유하는 시간을 갖는다. 더불어 "성과개선계획은 팀원이 위기를 벗어나도록 돕기 위한 것이며, 그 과정에서 팀장으로서 해야 할 일을 분명히 전달하도록 하기 위함이다. 팀장으로서 나는 당신의 성장과 발전을 적극적으로 도울 준비가 되어 있다"라는 점을 분명하게 강조한다.

그 밖에 팀장으로서 여러분이 성과개선계획과 관련해 견지해야 할 몇 가지 원칙은 다음과 같다.

- 성과개선계획은 연중 언제든지 시작할 수 있다. 다만 향후 성과 측면에서 보면 가능한 한 일찍 시작하는 것이 바람직하다. 이는 뚜렷한 개선 결과를 입증하면 성과개선계획을 중단할 수 있다는 뜻이기도 하다.

- 성과개선계획은 팀장이 정의한 기준에 따라 현재 직무에서 기대치에 미치지 못하는 팀원을 위한 것이다. 여기에는 다음 단계로 도약하는 데 어려움을 겪어 승진이 어려워 보이는 팀원도 포함된다.

- 성과개선계획의 적용 원칙과 진행 절차 등은 팀 전체에 일관되게 적용되어야 한다. 성과개선계획을 진행하는 모든 팀원에게 팀장은 같은 수준의 관심과 보살핌, 헌신을 보여주어야 한다.

- 성과개선계획은 누군가를 팀에서 내보내기 위한 요식 행위가 아니다. 성과개선계획은 정해진 일정 내에 개선 결과를 도출하기 위해 정확한 기대치를 명시할 때 사용된다. 여러분 주위에도 성과개선계획을 성공적으로 실천함으로써 승진에 성공한 팀원들이 있을 것이다.

- 성과개선계획 때문에 팀원이 놀랄 일을 만들어선 안 된다. 문서를 들이밀거나 대화를 시작하기 전에 최소한 성과개선계획이 무엇이고 무엇을 위한 것인지 정도는 설명해주어야 한다. 가장 이상적인 방법은 팀원에게 평상시 그때그때 피드백을 제공함으로써 성과개선계획에 관해 이야기해도 놀라지 않도록 준비시키는 것이다.

오래전 일하던 회사에 마리라는 동료가 있었다. 일은 정말 열심히 하는데 시간이 지나도 좀처럼 실력이 나아질 기미가 보이지 않았다. 동료들이 승진하는 동안 그녀만 늘 제자리였다. 팀장은 마리에게 업무 능력이 뒤처진다는 내용의 피드백을 간간이 전달해온 터였다. 팀장의 피드백을 듣고 나면 마리는 자기 역량을 보완하는 데 더 많은 시간을 쏟았지만, 막상 실적은 개선되지 않은 채 답보 상태에 머물렀다.

팀장은 결국 마리에게 성과개선계획을 제안하고, 그간 업무 성과가 개선되지 못한 이유에 대해 구체적으로 명확하게 기술했다. 그 과정에서 팀장은 그동안 자신이 마리에게 실질적이고 구체적인 피드백을 전달하지 못했다는 점을 깨달았다. 성과개선계획을 받아든 마리는 마침내 자신에게 부족한 부분이 무엇인지 명확히 알게 되었다며 오히려 기뻐했다. 마리는 성과개선계획에 무섭게 몰입했고, 정해진 기한보다 훨씬 앞서 다 끝내버렸다. 덕분에 마리는 승진에 성공해서 임원이 되었다.

성과개선계획은 어떤 팀원의 성과가 좀처럼 개선되지 않는 이유를 명확하게 알려주고 그 팀원이 실질적인 성과를 개선하고 성장하도록 도와준다. 성과개선계획은 팀장으로서 여러분이 팀원의 성장을 어떻게 도왔는지에 대한 기록이기도 하다. 물론 성과개선계획을 받아든 팀원이 자리를 박차고 나가 그 길로 다시 돌아오지 않을 수 있다. 하지만 충분히 시간을 갖고 팀원과 대화를 나누며 개선을 위한 실행 계획을 함께 세우는 방식으로 접근하면 그럴 가능성은 훨씬 줄어들 수 있다.

● 훌륭한 팀장은 성과평가 시즌을 기다리지 않는다 ●

눈치가 빠른 사람이라면 지금까지 성과 관리에 관한 이야기를 하면서 매년 연말에 정기적으로 시행하는 성과평가시스템에 관해 언급하지 않았다는 점을 눈치챘을 것이다. 나는 지난 수년간 여러 기업을 위해 성과평가시스템을 설계하고 실행하도록 도왔다. 그중에는 성과평가시스템이라 부르지 않고 일 년에 한 번이나 두 번 주기적으로 시행하는 형태가 아닌 것들도 포함되어 있다.

지금까지 여러 가지 형태의 성과평가시스템이 개발되었고, 기업에서는 효과적인 성과평가시스템을 찾아내기 위해 여러 노력을 기울인다. 성과평가시스템을 평가하고 개선하는 데에 또 다른 시간과 에너지를 쏟아붓는 것이다. 하지만 많은 기업에서 기존의 주기적인 성과평가시스템이 조직 구성원들의 성과를 개선하는 데에 별 도움이 되지 않는다는 것을 깨닫고 있다.[4]

팀장들은 많은 에너지를 들여 평가지를 채우고 네모박스에 체크 표시를 하며 성과평가를 진행한다. 이러한 방식이 유용할 때도 있겠지만 들이는 시간과 노력에 비하면 효과가 미미하다. 자연스레 팀장

---

4 성과평가시스템의 속성을 가장 잘 요약한 내용은 다음 자료를 참고하기 바란다. Marcus Buckingham, Ashley Goodall, "Reinventing Performance Management," *Harvard Business Review* 93, no. 4 (2015), 40~50. / Lori Goler, Janelle Gale, Adam Grant, "Let's Not Kill Performance Evaluations Yet," *Harvard Business Review* 94, no. 11 (2016), 90~94.

들은 성과평가라면 진절머리를 내고, 팀원들은 성과평가를 하는 시즌이 되면 팀장이 무슨 말을 할까 두려운 마음에 좌불안석이 된다.

내가 일 년에 한두 번 주기적으로 시행하는 표준적인 성과평가시스템에 대해 언급하지 않는 이유는 바로 이런 것이다. 물론 그러한 성과평가시스템도 팀원의 성장과 실적을 기록하는 데 도움이 되며, 팀의 성장과 발전에 힘쓰도록 하는 메커니즘을 제공한다는 측면에서도 유용하다.[5] 그러나 훌륭한 팀장은 일 년에 한두 번 돌아오는 성과평가 시즌만 기다리지 않는다. 훌륭한 팀장은 연중 어느 때나 수시로 그리고 실시간으로 피드백을 전달함으로써 팀원의 성장과 발전을 지원하는 방식을 더 중시한다. 그래서 개선이 필요한 부분이 발견되면 그 즉시 성과개선계획과 같은 도구를 사용해 문제를 해결하는 데 집중한다. 더불어 팀원에게 기대하는 성과의 구체적인 기준을 사전에 분명히 전달함으로써 성과평가를 했을 때 팀장의 기대치와 실제 성과에 큰 차이가 나지 않도록 하는 것도 중요하게 여긴다. 물론 성과평가시스템에 따라서 정기적으로 팀원을 평가하며 평가지를 채우고 대화를 나누는 것도 중요하다. 하지만 이러한 성과평가시스템이 팀원의 성과를 관리하는 훨씬 더 중요한 피드백, 코칭, 성과개선계획 등을 대신하지 않도록 해야 한다.

---

5 내가 아는 팀장 한 명은 일 년 내내 '성과 일지'를 쓴다. 워드파일에 모든 팀원의 성과 관련 내용을 일자별로 기록하는 것이다. 연말 성과평가 시기가 되면 팀원의 성과를 구체적인 사례와 함께 아주 빠르고 쉽게 확인할 수 있다는 점에서 무척 좋은 아이디어다. 물론 성과 일지에 팀원에게 실시간으로 피드백을 제공했는지 여부를 함께 표시하면 더욱 효과적이다.

☑ 팀원의 성과가 기대에 미치지 못했을 때 팀장으로서 성과개선계획을
제안하고 실행에 옮기도록 하는 것은 매우 중요한 일이다.

☑ 누군가의 성과를 평가할 때 추론의 사다리, 귀인 이론, 확증 편향과
같은 무의식적 편견이 작용하지 않도록 유의해야 한다.

☑ 잘 만든 성과개선계획은 구체적인 일정표를 포함하고 있으며 간결하
다. 반드시 개선이 필요한 3~4가지 중요한 업무 영역에 집중하며, 팀
원이 실천해야 할 구체적인 활동 계획을 제시한다.

☑ 성과개선계획을 성공적으로 완수하고 승진한 팀원을 축하해주고, 이
를 긍정적인 사례로 홍보함으로써 성과개선계획에 대한 긍정적인 문
화를 조성한다.

◈ 성과개선계획 (예시) ◈

팀원 이름 :	팀장 :
직무 :	작성일 :
성과개선계획 기간 :	

성과개선계획 요약
(팀원이 기대를 충족하지 못한 업무 영역과 구체적인 내용에 대해 기술)

개선해야 할 업무 영역	개선이 필요한 사례

개선을 위한 주요 활동	활동 결과를 측정하는 방법	활동 기간

제2장

동기
부여

시간 가는 줄 모르고 무언가에 몰입해본 경험이 있는가? 어떤 일을 하다가 문득 시계를 보고 시간이 너무 많이 지나 있어 깜짝 놀랐던 적이 있는가? 그렇다면 여러분은 영감을 자극하는 흥미로운 일에 완전히 빠져든 것이다. 몰입 상태의 뇌는 온전히 집중하면서 무언가를 학습하고 도전하고 있다는 뿌듯함에 한껏 고취된다. 이럴 때는 식사를 하거나 샤워를 하는 등의 일상적인 행위조차 까맣게 잊어버린다. 그렇게 하던 일을 모두 끝내고 나면 말로 형용할 수 없는 성취감이 밀려든다. 편안히 의자에 기대앉아 결과물을 보며 자부심을 느낀다. 더 나아가서 여러분이 자신의 인생에서 소중하게 여기는 누군가가 그 결과물을 인정하고 자랑스러워한다.

여기까지가 동기부여와 관련해 내가 생각하는 최상의 시나리오다. '동기'란 무언가를 하려는 추진력이자 욕구다. 동기는 스스로 무언가를 배우고 계속 도전하고자 하는 욕구처럼 내적인 이유로 촉발되기도 하고, 지위나 금전적 보상을 얻고자 하는 외적인 이유로 생겨나기도 한다. 어떤 쪽이든 팀원에게 동기부여를 하는 것은 팀장의 핵심적인 의무다. 다시 말해, 팀장으로서 여러분의 중요한 책임 중 하나는 팀원이 최선을 다해 최고의 성과를 낼 수 있도록 동기를 부여하는 것이다.

팀원에게 동기를 부여하는 방법에는 여러 가지가 있다. 가령 모든 팀 미팅을 조크 잼스(Jock Jams)[1]의 노래로 시작하는 것도 한 가지 방법이다. 제1장에서는 팀장으로서 팀원의 성과 향상을 어떻게 도와야 하는지 설명했다. 제2장에서는 팀원이 스스로 업무에 몰입할 수 있도록 동기를 부여하는 여러 가지 방법에 대해 살펴보겠다.

미리 말해둘 점은 동기부여에 대한 완벽한 정답이나 묘책은 없다는 것이다. 또 특정 동기부여 방식이 모든 팀원에게 효과적일 것이란 기대도 버려야 한다. 누군가에게는 새로운 기술을 배우고 싶다는 도전의식이 강한 동기로 작용할 수 있다. 이들은 도전을 위한 학습 과정 자체를 즐기므로 때로는 직무 범위를 넘어선 일까지 맡기도 한다. 또 다른 누군가에게는 경제적 보상이 일에 집중하는 주된 동력일 수 있다. 이처럼 서로 다른 동기부여 방식은 균형을 유지하

1　여러분 가운데 다소 젊은 분들은 조크 잼스(Jock Jams) 앨범을 모를 수도 있다. 이는 일종의 편집 음반으로 가령 고등학교에서 농구경기를 시작하기에 앞서 사기를 북돋우는 용도로 많이 사용한다. 이와 비슷한 용도로 자주 사용되는 노래에는 〈Let's Get Ready to Rumble〉이나 〈Tubthumping〉, 〈Whoomp! (There It Is)〉 등이 있다.

면서 때로 의도치 않은 결과로 이어지기도 한다. 그러면 이제부터 여러분이 토니 로빈스(Tony Robbins)와 같은 동기부여 전문가가 되는 방법을 구체적으로 살펴보도록 하자.

개인의 욕구에 초점을 맞춰
동기를 부여하라

입사 지원자 면접을 볼 때 즐겨 하는 질문이 하나 있다. "지금 하는 일에서 가장 만족하는 부분은 무엇인가? 매일 아침 회사로 향하게 하는 동력은 무엇인가?"

이에 대한 답변을 통해서 나는 지원자의 마음을 들여다볼 수 있다. 그 사람을 움직이게 하는 힘이 무엇인지, 매일 반복되는 업무에서 어떻게 의미를 찾는지 확인할 수 있다. 사실 그 답변은 지원자의 모든 행동에 영향을 미친다. 어떤 지원자는 같이 일하는 팀의 동료들이 좋아서 일하는 것이 만족스럽다고 말한다. 또 다른 지원자는 지금 하는 일이 도전의식을 자극해서 좋다며 일을 배우고 익힌 과정에 관해 이야기한다. 심지어 집에서 가까워 출퇴근 시간이 짧다는 점 때문에 지금의 회사에서 일한다고 말하는 사람도 있었다.

● 팀원들 개개인의 서로 다른 욕구를 이해하라 ●

이처럼 우리는 각자 서로 다른 방식으로 동기를 부여받는다. 그렇다면 여러분은 팀원들 각자가 무엇에서 동기를 부여받는지 알고 있는가? 즉 여러분은 다음 질문에 대해 팀원들 각자가 하는 것처럼 대신 대답할 수 있는가?

● 팀원이 자신의 직무에서 가장 만족해하는 부분은 무엇인가?
● 팀원이 기존 직무를 그만두고 싶어 하는 이유는 무엇인가?
● 팀원을 보상하거나 칭찬하는 가장 좋은 방법은 무엇인가?

팀장으로서 팀원들에게 어떤 직무를 부여하고 어떻게 성장하도록 돕고 격려할 것인지 이해하기 위해서는 무엇보다 각각의 팀원이 생각하는 회사생활의 동력이 무엇인지 파악하는 것이 중요하다. 경제적 보상, 학습, 승진과 같은 구체적인 지렛대를 언급하기에 앞서 사람마다 다르게 나타나는 동기부여에 대한 정신적 원형, 즉 무의식적 반응 및 경향에 대해 먼저 살펴보자.

동기부여의 요인이나 방식과 관련해서 각 팀원은 자신이 선호하는 독특한 조합이 있고 의식하든 의식하지 않든 그 조합을 찾아 나서게 된다. 데이트 상대를 찾을 때와 비슷하다. 팀장으로서 여러분의 역할은 팀원별로 각자 선호하는 동기부여의 조건들이 어떻게 구성되는지 파악하는 것이다.

대학교 심리학 수업에서 배웠던 에이브러햄 매슬로(Abraham Maslow)의 '인간 욕구 5단계 이론'을 기억하는가? 이 이론의 핵심은 모든 인간에게는 몇 가지 기본적인 욕구가 있는데, 자아실현과 같은 고차원적인 욕구가 채워지기 전에 의식주 해결과 같은 기본적인 욕구가 먼저 채워져야 한다는 것이다.

인간의 욕구에 관한 좀 더 복잡한 이론도 있다. 심리학자 데이비드 맥클랜드(David McClelland)는 인간의 다양한 욕구들을 탐색한 결과를 바탕으로 성취욕, 권력욕, 소속감이라는 세 가지 기본 욕구가 특히 조직 내에서 개인의 동기부여에 어떤 영향을 미치는지 연구했다.[1] 맥클랜드의 설명에 따르면, 인간은 이 세 가지 욕구에 따라 움직이며 대부분은 한 가지 특정 욕구로부터 강력한 동기를 부여받는다. 내 경우를 예로 들자면, 권력이나 소속감에 대한 욕구도 나의 행동에 많은 영향을 미치지만, 내게 가장 강력한 동기를 부여하는 것은 성취에 대한 욕구이다. 데이트 상대를 찾는 비유로 다시 돌아가서 살펴보자. 우리는 둘 중 하나를 갖춘 사람보다는 두 가지 조건을 충족하되 특히 더 중요한 조건을 확실하게 충족하는 사람을 찾으려고 한다. 가령 데이트 상대의 중요한 조건이 '친절함'과 '똑똑함'이고, 친절함이 더 중요한 조건이라면 상대가 매우 친절하면서 어느 정도의 지적 수준도 갖춘 사람이길 바란다. 마찬가지로 우리

---

1 David C. McClelland, "Methods of measuring human motivation," *Motives in Fantasy, Action, and Society* (1958), 7~42.

는 더 중요하게 여기는 지배적인 욕구가 충족되어야 동기부여를 받을 수 있다.

맥클랜드의 세 가지를 욕구를 이해하는 것은 팀장 역할을 훌륭히 수행하는 데 큰 도움이 된다. 훌륭한 팀장은 각 팀원의 지배적인 욕구를 파악해 이를 바탕으로 어떤 직무를 배분하고 어떻게 성과보상을 제공할지 결정한다. 지배적인 욕구가 충족되지 않은 팀원은 업무에 대한 의욕을 잃어버리기 쉽다. 팀원의 업무 의욕이 꺾이면 생산성이 감소하고 결국 만족감도 줄어들어 퇴사를 결정할 위험이 커진다.

● 욕구 유형에 따른 동기부여 방식 ●

자, 그럼 이제부터 케이티, 메리, 로라 세 명의 가상 인물을 통해 서로 다른 욕구 유형에 따른 동기부여 방식을 구체적으로 살펴보도록 하자.

첫 번째는 성취욕이 강한 유형이다. 케이티는 목표를 설정하고 달성하면서 동기부여를 받는다. 성장의 결과를 마주하고 그 과정에서 정기적으로 피드백받는 것을 좋아한다. 케이티는 자신의 강점과 노력을 투입했을 때 어느 정도 성공이 보장된 일에 매력을 느낀다. 성취욕이 강한 케이티와 같은 팀원에게 동기를 부여하는 방법은 다음과 같다.

- 성취욕이 강한 케이티에게 동기를 부여하는 가장 좋은 방법은 '승진'이다. 자신의 성취를 가장 분명하게 확인하는 방법이기 때문이다. 따라서 승진이 언제 어떻게 진행되는지 확실하게 알려준다.
- 케이티는 도전적인 업무는 좋아하지만, 자신이 통제할 수 없는 운에 의해 성패가 좌우되는 업무는 선호하지 않는다. 따라서 성공했을 때의 공로가 케이티에게 돌아갈 수 있는 프로젝트를 맡긴다.
- 분기별 목표 혹은 연간 목표를 명확하게 세우도록 격려한다. 크든 작든 어떤 목표를 달성하면 진심으로 축하해준다.
- 프로젝트를 완수하고 나면 케이티의 공로를 구체적으로 언급하면서 칭찬하고 실력을 인정해준다.

두 번째는 권력욕이 강한 유형이다. 메리의 지배적인 욕구는 권력욕이다. 그래서 다른 사람과 경쟁하거나 영향력을 행사할 수 있을 때 동기부여를 받는다. 메리는 모든 상황을 자신이 통제하면서 책임을 갖고 영향력을 행사하길 원한다. 논쟁에서 이기는 것에 희열을 느끼고, 직장에서 높은 지위나 명망을 얻고 싶어 한다. 권력욕이 강한 메리와 같은 팀원에게 동기를 부여하는 방법은 다음과 같다.

- 메리에 대한 업무 보상을 효과적으로 하는 방법은 프로젝트 진행 시 메리의 책임과 권한을 늘려주는 것이다. 가장 큰 보상은 개인이나 팀에 대한 관리 책임을 메리에게 맡기는 것이다.
- 제대로 된 접근법을 찾아내거나 정확한 의사결정을 내렸을 때 칭

찬해준다. 프로젝트 결과에 메리의 아이디어와 역할이 큰 영향을 미쳤다는 사실을 인정해준다. 메리를 칭찬하는 내용을 담은 이메일을 수석 팀원에게 보내면서 메리에게도 숨은 참조로 보내는 것도 방법이다. 이는 메리에게 엄청난 동기부여가 될 것이다.

- 제품 판매량과 같이 정량적인 목표가 정해진 프로젝트를 맡기면 어떻게든 경쟁자를 이기고 싶어서 치열하게 일할 것이다. 경쟁적인 프로젝트일수록 메리는 스스로 모든 업무를 장악하고 최고치를 끌어내려 할 것이다.

세 번째는 소속감에 대한 욕구가 강한 유형이다. 로라의 지배적인 욕구는 소속감이다. 로라는 자신이 특정 그룹에 속해 있다는 공동체 의식을 느낄 때 강한 동기부여를 받는다. 그래서 다른 사람과 협력해서 일하고 애착 관계를 형성하기를 좋아한다. 로라가 팀에 남아있는 이유는 팀에 대한 충성심 때문이다. 소속감에 대한 욕구가 강한 로라와 같은 팀원에게 동기를 부여하는 구체적인 방법은 다음과 같다.

- 로라에게 '당신은 우리 팀의 일원이며 늘 환영받는 존재이다'라는 점을 끊임없이 일깨운다. 로라와의 일대일 관계 형성 및 멘토링에 시간을 투자한다.
- 로라가 다른 팀원들과도 좋은 관계를 유지하도록 돕고, 어떤 식으로든 배제당한다는 느낌을 받지 않도록 늘 주의한다.

● 로라가 팀 전체 및 조직 문화에 얼마나 큰 영향을 끼쳤는지 공유하
며 그녀를 칭찬한다.

● 조직 내 다양한 구성원이 관계를 형성하고 참여하는 프로젝트에서
로라가 역할을 맡도록 격려한다.

● 효과적인 동기부여 방법을 파악하기 위한 질문들 ●

자, 이렇게 세 가지 욕구 유형에 따른 서로 다른 동기부여 방법에
관해 알아보았다. 그럼 이제 팀장으로서 어떻게 해야 할까? 간단하
다. 팀원들 개개인의 욕구가 무엇인지, 그들이 무엇으로부터 동기부
여를 받는지 파악하면 된다. 구체적으로 설명하면 이렇다.

● 팀원에게 현재 직무와 관련해 가장 만족하는 부분은 무엇인지, 매
일 아침 회사에 출근하도록 이끄는 동력은 무엇인지 질문한다.

● 팀원들이 어떤 때에 마음이 설레고 흥분을 느끼는지 관찰한다.

● 어떤 칭찬이 팀원들의 마음을 가장 크게 움직이는지 살펴본다.

● 작은 대회를 열어 어떤 팀원이 우승에 가장 집착하는지 지켜본다.

팀장으로서 다양한 전술을 좋아하는 사람이라면, 새로운 팀원을
맞아들일 때 내가 즐겨 사용하는 방법을 활용할 수 있다. 나는 새로
운 팀원에게 다음과 같은 질문이 적힌 용지를 주고 직접 그 답을 적

게 한다. 추측이 아닌 사실에 근거해 팀원에게 효과적으로 동기를 부여하는 방법을 파악하기 위해서이다.

- 어떻게 피드백을 받고 싶은가?
- 업무 수행에서 가장 큰 동기부여 요소는 무엇인가?
- 어떤 종류의 업무를 할 때 가장 설레는가? 그 이유는?
- 수행하기 가장 어려운 업무 유형은 어떤 것인가? 그 이유는?
- 업무 수행 방식과 관련해 팀장이 더 알아야 할 것이 있는가?

이는 병원에서 의사의 진료를 받기 전에 작성하는 질문지와 비슷한 역할을 한다. 이 질문에 대한 답변을 토대로 팀원이 어떤 욕구를 지녔고 어떻게 동기부여를 받고 싶은지 파악할 수 있다. 더 구체적인 것을 파악하고 싶다면 이 답변들이 대화의 물꼬를 트는 역할을 할 수도 있다. 한 가지 기억해야 할 것은 팀원 개개인이 지닌 지배적인 욕구를 파악하되 그것에만 집중하고 나머지 욕구를 무시해선 안 된다는 점이다.

게리 채프먼(Gary Chapman)은 서로 사랑하는 사이라 하더라도 사용하는 '다섯 가지 사랑의 언어'가 서로 다를 수 있다고 말했다.[2]

---

2 다섯 가지 '사랑의 언어'는 인정하는 말, 헌신, 선물, 함께하는 시간, 스킨십이다. 좀 더 구체적인 내용은 다음 자료에서 확인할 수 있다. Gary D. Chapman, *The Five Love Languages: How to Express Heartfelt Commitment to Your Mate* (Chicago: Northfield Pub, 1995).

사람들의 욕구와 스스로 움직이게 하는 요인이 서로 다른 것처럼 말이다. 헤어지는 연인들은 종종 "우리는 서로 사랑의 언어가 달라서 헤어질 수밖에 없었어"라고 말한다. 그러면서 "여자친구는 내가 생일 선물을 안 줬다고 나를 차버렸어. 하지만 나는 선물이 아닌 행동으로 보여주는 사랑의 언어를 가졌다는 점을 알아줘야 해. 물론 이 부분 때문에 헤어지고 말았지만"이라며 이별을 정당화하기도 한다.

이처럼 우리는 특정 방식으로 사랑을 표현하지 않았다는 것에 대한 일종의 변명으로 사랑의 언어 이론을 대입한다. 그러나 실제로 우리는 연인 관계에서 모든 유형의 사랑의 언어를 원한다. 시간을 함께 보내는 것은 물론 자신에게 헌신하며 인정하는 말을 해주길 바라고 선물과 스킨십도 원한다. 물론 특정 언어가 다른 언어보다 좀 더 중요할 수는 있다. 그러나 행복한 관계를 오래도록 이어가는 연인에게 물어보라. 나머지는 모두 잊고 한 가지 사랑의 언어만으로 과연 관계를 유지할 수 있는지 말이다.

이러한 논리는 동기부여 방식에도 똑같이 적용된다. 각 팀원의 지배적인 욕구를 파악하고 이에 부합하는 동기부여 방식을 선택하는 것은 매우 중요하다. 하지만 연인들이 그런 것처럼 팀원들도 여러 가지 욕구에 복합적으로 영향을 받는다. 지배적인 욕구 한 가지에 집중한 채 나머지 욕구를 모두 무시해서는 안 된다는 의미이다. 훌륭한 팀장은 팀원의 욕구를 제대로 이해하고 무엇이 그들을 움직이게 하는지 두루두루 파악한다.

☑ 맥클랜드의 이론에 따르면 인간의 기본적인 욕구 세 가지는 성취욕, 권력욕, 소속감이다. 동기부여에는 세 가지 기본적인 욕구가 복합적으로 작용하지만, 대부분 사람은 가장 강력한 동기부여 요인이 되는 한 가지 지배적인 욕구를 지니고 있다.

☑ 팀원의 지배적인 욕구를 이해하는 것은 효과적인 동기부여 방식을 파악하는 데에, 구체적으로 어떤 직무를 분담하고 어떻게 칭찬하고 무엇으로 성과보상을 해야 팀원이 적극적으로 일에 집중하도록 도울 수 있는지 파악하는 데에 도움이 된다.

☑ 성취욕이 강한 팀원에게는 스스로 목표를 수립하고 성취하며 성장할 수 있도록 해주는 것이 동기부여가 된다. 권력욕이 강한 팀원에게는 다른 사람에게 영향을 미치고 그들과 승부를 겨루는 것에 집중하도록 해준다. 소속감에 대한 욕구가 강한 팀원이라면 자신이 속한 그룹과 주변 사람들로부터 호감을 얻을 수 있도록 돕는 것이 가장 중요하다.

☑ 각 팀원의 욕구를 파악하고 효과적인 동기부여 방식을 파악하는 가장 좋은 방법은 적절한 질문을 하고 이에 관해 대화를 나누는 것이다.

☑ 팀원이 가장 중요하게 여기는 욕구에 초점을 맞추되 나머지 다른 욕구들도 복잡하게 작용하며 동기부여에 영향을 미친다는 점을 반드시 고려해야 한다.

유연한 목표를 세우고 결과에 집착하지 마라

얼마 전 한 스타트업의 마케팅팀 팀장인 킴과 전화로 코칭에 관한 대화를 나누었다. 킴은 유능한 팀장이었다. 공감을 바탕으로 팀원을 지지하고 격려하면서 열정적으로 일을 밀어붙이는 능력이 있었다. 또 팀의 목표 달성을 위해 업무의 우선순위를 정하고 배분하는 역량도 뛰어났다. 하지만 킴은 팀 전체를 좀 더 전략적으로 운영하는 방법에 관해서는 잘 모르겠다며 조언을 구했다. 가령 운영팀에서는 팀원 개개인이 각자의 목표를 스프레드시트에 꼼꼼하게 기록하고 이를 명확하게 공유한다면서, 마케팅팀은 팀의 전체 목표만 설정하고 팀원들이 각자의 목표를 문서로 작성하지 않는 점을 염려했다. 마침내 킴은 마케팅팀 팀원들에게도 스프레드시트에 각자의 목표를 기록하도록 했다. 그것이 팀을 전략적으로 운영하는 하나의 방법이라고 생각한 킴은 무척 설레는 목소리로 내게 그 이야기를 해주었다.

나는 킴의 고민을 충분히 이해한다고 말하면서 몇 가지 우려되는 부분을 언급했다. 각자의 팀원이 목표를 기록한 스프레드시트를 한 해 동안 어떻게 모니터링하면서 활용해야 할까? 구체적으로 어떤 활동이 목표 달성을 견인할 수 있을까? 시장 상황의 변화에 따라 팀의 목표를 수정해야 할 때 팀원 개개인의 목표도 팀의 변화된 목표에 맞게 수정할 수 있을까? 스프레드시트를 작성하는 것과 같은 목표 설정 활동에 많은 시간과 노력을 투입했는데 실제로 팀을 전략적으로 운영하는 데 별 도움이 안 된다면 어떻게 해야 할까? 이렇게 개별 목표를 구체적으로 설정하는 것이 과연 팀원들에게 동기부여가 될 수 있을까?

사실 킴의 고민은 그리 특별한 것은 아니다. 우리 회사도 해마다 12월이 되면 내년도 목표를 설정하느라 긴장 상태에 돌입하곤 한다. 전사적인 목표, 확장 목표, 핵심성과지표(KPI), 구성원 개별 목표, 각 목표의 주요 결과, SMART 목표, 다소 대담한 목표 등 여러 유형의 목표에 관한 이야기가 오간다. SMART 목표란 구체적이고 (Specific), 측정 가능하고(Measurable), 성취 가능하고(Achievable), 유의미하고(Relevant), 일정이 적절한(Time bound) 목표를 말한다. 다른 조직도 마찬가지다. 내가 만나본 모든 조직은 매년 연말이나 연초가 되면 목표 수립에 여념이 없다.

● 효과적으로 목표를 설정하고 활용하는 방법 ●

목표를 세우면 마음이 편안해진다. 뭔가 체계를 갖추고 팀원 모두 같은 방향으로 나아가고 있는 것처럼 느껴진다. 혼란 속에서 조금은 질서를 찾은 것 같은 기분도 든다. 이렇게 우리는 목표를 설정함으로써 일의 우선순위를 정하고 자원을 잘 배분해서 구성원들이 더 열심히 일하도록 동기를 부여할 수 있다는 생각 때문에 새로운 목표를 수립할 때마다 설레고 흥분되는 마음을 감출 수 없다. 킴이 그런 것처럼 말이다.

하지만 이미 여러분은 목표 설정이 전혀 예상치 못한 결과로 이어지는 경험을 해봤을 것이다. 목표를 설정하고 이를 달성했을 때 그에 대한 보상으로 '더 많은 일'을 받은 적이 있는가? 그 결과 다음 해에는 일부러 목표 달성을 지연시킨 적이 있는가? 혹은 계획보다 일정을 앞당겨 목표를 달성하곤 나머지 시간은 쉬엄쉬엄 보낸 적이 있는가? 이익률이나 효율성은 전혀 상관없이 오직 매출 목표만 채우기 위해 애쓴 적이 있는가? 다음 해 1월로 넘겨도 되는 매출을 굳이 12월에 가져와 매출 목표를 채우려고 한 적이 있는가? 엄청난 시간을 들여 목표를 세우고 스프레드시트까지 작성하곤 이후에 다시 쳐다보지도 않았던 경험이 있는가?

팀 전체의 목표를 수립하고 팀원들 개개인의 목표를 설정하도록 돕는 일은 팀장의 중요한 역할이다. 목표는 팀원에게 동기를 부여하고, 실행 방안을 제시하며, 끈기 있게 임무를 완수하도록 해준다.

또 목표는 팀원의 성과 기대치를 설정하는 데에도 그리고 팀원이 개별성장계획표를 작성하고 능동적으로 성장하도록 돕는 데에도 매우 중요한 부분이다.

그런데 팀원들 개개인의 목표를 명확하게 설정하도록 하는 것은 긍정적인 측면만큼이나 부정적인 측면도 크다. 도움이 되는 것만큼 해를 끼칠 위험도 존재하는 미묘한 도구이다. 목표가 좋지 않은 방향으로 사용되면 팀원들에게 과도한 스트레스를 주고, 비윤리적 행동을 유발하며, 애초에 기대했던 바와 다른 결과를 초래하기도 한다. 나아가 팀 전체의 사기를 떨어트리고, 최악의 경우 그저 시간 낭비가 되어버릴 수 있다. 따라서 훌륭한 팀장이 되려면 팀원에게 동기를 부여할 만한 목표를 수립해 그것을 효과적으로 활용하도록 해야 하며, 목표 자체보다 다른 것이 더 중요할 때도 있다는 점을 이해하도록 도와야 한다.

그러면 효과적인 목표 설정에 관한 이야기부터 해보도록 하자. 여러 연구 결과를 보면, 훌륭한 목표는 다음과 같은 특징이 있는 것으로 나타났다.[1]

---

1   에드윈 로크(Edwin Locke), 게리 레이섬(Gary Latham)은 목표 설정 이론의 선구자다. 두 사람은 목표와 관련한 수백 건의 연구를 진행했다. 요약된 내용은 다음 자료에서 확인할 수 있다. Edwin Locke, Gary Latham, "Building a practically useful theory of goal setting and task motivation: A thirtyfive-year odyssey," *American Psychologist* 57, no. 9 (2002), 705.

- 어렵지만 불가능하지 않다. 그러한 목표는 현실적으로 성취할 수 있지만, 꽤 도전적이어서 팀원들이 앞으로 나아갈 수 있도록 자극한다.
- 구체적이고 명확하다. '최선을 다한다'라는 목표보다는 '엔지니어 여섯 명을 채용한다'라는 목표가 훨씬 효과적이다.
- 마감 기한이 분명하다. 분명한 기한이 주어질 때 목표를 달성할 가능성이 더 커진다.
- 피드백 체계를 포함하고 있다. 목표 달성에 관한 피드백을 하려면 팀원이 목표를 달성하거나 그렇지 못한 상황을 모니터링할 수 있어야 한다.
- 팀원들이 직접 참여한다. 팀원들이 목표 설정에 직접 참여해야 그 목표를 달성하고자 진정으로 헌신할 수 있다.

우리는 유치원 때부터 크고 작은 목표를 세우며 성장해왔다. 그만큼 목표 설정은 어디서나 쉽게 볼 수 있고 정말 간단한 일처럼 보이기도 한다. 그러나 우리는 때로 목표를 세우는 것에 급급한 나머지 그것을 달성하기 위해 어떤 노력을 할 것인가에 대해서는 깊이 생각하지 않는다. 그저 문서로만 남아있는 목표만큼 잘못된 목표는 없다.

● 잘못된 목표가 초래하는 부정적인 상황들 ●

잘못된 목표를 설정하거나 목표를 잘못 사용했을 때 나타나는 부정적인 측면은 어떤 것일까? 그 결과는 얼마나 안 좋을 수 있을까? 그 부분에 관해 이야기해보자.[2]

우선 목표가 초래할 수 있는 나쁜 결과는 어떤 것일까. 목표는 의도치 않게 팀원들이 잘못된 행동을 하도록 유도하며, 심지어 비윤리적 행동까지 촉발할 수 있다.[3]

예전에 팀장으로 재직할 때 우리 팀의 연 매출 목표는 240억 원이었다. 이 말은 곧 컨설팅 프로젝트 240억 원어치를 수주해야 한다는 뜻이었다. 결과는 어떻게 됐을까? 매출 목표는 달성했다. 그러나 프로젝트 수행에 들어가는 각종 경비는 전혀 고려하지 않은 채 오직 매출 목표만 달성했다. 6억 원 규모의 프로젝트를 수주하면 7억 원의 경비가 발생하는 식이었다. 하지만 우리 팀은 매출 목표만 있었고 이익률에 관한 목표는 없었다. 그다음은 어떻게 됐을까? 매

---

2   목표 설정의 부정적인 측면을 좀 더 논의하고 싶다면 다음 자료를 확인하기 바란다. Lisa D. Ordóñez, Maurice E. Schweitzer, Adam D. Galinsky, Max H. Bazerman, "Goals gone wild: The systematic side effects of overprescribing goal setting," *Academy of Management Perspectives* 23, no. 1 (2009), 6~16.

3   목표 설정이 완전히 잘못된 행동으로 이어진 대표적인 사례로 주 전역에서 치르는 시험에서 좋은 성적을 내기 위해 교사가 성적을 조작한 경우를 들 수 있다. 구체적인 내용은 다음 자료에 소개돼 있다. Rachel Aviv, "Wrong Answer," *New Yorker* 21 (2014), 54~65.

출 목표를 달성했음에도 팀원 대부분을 내보낼 수밖에 없었다.

　일부 조직은 목표 달성에만 혈안이 되어 윤리적인 문제는 전혀 생각하지 못한다. 미국 웰스파고은행의 사례도 그런 경우이다. 웰스파고은행은 최대한 많은 계좌를 개설한다는 목표로 고객을 유치하는 직원들에게 성과급을 제공했다. 직원들은 목표 달성을 위해 고객의 동의도 없이 신용카드를 발급하고 은행 계좌를 개설했다. 당시 수사기관은 "불가능한 목표 달성을 위해 직원들이 사기행각을 벌였다"라고 발표했다.[4] 직원들은 숫자적인 목표를 달성했지만, 회사는 3조 5000억 원에 달하는 벌금을 물고 희대의 사기꾼이라는 오명을 쓰고 말았다.

　차량호출 서비스를 제공하는 우버 역시 비슷한 일로 곤욕을 치른 적이 있다. 당시 우버의 목표는 수단과 방법을 가리지 않고 어떻게 해서든 경쟁사를 이기는 것이었다. 그래서 우버는 경찰이 단속을 위해 차량을 호출했을 때 이를 식별할 수 있는 '그레이볼'과 같은 프로그램을 이용해 법망의 단속을 피하고 불법 영업을 지속했다. 이 사실이 드러나자 우버의 이미지는 한순간에 추락했고, 당국의 조사도 피해갈 수 없었다. 이 사건으로 인해 결국 우버 설립자 트래비스 캘러닉(Travis Kalanick)이 사임해야 했다.[5]

4　Emily Flitter, "The Price of Wells Fargo's Fake Account Scandal Grows by $3 Billion," *New York Times*, February 21, 2020.

5　Mike Isaac, "Uber Faces Federal Inquiry Over Use of Greyball Tool to Evade Authorities," *New York Times*, May 4, 2017.

목표가 너무 구체적일 때도 부정적인 결과를 초래할 수 있다. 너무 세부적인 목표들만 세워두고 이를 달성하는 데 집중하다 보면 큰 그림을 놓칠 수 있기 때문이다. 사실 이는 많은 스타트업이 되풀이하는 실수다. 팀원들의 목표 계약 건수는 세심하게 설정하면서 정작 수익성이나 운영 효율성 등 조직 성장에 중요한 요소들은 염두에 두지 못하는 식이다.

근시안적인 시야에서 설정된 목표 역시 마찬가지다. 이렇게 설정된 목표로 인해 우리는 자칫 추가적인 기회나 혁신의 가능성을 발견하지 못한 채 간과할 수 있다. 이런 기회나 가능성은 목표의 범주 밖에 있기 때문이다. 목표가 우리 눈을 멀게 하는 셈이다.

한편으로 목표는 유연해야 한다. 목표가 이미 정해진 경우에도 때에 따라 방향을 전환하고, 새로운 것을 시도하며, 위험을 감수하는 태도가 필요하다. 앞으로 한두 달 안에 엄청난 변화가 예상됨에도 불구하고 빠르게 성장하는 많은 조직이 '연간 목표'를 수립하고 그 목표를 고수하는 우를 범한다. 유연하지 못한 목표는 경쟁사나 시장 변화에 발 빠른 대응이 필요할 때 방향 전환을 막는다는 점에서 스타트업에 심각한 위험을 초래할 수 있다.

2020년 초에 시작된 코로나19 팬데믹으로 인해 우리는 유연하지 못한 목표가 초래하는 극단적인 사례를 많이 볼 수 있었다. 한두 달 사이에 급변한 전 지구적 상황에도 불구하고 일부 기업은 2020년 1월에 수립한 목표만을 고수했다. 이들은 거대한 조류에 발맞춰 연초의 목표를 폐기하고 완전히 새로운 목표를 수립한 기업들만큼 변화에 재빠르게 대응하지 못했다.

목표가 너무 많은 것도 문제가 될 수 있다. 달성해야 할 목표가 너무 많으면 쉬운 목표에만 치중한 채 어려운 목표는 무시하고 싶은 것이 인간의 본성이다. 가령 매일 수많은 '해야 할 일 목록(to-do-list)'을 작성하고는 가장 쉽게 할 수 있는 일에만 집중하는 사람들이 의외로 많다. '해야 할 일 목록'을 많이 적는 사람일수록 중요하지 않은 일에 열중하고 성공에 핵심적인 중요한 목표에 우선순위를 두지 않는 경향이 있다. 다음 2×2 매트릭스는 목표가 너무 많을 때 우리가 우선순위를 정하는 잘못된 방향을 보여준다. 매트릭스가 보여주듯이 달성해야 할 목표의 목록이 너무 길면 어려운 일보다는 쉬운 일부터 하고, 급하지 않은 일은 계속 미뤄두게 된다.

	쉬운 일	어려운 일
급한 일	내가 매우 생산적인 사람이 된 듯한 느낌이 들게 한다.	쉬운 일을 모두 끝내고 시간이 있으면 시도해본다.
급하지 않은 일	다음으로 미룬다.	다음 달, 그다음 달의 목록으로 계속 미룬다.

목표가 너무 많을 때의 잘못된 접근법을 보여주는 2×2 매트릭스

목표를 설정했을 때 이를 달성하지 못하면 사기 저하로 이어진

다. 목표를 달성하지 못해 몹시 힘들었던 경험이 한두 번쯤은 있을 것이다. 예를 들어, 올해 목표가 20건의 계약 체결이었는데 18건밖에 하지 못했다고 가정하자. 그러면 마치 올해의 모든 업무가 실패한 것처럼 느껴진다. 어렵게 노력해서 달성한 18건의 계약이 아니라 달성하지 못한 2건의 계약에 초점이 맞춰지기 때문이다. 이처럼 얻은 것의 가치보다 잃어버린 것의 가치를 더 크게 평가하는 심리적 경향을 '손실 회피'라고 부른다. 이런저런 목표 설정이 넘쳐나는 사회에서 우리는 목표를 약간 초과 달성했을 때의 긍정적인 느낌보다 목표에 약간 미달했을 때의 부정적인 느낌을 훨씬 더 크게 느낀다. 이런 경우 목표는 동기를 부여하는 것이 아니라 오히려 우리를 거대한 패배자처럼 느끼게 한다.

● 목표 수립이 긍정적인 결과로 이어지게 하려면 ●

지금까지 목표 수립의 부정적인 측면만 너무 길게 설명한 것 같다. 여러분이 팀장으로서 해야 할 일은 팀원 스스로 성장하고 역량을 개발하면서 도전적으로 업무를 수행하도록 돕고 동기를 부여하는 것이다. 목표를 잘 설정하면 여러분이 이러한 역할을 하는 데에 도움이 될 것이다. 목표 수립이 긍정적인 결과로 이어지게 하려면 다음 내용을 기억해야 한다.

● 목표를 설정하기 전에 어떤 목표가 팀원에게 동기부여가 될지, 팀원이 목표를 달성하면 어떤 일이 일어날지 심사숙고한다.

● 팀원이 자신의 목표 달성을 위해 노력하는 과정에서 많은 피드백을 제공한다. 목표가 분기별로 작성하는 문서에 머무르지 않고 매일 수행하는 업무들과 연계되도록 적절한 체계와 구조를 확립한다.

● 너무 과한 목표를 설정해선 안 되며, 그러한 목표를 달성하지 못했다고 해서 페널티를 부여해서도 안 된다. 과도한 목표 달성을 위해 업무량이 지나치게 늘어난다든가 팀원들이 옳지 못한 행동을 할 가능성은 없는지 면밀하게 살핀다.

● 목표를 수립할 때는 그것이 구체적인지, 팀원들이 적극적으로 동참할 만한지, 마감 기한이 명확한지, 정말 중요한지 확인하라.

● 상황에 따라 쉽게 수정할 수 있도록 유연한 목표를 설정하라. 팀원들이 팀과 회사의 목표에 따라 자신의 목표를 수정하도록 격려하며, 새로운 목표 수립이 필요한 상황에서 기존의 목표를 폐기한 팀원을 인정하고 지지한다.

요가에서 내가 좋아하는 두 가지 개념은 '끊임없는 수행'을 의미하는 아비야사(abhyasa)와 '집착이 없는 초연함'을 뜻하는 바이라갸(vairagya)이다.[6] 이를 풀이하면 "주어진 과제를 위해 끊임없이 노력

---

6 Yoga Sutra 1.12: "Their suppression (is brought about) by persistent practice and non-attachment." See: Patañjali, *The Yoga Sutras of Patanjali: The Book of the Spiritual Man: An Interpretation* (London, UK: Watkins Publishing, 1975).

하지만, 노력의 결과에 대해서는 집착하지 않는다"라는 의미이다. 다시 말해, 노력의 결과가 아닌 노력 그 자체를 지향해야 한다는 것이다. 기원전 400년의 요가 수행자들은 목표 설정과 관련해 가장 중요한 이치를 이미 깨달았던 셈이다.

목표 설정을 통해서 동기를 부여하고 영감을 주며 끈기 있게 노력하되 목표 자체를 노력하는 이유로 삼아서는 안 된다. 그것이 목표 설정을 긍정적인 결과로 이어지게 하는 방법이다.

☑ 합리적으로 목표를 설정하고 이를 잘 활용하면 팀원들에게 동기를 부여하고 생산적인 행동을 유도하는 강력한 도구가 될 수 있다.

☑ 하지만 잘못 설정된 목표는 팀원들의 비윤리적 행동, 조직에 대한 근시안적 시각, 혁신의 실패 등 의도치 않은 결과로 이어질 수도 있다.

☑ 특히 빠른 변화가 특징인 스타트업의 경우에는 연간 목표가 오히려 회사 운영 방식에 부합하지 않을 수 있다. 유연하지 못한 고정적인 목표는 역동적이고 빠르게 변화하는 경영 환경에서 오히려 걸림돌이 된다.

☑ 팀원들과 함께 목표를 설정할 때는 목표의 긍정적·부정적 기능을 모두 정확히 인지하도록 한다. 또 구체적인 업무 수행 지침이나 동기부여를 위한 방안에 목표를 활용하지 않을 수 있다는 점을 알린다.

보상의 기준과 근거를
투명하게 공유하라

한 기업에서 신입사원을 대상으로 한 설문조사 결과에 관해 경영진과 이야기를 나눈 적이 있다. 신뢰를 중시했던 경영진은 조사 결과에 깊은 관심을 보이며 가장 낮은 점수를 받은 영역에 대해 궁금해했다. 결과는 "나는 정당한 보상을 받는다"라는 항목에서 '아니오'라는 대답이 가장 많이 나온 것으로 나타났다. 경영진은 즉각 진단에 들어갔다. 업계 전체를 기준으로 볼 때 상당히 높은 수준의 연봉과 보너스를 지급하고 있는데도 유독 보상 부분에서 낮은 점수가 나온 이유를 파악하고자 했다. 직원들의 불만을 해결하려는 경영진의 노력은 높이 살 만했다. 하지만 여태껏 내가 참여한 임직원 대상 설문조사 결과를 보면 언제나 '보상'에 대한 만족도가 가장 낮았다.

● 어떤 보상은 오히려 동기부여를 방해한다 ●

우리는 누구나 더 많은 급여를 받길 원한다. 대부분 사람이 자신의 능력이나 역량과 비교해 충분한 보상을 받지 못한다고 생각한다. 그래서 설문조사처럼 익명으로 의견을 말할 기회가 생기면 급여가 낮다는 점을 적극적으로 지적한다. 이는 어떤 조직에서나 마찬가지다. 구성원 전체가 참여한 설문조사에서 자신의 능력보다 더 많은 급여를 받는 데 동의한다는 결과가 나왔다면, 나는 오히려 그 회사를 걱정했을 것이다.

금전적 보상이 강력한 동기부여 요소라는 점은 의심할 여지가 없다. 많은 팀장과 리더들은 금전적 보상이 개인에게 동기를 부여하는 주요 수단이며, 보상 문제만 해결되면 팀원들이 행복하고 적극적으로 업무를 수행하고 힘든 일도 기꺼이 해낼 것이라 믿는다. 이런 현상은 스타트업이 차기 자금 유치에 성공했을 때 두드러진다. 현금이 대거 유입되면 당연한 것처럼 급여를 인상해주면서 조직 내의 모든 잡음과 문제가 해결되리라 기대한다. 하지만 이는 사실과는 전혀 다르다. 실제로는 금전적 보상만으로 모든 문제가 해결되지 않는다.

금전적 보상이 지닌 이중적 측면은 매우 흥미롭다. 연구 결과를 보면, 특정 활동에 대한 대가로 추가적인 보상을 지급했을 때 오히려 동기부여가 반감되고, 그 활동에 대한 흥미도 줄어드는 경우가 있는 것으로 나타났다.[1] 이는 어떤 사람은 금전적 보상보다는 도전적이고 의미 있는 활동 자체에 무게를 둔다는 것을 뜻한다. 여러분은 현금으로 지급되는 성과급이 직원들의 노고와 성과에 대한 가장 큰 보상이라고 생각하지만, 어떤 경우에는 그 반대의 효과가 나타날 수 있다.

회사에서 일할 새로운 인력을 추천하는 사람에게 보너스를 지급하는 것은 어떨까? 만일 새로운 인력을 찾고 추천하는 일이 더 나은 조직을 만들기 위한 중요한 일이라고 생각한다면? 그렇다면 보너스를 받지 않더라도 추천할 만한 인력을 찾기 위해 더 열심히 노력하지 않을까?

금전적 보상은 팀원의 동기부여에 중요한 수단이다. 하지만 금전적 보상을 만병통치약으로 생각하기에 앞서 이것이 어떤 부분에서 어떤 이유로 조직 내 혼란을 일으킬 수 있는지 이해하는 것이 중요하다.

● 금전적 보상의 다양한 속성과 함정을 이해하라 ●

훌륭한 팀장이 되려면 금전적 보상이 효과적으로 동기부여를 할 수 있는 때가 언제인지 알아야 하며, 더 중요한 것은 금전적 보상이

1 　Edward L. Deci, "Effects of externally mediated rewards on intrinsic motivation," *Journal of Personality and Social Psychology* 18, no. 1 (1971), 105~115.

오히려 역효과를 가져올 수 있는 때가 언제인지 제대로 아는 것이다. 그러려면 우선 금전적 보상이 지닌 이중적이고 복잡다단한 속성을 이해해야 한다. 그중에서도 다음 세 가지를 올바로 이해해야 금전적 보상에 감춰진 부정적 함정을 피할 수 있다.

우선은 '손실 회피'라는 심리적 경향을 살펴보자. 우리는 내 것으로 생각했던 돈을 빼앗기면 심하게 낙담한다. 원래 내 것이 아니었던 돈을 갖지 못한 것에 비해 훨씬 더 크게 상심한다. 행동경제학자 대니얼 카너먼(Daniel Kahneman)과 아모스 트버스키(Amos Tversky)는 이처럼 이익보다 손실이 더 크게 느껴지는 심리적 경향을 '손실 회피'[2]라는 개념으로 명명했다. 예를 들어, 길거리에서 10달러를 주웠을 때 느끼는 희열보다 내 주머니에 있던 10달러를 잃어버렸을 때 느끼는 분노가 훨씬 더 크다. 동기부여 측면에서 보면, 한 해 수익을 10만 달러로 기대했다가 9만 5000달러에 그쳤을 때 받는 충격이 9만 달러를 기대했다가 9만 5000달러인 것을 확인했을 때 느끼는 기쁨보다 훨씬 더 크다. 결과적으로는 똑같이 9만 5000달러의 수익을 올린 것이니 두 상황에서 같은 감정을 느껴야 할 것 같지만, 실제로는 그렇지 않다. 인간이 늘 논리적인 존재는 아니기 때문이다.

실제 사례를 들어 이야기해보자. 스타트업 재직 시절, 우리는 연

---

2 Daniel Kahneman, *Thinking, Fast and Slow* (New York: Macmillan, 2011).

말 실적 평가 및 보너스 지급 문제를 논의하고 있었다. 팀원은 모두 열다섯 명이었다. 대부분 팀원은 실적이 좋았고 그중 두세 명은 특별히 뛰어났다. 다른 두 명은 나머지 팀원보다 살짝 뒤처졌지만, 여전히 유능한 팀원이었다. 딱 한 명의 실적만 크게 떨어지는 수준이었다. 연초에 결정한 연말 성과급은 1인당 3000달러 수준이었다. 특별히 뛰어난 성과를 보인 두세 명에게는 이 금액에서 20퍼센트를 추가해 3600달러를 지급했다. 나머지 팀원보다 살짝 뒤처진 팀원에게는 10퍼센트를 삭감해 2700달러를 지급하고, 가장 낮은 실적을 보인 팀원은 다른 팀으로 발령을 냈다. 그리고 나머지 팀원에게는 각각 3000달러를 지급했다.

자, 이후 어떤 일이 발생했을까? 가장 높은 성과를 보인 사람들은 동료들보다 성과급을 20퍼센트나 더 받았는데도 언짢은 기색이 역력했다. 그들은 이렇게 생각했다. '일 년 내내 그렇게 일하고 겨우 600달러 더 받는다고?' 성과가 살짝 뒤처져 20퍼센트 삭감된 성과급을 받은 팀원들은 크게 화를 냈다. 삭감 액수가 300달러에 지나지 않는다는 건 중요하지 않았다. 이미 내 것으로 생각했던 돈을 도둑맞은 것 같은 기분이 문제였다. 이 일은 결국 직원들의 엄청난 사기 저하로 이어졌고, 사태 수습에 들어간 시간과 에너지를 비용으로 환산하면 300달러보다 훨씬 컸다. 그렇다고 모든 팀원에게 똑같은 금액의 성과급을 지급하라는 게 아니다. 그보다는 손실 회피 경향이 팀에 미칠 수 있는 영향에 대해 경고하는 것이다!

두 번째 살펴볼 것은 '공정성 이론'이다. 1960년대에 심리학자 스테이시 애덤스(Stacy Adams)가 고안한[3] 이 이론에 따르면, 구성원 개개인은 조직에서 자신의 공헌에 대한 공정한 대가를 받고 있다고 생각할 때 목표 달성을 위한 동기를 부여받고 긍정적인 행동을 하게 된다. 이는 우리가 절대적 가치보다 상대적 가치를 더 중시한다는 의미이기도 하다. 경제적 관점에서는 결코 합리적이지 않은데도 말이다.

가상 인물을 예로 들어 살펴보자. 캐럴린은 동료 루이스의 연봉이 12만 달러인 상황에서 자신이 11만 달러를 받는 것보다는 차라리 루이스와 자신 모두 10만 달러를 똑같이 받는 게 낫다고 생각한다. 더 많은 연봉을 받는 것보다 공정성을 택하겠다는 것이다.

실제로 공정성 이론이 부정적으로 작용하는 사례는 부지기수다. 레아는 작은 비정부기구의 운영 책임을 맡고 있었다. 처음 조직에 합류할 당시 그녀는 무척 설레고 흥분됐다. 자신이 원하던 일을 할 수 있게 돼서 의욕이 충만했다. 연봉은 이전 직장보다 적게나마 올랐을 뿐 아니라 동종 업계의 비슷한 위치와 비교해도 나쁘지 않은 수준이었다. 그런데 3개월쯤 지났을 무렵, 레아의 상사인 셀리나는 레아가 입사 초기와 비교해 업무에 열의가 없고 적극적이지 않다는 사실을 알아챘다. 레아는 셀리나가 지시하는 업무만 수동적으로 할

---

3 J. Stacy Adams, "Inequity in social exchange," in *Advances in Experimental Social Psychology*, Vol. 2 (Cambridge, MA: Academic Press, 1965), 267~299.

뿐이었다. 그러면서 업무 스트레스를 이유로 금요일 오후만 되면 휴가를 내고 퇴근해버렸다.

셀리나는 머지않아 레아가 왜 그런 행동을 하는지 이유를 알 수 있었다. 어느 순간 레아는 비슷한 일을 하는 동료 메그의 연봉이 자신의 연봉보다 1만 달러가 더 많다는 사실을 알게 되었다. 불공정한 대우에 화가 난 레아는 스스로 공정성을 실현하고자 했다. 그래서 휴가도 자주 가고, 높은 부가가치를 창출하는 일은 되도록 맡지 않으려 했다. 레아에게는 자신의 연봉이 적정한 수준인지는 중요하지 않았다. 동료보다 더 적게 받는다는 사실만이 중요했다.

세 번째는 '절차적 정의'라는 개념이다. 때로는 보상 수준에 관한 결정 사항보다 결정에 이르기까지의 절차가 더 중요할 수 있다. '절차적 정의'라는 이 개념은 사람들이 보상에 관한 결정에 어떻게 반응하는지 설명하는 데 유용하다. 절차적 정의란 결정 과정 자체에 많은 시간과 노력이 투입되고 높은 투명성이 보장된다면, 사람들은 결정 사항에 대한 자신의 동의 여부와는 상관없이 해당 결정을 더 지지한다는 개념이다.[4] 다시 말해, 결정 사항에 동의하면서 의사결정 과정에 참여하지 않았을 때보다 오히려 결정 사항에 동의하지 않더라도 의사결정 과정에 참여했을 때 훨씬 더 만족감을 느낀다는 것

---

4 조직 차원에서 절차적 정의에 대한 좀 더 구체적인 내용은 다음 자료에서 확인할 수 있다. Chris Argyris, Robert Putnam, Diana McLain Smith, *Action Science* (San Francisco, CA: Jossey-Bass, 1985).

이다. 절차적 정의는 압제적이지 않고 민주적인 조직 문화를 형성하는 데도 중요하다. 때로는 의도치 않게 의사결정 과정은 배제하고 결과만 공유함으로써 공정하지 못한 권력 구조를 이어갈 수 있기 때문이다.

그렇다면 절차적 정의는 실제로 어떻게 작동할까? 아래 그림에서 보듯이 똑같이 의사결정의 결과를 선호하지 않는 상황에서 절차를 공유했을 때와 공유하지 않았을 때 구성원들이 느끼는 감정은 완전히 다르다. 보상에 관한 의사결정 역시 마찬가지다. 보상에 관한 논의 과정을 공유한다면 팀원들은 그 결과와는 별개로 훨씬 기분 좋게 받아들일 것이다.

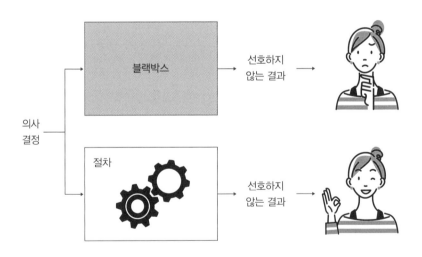

절차적 정의가 의사결정을 수용하는 태도에 미치는 영향

작은 조직에는 대개 완벽한 데이터와 숫자를 기반으로 보상 수준을 정확하게 계산하는 대규모 보상위원회가 존재하지 않는다. 자연히 주먹구구식으로 보상 수준을 계산하게 마련이다. 그러면 직원들은 보상 수준에 대해 회사 대표가 제멋대로 결정했거나 특정 직원에게 유리하도록 편파적으로 산출했다고 불평할 수 있다. 보상의 공정성을 신뢰할 수 없으므로 화가 나는 것도 당연하다. 이때 제한된 데이터를 기반으로 보상 수준을 계산할 수밖에 없는 상황이더라도 그 의사결정 과정을 공유한다면 어떻게 될까? 결과를 받아들이는 직원들의 태도는 크게 달라질 것이다. 가령 매년 모든 팀원의 연봉을 확인함으로써 직무 및 직급별 보상의 공정성을 확보하기 위해 노력하고 있다는 점을 공유하는 것도 방법이다. 또 주관적 기준과 객관적 기준을 동시에 적용해 연말 성과급 금액을 결정한다는 사실을 공유할 수도 있다.

● 효과적인 동기부여가 되도록 보상하는 방법 ●

자, 이제 여러분은 보상이 어떻게 동기부여 효과를 반감시키는지 그리고 어떤 함정을 피해야 하는지 이해했다. 지금부터는 그 방법론에 대해 살펴보도록 하자. 보상이 효과적인 동기부여 수단이 되게 하려면 어떻게 해야 할까?

첫 번째는 여러분 각자의 '보상 철학'을 명확하게 확립하는 것이다.
팀장으로서 보상의 개념과 기준 등에 관한 철학을 확고하게 가지고
있어야 이를 바탕으로 팀원들과 효과적으로 대화하고 동기를 부여
할 수 있다. 보상 철학에 구체적인 방법들까지 포함하지 않아도 된
다. 중요한 것은 보상 제도의 명확한 원칙과 함께 그것이 조직 문화
와 어떻게 연계되는지 설명할 수 있어야 한다는 점이다. 예를 들어,
팀장은 다음과 같은 질문에 대답할 수 있어야 하고, 그 내용을 팀원
들에게 명확하게 설명해야 한다.

- 우리 회사의 보상 수준이 업계 수준보다 조금 높은가, 혹은 조금
  낮은가? 그 이유는 무엇인가? 우리의 목표는 가장 가까운 경쟁사
  들 보상 수준에 맞추는 것인가?
- 우리 회사에는 연말 성과급 제도가 있는가? 있다면 어떤 데이터를
  기준으로 성과급 금액을 결정하는가? 성과급은 일반적으로 그때
  그때 지급되는가, 아니면 퇴직연금처럼 유예되었다가 미래의 어느
  시점에 지급되는 형태인가?
- 우리 회사는 직원들이 협상 절차에 참여하지 않는 경우를 포함해
  서 보상 제도를 얼마나 자주 수정하고 보완하는가?
- 우리 회사는 비금전적 보상에 대해 어떤 관점을 갖고 있는가? 경
  영진은 직원들이 비금전적 보상을 별로 달가워하지 않을 수 있다
  는 점을 알고 있는가?

두 번째는 '보상 방법'을 명확히 하는 것이다. 특히 보상 및 승진에 관한 결정이 어떻게 이루어지는지 분명하게 설명하는 것이 중요하다. 직원들은 종종 "회사는 투명 경영을 강조하면서 정작 보상 제도는 투명하지 않은 것 같다"라고 불평한다. 이런 불평은 직원들이 절차의 투명성과 정보의 투명성을 같은 것으로 보는 데서 기인한다. 따라서 보상 제도가 유효한 성과를 거두려면 직원들에게 보상과 관련된 의사결정의 근거와 절차를 분명하게 설명해야 한다. 이때 직원들과 공유하는 정보에는 보상 수준을 결정하기 위해 어떤 데이터를 근거로 삼았는지, 경영진의 주관적인 평가가 포함되었는지, 보상에 관한 결정은 누가 했는지 등이 포함되어야 한다.

세 번째는 보상에 대한 약속을 신중하게 하는 것이다. 직원들에게 연말 성과급에 관해 이야기할 때는 신중해야 한다. 성과급 예산이 확보된 다음에 이야기를 꺼내는 것이 좋고, 혹여 기대했던 것보다 성과급 금액이 적을 때 직원들의 반응도 예상해야 한다. 코로나19 팬데믹과 같은 불확실성이 발생한다면 연말 성과급을 보장할 수 없다는 점도 확실히 해두어야 한다.

성과급이 직원들이 기대했던 것보다 아주 살짝 적을 때도 동기부여 측면에서는 매우 안 좋은 영향을 끼칠 수 있다. 앞에서 설명한 손실 회피 경향을 기억하는가. 사람은 내 것으로 생각했던 돈을 빼앗기면 비이성적으로 반응할 수 있다. 연말 성과급이 5퍼센트 삭감되었다는 것만으로 직원들은 자신을 매우 가치 없는 존재로 인식하고 이는 결국 퇴사로 이어지기도 한다. 마찬가지로 성과급을 살짝 상향 조정할 계획을 하고 있더라도 직원들이 그 사실을 알고 기뻐서 어쩔 줄 몰라 할 것으로 확신하지는 마라. 물론 대부분 직원은 급여 인상이나 성과급을 감사하게 생각한다. 하지만 어떤 직원은 "그렇게 죽어라 일했는데 성과급을 겨우 5퍼센트 더 준다고?"라는 식으로 생각할 수 있다.

네 번째는 금전적 보상으로 본질적인 동기를 갉아먹지 않도록 해야 한다. 즉 직원들이 스스로 도전의식과 보람을 느껴서 적극적으로 참여하는 활동에 금전적으로 과하게 보상하는 것을 조심해야 한다. 팀원들이 단지 원해서 즐겁게 하는 어떤 활동을 돈으로 보상하는 것은 오히려 사기를 떨어트릴 수 있다.

일례로 회사에서 신규 채용이 있을 때 우수 인력을 추천하면 보너스를 지급하는 경우를 들 수 있다. 팀원들이 회사를 일하기 좋은 곳으로 외부에 추천하고 채용 절차를 지원하도록 장려하는 것은 좋은 일이다. 하지만 여기에 금전적 가치가 개입하는 순간 그 활동은 더 이상 조직 구성원 전체가 참여해야 할 조직 문화의 일부가 아닌 것으로 되어버린다. 팀원들이 오직 보너스를 목적으로 자격도 없는 인력을 추천하게 되면서 심각한 부작용이 발생할 수도 있다.

보상은 동기부여 방법이라는 관점에서 작은 퍼즐 조각 하나에 불과하지만, 우리가 자주 오해하는 조각이기도 하다. 매우 충격적이지만, 나는 수많은 리더로부터 이런 말을 자주 듣는다. "팀원들은 왜 행복해하지 않지? 연봉도 많이 받는데 말이야." 심지어 오랜 경력의 팀장이나 CEO조차도 팀원들의 동기부여에는 금전적 보상이 최고라고 여긴다. 하지만 실제로는 그렇지 않을뿐더러 오히려 정반대의 결과를 초래할 수도 있다. 따라서 훌륭한 팀장이 되려면 팀원들이 보상을 어떤 식으로 인지하는지, 보상이 의식적으로든 무의식적으로든 그들의 행동을 어떻게 변화시키는지 제대로 파악하는 것이 중요하다.

☑ 보상은 동기를 부여하는 강력한 수단이지만, 종종 그렇지 않을 때도 있다. 더 많은 금전적 보상을 지급하는 것이 오히려 팀원들의 사기를 떨어트리기도 한다.

☑ 성과급을 약속할 때는 신중해야 한다. 약속했던 것보다 더 적게 지급하게 될 경우 후폭풍은 생각보다 거셀 수 있다. 이는 '손실 회피'라고 하는 심리적 경향, 즉 같은 금액을 손에 넣었을 때 느끼는 기쁨보다 잃었을 때 느끼는 분노가 더 큰 심리적 경향 때문이다.

☑ 대부분 사람이 상대적 박탈감을 더 견디기 힘들어한다는 점을 기억하라. 이는 '공정성 이론'으로 설명할 수 있다. 회사의 급여 수준이 전체적으로 낮은 것은 참을 수 있지만, 동료가 자신보다 더 많은 급여를 받는 것은 참지 못하는 게 사람의 심리다.

☑ 팀원들이 의사결정의 결과보다 과정을 더 중시한다는 점 역시 기억하라. 보상 문제에서 역시 의사결정 절차를 투명하고 명확하게 설명하고, 팀원들이 그 절차를 존중하고 지지하도록 하는 것이 중요하다.

☑ 조직 문화를 바탕으로 보상의 기준과 근거를 명확히 제시할 수 있어야 한다. 이러한 보상 철학이 뚜렷하고 구체적일수록 보상을 효과적인 동기부여 수단으로 활용할 수 있다.

제9강

승진 절차와 직함을 가볍게 다루지 마라

책상 위에 놓인 내 첫 번째 명함을 발견했을 때 심장이 두근대고 설렜던 기억이 난다. 직사각형 고급 용지에 회사명과 내 이름, 그리고 회사 전화번호가 새겨져 있었다. 글씨도 무척 단아하고 깔끔했다. 검지로 검은색 글자를 가만히 쓰다듬으며 몇 번이나 앞뒤로 뒤집어봤다. 그러다 순간 나는 얼어붙었다. 명함에 직함이 없었기 때문이다. 신입사원인 내가 조직 서열 말단이었던 것은 인정한다. 하지만 아무런 타이틀도 없다니. 내가 더 이상 인턴이 아니라는 것을 사람들이 몰라주지 않을까 두려웠다.

조직 구성원에게 '직함'은 매우 중요한 문제이다. 내 첫 번째 직장처럼 일부 조직은 직함이 별 의미가 없는 것으로 여기고 경영진 역시 직함은 중요한 게 아니라고 주장한다. 하지만 우리는 직함에 신경을 쓴다. 직함은 한 사람에 대한 중요한 정보를 제공한다(이 사람이 어떤 일을 하는 사람인가?). 또 개인을 어떻게 범주화하여 그들과 상호 작용해야 할지 판단할 수 있도록 돕는다(이 사람은 고위직 인사인가? 그럼 나는 어떻게 행동해야 하지?). 이와 함께 직함은 연봉과 위치를 나타낸다(나도 내 직함으로 지위를 인지했다). 직함은 동기부여의 수단이 되기도 한다. 스스로 얼마나 성장하고 발전했는지, 조직에서 얼마나 인정받고 있는지 보여주는 하나의 좌표로 여겨지는 것이다.

승진 역시 매우 중요한 동기부여 요인이다. 직함보다 승진은 훨씬 크고 복잡한 문제이다. 성취욕과 권력욕이 강한 사람에게는 더욱 그렇다. 승진은 급여 인상과 더불어 더 많은 기회와 책임을 동시에 수반한다. 승진은 팀원들을 행복하게 한다. 하지만 조직에서 직함과 승진 문제를 어떻게 다루느냐에 따라 자칫 의도치 않은 결과를 낳기도 한다.

● 승진과 직함에 대한 잘못된 접근법 ●

우리는 승진과 직함을 성과에 대한 보상 수단으로 활용한다. 이것은 분명 긍정적인 접근이지만, 때로는 좀 더 사려 깊게 접근하지 못해 후회스러운 결과로 이어지기도 한다. 승진과 직함에 대한 잘못된 접근법이 어떤 것인지 다음 사례를 통해 살펴보도록 하자.

마틴은 작지만 탄탄한 스타트업의 스물두 번째 직원으로 합류했다. 운영부문 팀장으로 입사한 그는 초기에는 CEO의 오른팔 역할을 했다. 각종 조직 운영 프로세스와 시스템을 도입해 회사 성장에 크게 공헌했다. CEO는 그런 마틴에게 많이 의지했고, 회사에 대한 그의 충성심과 담당 직무의 중요성을 고려해 뭔가 보답하고 싶었다. 그래서 마틴을 운영부문의 총괄책임자로 승진시키고는 넉 달만에 또다시 전무로 승진시켰다. 당시 조직에서 전무는 마틴이 유일했기 때문에 그 새로운 직함은 마틴이 경영진으로서 회사에서 매우 중요한 역할을 한다는 것을 나타냈다. 마틴은 승진으로 새로운 직함을 얻은 것에 짜릿한 마음을 감출 수 없었다.

그렇게 6개월이 흘렀다. 상품화가 안정적으로 진행되며 시리즈 B 투자도 성공적으로 유치한 회사는 신규 직원을 대거 영입했다. 그러면서 생각지 못한 문제가 발생했다. 첫 번째는 경험과 능력 면에서 마틴보다 훨씬 뛰어난 신임 부문장들이 입사한 것이었다. 면접과정에서 이들은 마틴이 자신들보다 더 높은 직함을 가진 것에 이의를 제기했다. 마틴의 직함은 유능한 인재를 채용하는 데 걸림돌로 작용했다. 두 번째 문제는 다른 팀장들도 빠른 승진을 요구하고 나선 것이었다. 이들은 마틴과 비슷한 책임을 맡고 있는데도 자신들이 여전히 팀장 자리에 있는 것은 불공평하다고 지적했다. 세 번째는 회사 규모가 커지면서 마틴이 팀장으로서의 역량은 뛰어날지 몰라도 대규모 조직의 임원으로선 아직 부족하다는 점을 CEO가 깨닫게 되었다는 점이다. 회사의 운영부문 책임자로 마틴보다 경험이 풍부하고 역량 있는 인재가 필요한 상황이었지만 그런 사람을 마틴보다 낮은 직급으로 뽑기는 어려웠다. 날카로운 신경전이 오간

끝에 마침내 CEO는 마틴을 다시 팀장으로 강등시켰다. 팀원들 앞에서 크게 체면을 구긴 마틴은 당황스러워했고, 팀장으로서 제대로 역할을 하지 못해서 CEO를 연거푸 실망하게 했다.

미국 컬럼비아대학교 로렌스 피터(Laurence J. Peter) 교수가 고안한 '피터의 법칙'에 대해 들어보았을 것이다. 피터의 법칙에 따르면, 수직적 계층 조직에서는 직무 수행 능력이 부족한 조직 구성원이 고위직으로 승진하는 일이 자주 발생한다. 그 이유는 어떤 직책의 적임자를 선택할 때, 그 직책에서 요구되는 직무 수행 능력보다 현재까지의 업무 성과를 근거로 판단하는 경향 때문이다.[1] 간혹 유능한 직원이 조직을 떠나지 않게 하려고 승진을 선물로 안겨준다. 강도 높은 직무를 기꺼이 감내한 직원에게, 눈에 띄는 성과를 올린 직원에게 승진을 보상으로 제공하기도 한다. 또 다른 직원들에게 승진에 대한 기대감을 심어주기 위해 특정 직원을 모범 사례로 삼아 승진시키기도 한다.

이러한 승진에 대한 잘못된 접근법은 마틴의 사례가 보여주듯 엄청난 혼란을 초래한다. 직함과 승진으로 한 직원에게 동기부여를 하려던 시도가 다른 구성원들의 사기를 꺾고 분노하게 만드는 결과로 이어지는 것이다. 승진한 당사자 역시 새로운 직책에서 제대로 역량을 발휘하지 못해 좌절한다. 이렇게 잘못된 승진 사례가 생기

---

1 Laurence J. Peter, Raymond Hull, *The Peter Principle: Why Things Always Go Wrong* (New York: William Morrow & Co., 1969).

면 이후 조직에서는 최고의 인재를 채용하는 데 문제가 생긴다. 조직 구성원들의 불만을 잠재우고 협상하느라 시간과 에너지를 써야 하고, 그러다 보면 어느새 승진이 누구나 하는 당연한 것이 되어 더 이상 강력한 동기부여 수단으로 기능하지 못하게 된다.

● 올바른 승진 공식을 사용하라 ●

승진에 대한 잘못된 접근법으로 인해 생기는 혼란을 방지하려면 피터의 법칙이 발생하지 않도록 올바른 '승진 공식'을 사용해야 한다. 다음 그림에서 보듯이 승진은 고성과, 더 나은 능력, 적합한 직책이라는 세 가지 조건이 모두 충족될 때 이루어져야 한다. 그것이 올바른 승진 공식이다.

고성과   더 나은 능력   적합한 직책

올바른 승진 공식

세 가지 조건을 한 가지씩 살펴보자. 우선 '고성과'는 말 그대로 대상자가 현재의 직무에서 눈에 띄는 성과를 거둔 것을 의미한다. 고성과자들은 대개 현재의 직책에 필요한 역량을 충분히 갖추었을 뿐만 아니라 그 이상의 역량까지 갖고 있다. '더 나은 능력'이란 같은 직책을 놓고 승진 경합을 벌였을 때 다른 동료 경쟁자들과 비교해 더 뛰어난 능력을 지녔음을 보여준다는 것을 의미한다. '적합한 직책'이란 대상자가 새로운 책임과 역할이 요구되는 직책에 적합한 인물이라는 의미이다. 즉 현재의 책임과 역할에서 두드러진 역량을 보여준 것과 별개로, 더 높은 직책이 요구하는 새로운 책임과 역할을 잘 수행할 자질을 갖춘 사람을 승진시켜야 한다는 것이다.

올바른 승진 공식에서 가장 간과되는 것이 바로 '적합한 직책'이라는 조건이다. 새로운 직함을 갖고 승진을 한다는 것은 단순히 지위가 올라가는 것이 아니라 기존과 전혀 다른 책임과 역할을 해야 하는 자리로 옮겨가는 것을 의미한다. 전체 조직 차원에서 확대된 책임과 역할이 부여된 직책을 만들지 않아도 되는 상황에서, 단지 개인 보상 차원에서 누군가를 승진시켜 필요 없는 직책을 맡게 해서는 안 된다. 직함을 바꿔주고 급여를 인상해주더라도 확대된 책임과 역할을 부여하지 않는다면 그것은 엄밀히 말해 승진이라고 할 수 없다. 잘못된 승진은 개인과 조직 모두에게 불필요한 자원 낭비라는 결과를 가져올 뿐이다.

● 승진 절차 현명하게 관리하기 ●

그렇다면 승진을 효과적인 동기부여 수단으로 잘 활용하려면 어떻게 해야 할까? 다음 여섯 가지 원칙을 통해 살펴보자.

첫째, 승진 공식을 준수한다. 가장 중요한 건 승진 공식을 준수하고 여기에서 벗어나지 않는 것이다. 승진 공식에 관해 팀원들과 충분히 대화를 나누고 공유한다.

둘째, 승진 일정을 미리 정한다. 매년 또는 격년에 한 번 정해진 시점에 승진자를 정하는데, 이 승진 일정을 미리 정해서 구성원들과 공유하고 함부로 바꾸지 마라. 팀원들이 언제 승진이 이루어지는지 알고 있는 것이 중요하다. 이런 규정 없이 그때그때 즉흥적으로 승진을 결정하면, 팀원들은 일 년 내내 눈치를 보며 엉뚱한 데 힘을 쏟거나 감언이설로 팀장인 여러분을 힘들게 할 수 있다. 물론 누군가 퇴사를 한다든가 조직 구조 개편으로 공석을 채워야 하는 특별한 상황에서는 예외를 둘 수 있다. 다만 이때도 예외일 뿐 원칙은 아니라는 점을 팀원들에게 분명히 알려야 한다.

셋째, 급히 서두르지 않는다. 승진에 필요한 기간은 직급에 따라 다르다. 조직마다 다르긴 하지만, 대개 낮은 직급의 승진 시간 간격이 더 짧다. 직급이 높아질수록 다음 직급으로 넘어가기 위해 더 많은 시간을 기다려야 한다. 승진 간격이 길어질수록 팀원들은 조바심을 내기 십상이지만, 팀장인 여러분은 여기에 휘둘려 서둘러서는 절대 안 된다. 이 정도면 괜찮다고 생각되는 것보다 약간 더 길게 승진을 기다리게 해도 된다. 성급한 결정으로 잘못된 승진을 시키는 것보다는 그편이 훨씬 더 낫다.

넷째, 기대치를 분명하게 설정한다. 팀원들에게 승진과 관련한 기대치를 최대한 구체적으로 전달한다. 다음 단계로 승진하려면 어떤 준비가 필요하고 어떤 역량을 갖춰야 하는지에 대해 가능한 한 일찍 대화를 시작하는 것이 좋다. 그런 다음 적절한 승진 시기에 대해서도 팀원과 함께 의견을 나누어야 한다. 팀장은 아직 아니라고 생각하는데 팀원 혼자서 승진을 기대했다가 승진 시즌에 깜짝 놀라며 실망하게 해서는 안 된다. 최악의 상황은 자신이 승진할 준비가 되어 있다고 생각하는 팀원에게 갑자기 성과 부진에 관한 이야기를 하는 것이다.

다섯째, 직급별 역량 매트릭스를 작성하라. 직급과 직책에 따른 직무 내용과 범위, 숙달해야 할 역량 그리고 요구되는 리더십 자질을 구체적으로 명시한 '역량 매트릭스'를 작성해서 팀원들과 공유하라. 이 매트릭스는 승진을 위해서 준비해야 할 내용과 함께 준비 과정을 계획하도록 지침을 제공하는 일종의 지도와 같은 역할을 한다. 구체적으로는 다음 직급으로 올라가기 위해 현재의 직급에 요구되는 역량 이외에 어떤 새로운 역량을 추가로 갖춰야 하는지 알 수 있게 해준다. 다만 팀원들이 역량 매트릭스를 방향을 알려주는 지도가 아니라 절대불변의 규칙처럼 받아들이도록 해서는 안 된다. 즉 역량 매트릭스대로 준비하기만 하면 당연하게 승진이 되는 것으로 오해하게 해서는 안 된다. 이러한 팀원들에게는 승진 공식을 다시 상기하도록 해주고 대화를 나눈다.

여섯째, 팀원의 승진에 큰 의미를 부여한다. 승진한 팀원에게 아낌없이 박수를 보내고 마음껏 축하해주어라. 팀원들이 승진을 특별하게 여기도록 하라. 한편으로 나머지 팀원들에게는 해당 팀원이 어떤 성과를 거두었고 어떤 기준을 충족해 승진할 수 있었는지 분명히 전달한다. 팀원들이 승진을 특별한 것으로 여기게 하려면 연중 아무 때나 승진을 발표해서는 안 되며, 준비가 채 안 된 팀원을 서둘러 승진시켜서도 안 된다.

● 직함 문제를 올바르게 다루는 법 ●

승진과 마찬가지로 직함 역시 효과적인 동기부여 수단이 되려면 다음과 같은 네 가지 원칙에 유의해 올바르게 다루어야 한다.

첫째, 직함으로 협상하지 않는다. 채용 협상 시 직함을 조건으로 내세우지 않는다. 간혹 연봉 조건이 받아들여지지 않으면 대신 더 높은 직급을 달라고 요구하는 지원자가 있다. 그 지원자가 정말 탐나는 인재라면 여러분은 그 요구를 들어주고 싶은 마음이 생길 수 있다! 하지만 그 충동을 억제해야 한다. 주어진 책임도 연봉도 적은데 직급만 높은 팀원이 들어오면 조직 구조에 혼란과 균열이 생긴다. 팀 전체적으로 직급이 상향 조정되면서 어느 순간 일반 팀원은 없고 간부만 모여 있는 팀이 될 수도 있다.

둘째, 직함을 남발하지 않는다. 특히 조직을 구성하는 초반에는 임원과 같은 고위직 직함을 신중하게 사용해야 한다. 가령 아직 조직이 작을 때는 마케팅 업무를 총괄하는 사람이라 하더라도 CMO(최고마케팅책임자)와 같은 고위직 직함을 주는 것은 바람직하지 않다. 조직이 더 커져서 정말로 실력 있는 사람을 CMO로 데려와야 할 때 곤란한 상황이 발생한다.

셋째, 내부와 외부에서 다른 직함을 사용하는 것을 허락한다. 영업팀과 같은 일부 부서에서는 외부로 드러나는 직함이 매우 중요하다. 외부 고객은 담당자의 직함이 높을수록 자신이 대우를 받는다고 느낄 수 있다. 따라서 이런 직군의 팀원들에게는 적절하게 높은 직함을 주는 것이 필요하다. 하지만 팀 내부에서는 실제 맡은 책임과 역할에 부합하는 직함을 부여해 직함의 과잉을 경계해야 한다. 이런 경우에는 조직 내부와 외부에서 다른 직함을 사용하도록 허락하되, 그로 인해 혼동이 발생하지 않도록 사전에 팀원과 충분히 대화를 나누는 것이 바람직하다.

넷째, 직급 체계를 일관성 있게 유지한다. 처음 직급 체계를 세우고 직함의 이름을 정할 때 신중하게 해야 한다. 가령 사업 부문의 총괄책임을 맡은 이사 직함을 '총괄이사'로 할 수도 있고 그냥 '이사'라고 할 수도 있는데, 어느 쪽이든 한 가지를 정해서 일관성 있게 유지한다. 직함 이름과 직급 체계를 일관성 있게 유지하는 것은 조직이 확장될 때 특히 도움이 된다.

직함과 승진은 팀원에게 동기를 부여하는 매우 유용한 수단이다. 조직 구성원은 누구나 열심히 직무를 수행해서 이룬 성장과 성공의 결과를 객관적으로 인정받길 원한다. 팀원의 승진 소식을 팀 전체에 공유하는 것은 팀장으로서 승진 당사자를 축하하는 가장 효과적인 방법이며, 동시에 팀원들이 승진을 매우 의미 있는 것으로 여기게 하는 방법이기도 하다.

한 가지 꼭 기억해야 할 것은 승진과 직함은 양날의 검과 같다는 점이다. 승진과 직함이라는 도구를 잘못 사용하면 팀장으로서 엄청난 고민과 심적 고통을 껴안게 된다. 아직 준비되지 않은 팀원을 성급하게 승진시키거나 너무 쉽게 큰 직함을 주게 되면 나중에 반드시 후회할 일이 생긴다. 조직이 발전하고 커져서 더 많은 인재를 필요로 할 때 큰 곤란을 겪을 수도 있다. 그때 가서 누구를 원망한들 아무 소용이 없을 테니, 이번 장을 제대로 읽어두길 바란다.

● 학습을 통해 동기부여를 하는 방법 ●

지금까지 팀장으로서 동기부여를 위한 여러 수단을 어떻게 활용해야 하는지 살펴보았다. 어떤 수단이든 잘못 사용하면 오히려 부작용을 낳을 수 있으니 신중해야 한다는 점도 충분히 강조했다. 팀원들 개개인의 욕구를 잘 파악해 이에 부합하는 동기부여 방법을 사용해야 한다는 원칙 역시 충분히 인지하고 이해했을 것이다.

그렇다면 이제 마지막으로 '학습'을 통해 동기부여를 하는 방법에 관해 살펴보자. 학습은 사람에게 영감을 주고 행동을 유도하는 기본적인 토대로서 매우 중요한 동기부여 수단이다. 학습은 어떤 일을 자기 자신의 힘으로 해내고자 하는 자기주도적인 욕구를 불러일으킨다.[2]

팀원의 도전의식을 고취하고, 새로운 활동을 탐색하도록 격려하며, 끊임없는 학습을 통해 흥미롭고 참신한 아이디어를 고안하도록 지원하는 것은 팀장으로서 여러분이 동기부여 게임에서 승리하는 방법이다. 하지만 이는 그리 쉬운 일이 아니다.

인간은 학습을 좋아하도록 타고났다. 영유아기에는 끊임없이 새

---

2 에드워드 데시(Edward Deci), 리처드 라이언(Richard Ryan)은 내적 동기, 자기결정성 이론, 학습 분야의 선구자적 인물이다. 학습자 스스로 어떤 과제를 성취하고자 하는 내적 동기에 관한 구체적인 내용은 다음 자료에서 확인할 수 있다. Edward Deci, Richard Ryan, "Overview of self-determination theory: An organismic dialectical perspective," Handbook of Self-Determination Research (2002), 3~33.

로운 경험과 자극을 탐색한다. 심리학자 칼 로저스(Carl Rogers)가 언급했듯 아이들은 새로운 것을 탐색하기 위해, 그리고 자신이 마주한 세상을 이해하기 위해 놀이를 한다.[3]

아주 어렸을 때는 아무도 우리에게 뭔가를 배우라고 말하지 않는다. 우리는 그저 새로운 것을 탐색하도록 만들어졌을 뿐이다. 학습은 매일의 우리 행동에 동기를 부여한다.

그러나 나이가 들면 주름이 지고 고작 맥주 몇 잔에 숙취에 시달리며 밤 아홉 시만 되면 졸음이 밀려오듯, 끊임없이 새로운 것을 탐색하고 배우고자 하는 타고난 욕구도 점차 사그라진다. 나이가 들면서 우리는 더는 낯선 세계를 탐험하려 들지 않는다. 현실에 안주한 채 외부 환경을 이해하기 위한 노력을 게을리한다. 끊임없이 새로운 것을 발견하려는 아이 같은 욕구를 잃어버린다.

따라서 훌륭한 팀장은 팀원들의 학습 욕구를 끊임없이 고취해야 한다. 학습 욕구를 고취하기 위해서는 어떻게 해야 할까? 핵심은 팀원에게 도전이 될 만한 일을 주고 그 과정에서 배워나가도록 독려하는 것이다. 하지만 이것만으로 충분하지 않을 수 있으므로, 학습을 통해 팀원들의 동기부여를 돕는 다섯 가지 방법을 다음과 같이 정리해보았다.

3　칼 로저스는 이렇게 말했다. "놀이는 진지한 학습에 위안이 되는 것처럼 회자된다. 하지만 아이들에게는 놀이가 진지한 학습이다."

첫째, 교육이라는 단어 대신 학습이라는 단어를 사용한다. 언어는 인간의 사고에 깊숙한 영향을 미친다. 어떤 단어를 사용하느냐에 따라 대상을 대하는 우리의 마음 자세가 달라진다. 교육은 시작일과 종료일이 정해져 있지만, 학습은 언제나 끊임없이 하는 것이다. 교육은 강사가 주도하지만, 학습은 학습자가 주도한다. 교육의 책임은 조직에 있지만, 학습의 책임은 학습자 본인에게 있다. 이 모든 것이 팀원을 대상으로 하는 다양한 훈련 프로그램을 지칭할 때 교육이라는 단어 대신 학습이라는 단어를 사용해야 하는 이유이다.

둘째, 여러분이 통화나 회의를 할 때 팀원이 옆에 앉아 듣게 한다. 이는 물론 때와 장소를 가려서 해야 하며 팀원이 원하지 않으면 억지로 해서는 안 된다. 팀장인 여러분이 고객사나 협력업체와 통화하는 것을 팀원이 옆에 앉아 듣게 하라. 혹은 조직 내부의 다른 팀장들과 회의를 할 때 옆에 앉아 듣게 하라. 이렇게 하는 것만으로 팀원에게 학습 기회를 제공하고 동기를 부여할 수 있다.

셋째, 큰 프로젝트가 끝나면 '무엇을 배웠는지' 토론할 수 있는 장을 열어준다.[4] 이는 큰 프로젝트를 진행하며 팀원들이 새롭게 경험한

---

[4] 일부 컨설팅회사에는 '하루 슬라이드 만들기'라는 제도가 있다. 이는 하루 업무를 마감하면서 그날 배운 내용을 한 장의 슬라이드로 요약하는 것이다. 이 방식은 특정 아이디어나 가설을 끊임없이 개발하는 데뿐 아니라 흩어져 있는 정보를 하나로 모아 '사용할 수 있는' 것으로 정리하는 데도 도움이 된다. 여러분 팀에도 꼭 적용해보기 바란다.

것들, 신기하고 흥미로운 것들을 자연스럽게 공유하기 위한 것이다. 토론의 장을 열어주면서 '이렇게 배웠으니 다음에는 더 잘해야 한다'는 암시를 줘서는 안 된다. 그러면 부담을 느껴 새롭게 받은 자극과 경험을 충분히 꺼내놓을 수 없게 된다. 스스로 발견하고 깨닫는 자기주도적인 학습 기회를 만들어줘야 확실한 동기부여가 된다.

넷째, 자신이 배운 것을 다른 사람에게 가르치게 한다. 팀원이 뭔가 새롭고 흥미로운 내용을 학습하고 나면, 그것을 다른 팀원에게 가르쳐보도록 독려한다. 배운 내용을 확실하게 자기 것으로 만드는 가장 좋은 방법은 다른 사람에게 가르쳐주는 것이다.

다섯째, 다른 직무를 해볼 기회를 제공한다. 우리는 대개 승진을 통해 사다리를 오르며 수직적 이동에만 초점을 맞춘다. 그러나 부서를 이동하거나 부서를 이동하지 않은 채 직무만 바꾸는 수평적 이동 역시 엄청난 학습으로 이어지며 성장과 발전에 도움이 된다. 팀원들에게 능동적으로 수평 이동을 하면서 끊임없이 학습할 수 있도록 독려한다.[5]

5　업무 순환 프로그램 역시 매우 효과적이지만, 특히 소규모 조직에서는 비용이 많이 들어 실행이 어렵다. 그러나 이른바 미니 업무 순환 프로그램을 개발하면 팀원들은 다양한 역할과 기능을 경험할 수 있고, 이것은 팀원들의 학습과 지속적인 성장에 큰 도움이 된다. 실제 연구 결과 다양한 분야에 전문성을 갖춘 사람(예: 다양한 직무에 노출된 사람)이 훗날 경영진에 오를 가능성이 더 큰 것으로 나타났다! 이 주제에 관한 구체적인 내용은 일리노이대학교 경영학과 신재원 교수의 논문을 찾아보기 바란다.

동기부여라는 퍼즐의 마지막 조각은 팀원에게 학습을 독려하는 것이다. 지적 호기심을 자극하고, 질문을 유도하며, 새로운 시각을 가질 수 있도록 격려하라.

☑ 승진과 직함은 유용한 동기부여 수단이다. 특히 성취욕과 권력욕이 강한 팀원에게는 더욱 그렇다.

☑ 하지만 승진과 직함이라는 도구를 올바로 사용하지 않으면 승진 당사자에게 상처를 줄 수 있고, 팀장으로서 여러분 역시 팀원들에게 동기를 부여하고 인재를 채용하는 임무를 수행하는 데 지장을 받을 수 있다.

☑ 승진은 반드시 세 가지 조건을 충족시키는 공식에 따라야 한다. 즉 현재 직무에서 높은 성과를 냈고, 경쟁 관계에 있는 동료들보다 뛰어난 역량을 갖춘 사람을, 해당 직책이 요구하는 책임과 역할을 제대로 해낼 준비가 되었을 때 승진시켜야 한다.

☑ 어떤 직책으로 승진하려면 어떤 역량을 갖춰야 하는지 그 기대치를 팀원들에게 명확하게 공유한다. 해당 직책에서 요구되는 역량을 구체적으로 기록한 '역량 매트릭스'를 공유하는 것도 방법이다.

☑ 공식적인 승진 일정을 정해서 지키고 연중 수시로 승진을 발표하는 일이 없도록 한다. 승진은 성급한 것보다는 조금 느린 것이 더 낫다.

☑ 직함을 인재를 채용하기 위한 협상 카드로 사용해서는 안 된다. 특히 고위직 직함을 부여하는 것은 나중에 조직이 성장하고 확장했을 때를 고려해 매우 신중하게 결정해야 한다.

☑ 학습은 가장 중요한 동기부여 수단이다. 팀원에게 도전이 될 만한 일을 주고 그 과정에서 스스로 배워나가도록 독려하라.

제3장

일의
의미

수년 전 당시 남자친구와 남아프리카공화국의 외딴 해변을 걷고 있을 때였다. 한 여자가 스태퍼드셔 테리어 한 마리를 데리고 우리 옆을 지나갔다. 그런데 개의 몸에는 커다란 타이어를 매단 줄이 묶여 있었다. 몹시 무거워 보였지만 녀석은 아주 행복한 표정으로 모래 위를 걸었다. 그 광경이 너무 의아해서 우리는 잠시 걸음을 멈추고 여자에게 어떻게 된 일인지 물었다.

　그녀는 입가에 미소를 띤 채 강한 남아프리카공화국 악센트를 구사하며 다음과 같은 이야기를 들려주었다. 그녀는 이 년 전에 자신의 애완견에게 뭔가 문제가 있음을 감지했다. 녀석은 먹지도 않고 맥이 빠진 채 온종일 집에만 있었다. 걱정스러운 마음에 여러 동물병원을 찾아다녔지만, 어느 곳에서도 원인을 밝혀내지 못했다. 육체적 질병으로 괴로워하는 것 같지는 않았다. 그러던 중 어느 수의사가 개 전문 정신과 의사를 추천해 찾아갔다. 의사는 스태퍼드셔 테일러를 만나본 지 몇 분 만에 병을 진단했다. 우울증이었다. 목적 없는 삶 때문에 우울증이 찾아왔다는 것이다. 스태퍼드셔 테리어는 썰매나 수레 등을 끄는 '작업견'인데, 아무런 일도 시키지 않으니 당연한 결과였다. 녀석은 매일 아침 일어날 이유가 없었다. 정신과 의사는 아주 간단한 치료법을 제안했다. 개에게 타이어를 끌고 다니도록 줄을 매어주라는 것, 즉 삶의 목적을 주라는 것이었다. 세상에나! 그것은 확실히 효과가 있었다. 매일 아침 타이어를 끌고 해변을 거닐면서 녀석의 기분은 한결 나아졌다.

우리에게는 모두 자신만의 타이어, 즉 삶의 목적과 의미가 필요하다. 최근 연구 결과를 보면, 20년 전과 비교해 오늘날 직업에서 얻는 만족감과 의미가 훨씬 줄어든 것으로 나타났다.[1] 우리는 자신에게 잘 맞고 좋아하는 일, 자기 삶의 방향에 부합하는 일을 하기 바란다. 또 그 일을 통해 살아가야 할 이유와 삶의 의미를 찾을 수 있기를 바란다. 우리는 더 이상 40년 동안 같은 직업으로 살아가지 않는다. 새로운 역할을 시도하고, 새로운 조직으로 옮기고, 새로운 분야를 탐색하며 삶의 의미와 목적을 추구한다.

이제 여러분은 팀원의 성과를 효과적으로 관리하는 법, 팀원에게 동기부여를 하고 잠재력을 끌어내는 법을 알게 되었다. 다음으로

1　Charles Duhigg, "America's Professional Elite: Wealthy, Successful, and Miserable," *New York Times Magazine* (2019).

살펴볼 것은 팀원들이 자신의 업무와 경력에서 의미를 찾도록 돕는 방법에 관한 것이다.

본격적인 이야기를 시작하기 전에 한 가지 짚어볼 것이 있다. '의미(meaning)'라는 단어에 관한 것이다. 먼저 괄호에 대문자 M을 넣은 의미(M)가 있다. 우리는 수년간의 힘든 노력을 통해 비싼 수업료를 치르며 자기를 탐구하고 새로운 역할을 찾아냄으로써 의미(M)를 찾으려 한다. 많은 사람이 현재의 역할에서 이 의미(M)를 찾기 위해 끊임없이 애쓰며 살아가고 있다고 느낀다.[2]

한편으론 더 작은 '의미'도 있다. 이는 괄호에 소문자 m을 넣어 의미(m)라고 표현할 것이다. 이 의미(m)는 일상에서 얻는 만족, 희열, 호기심을 가리킨다. 하루 일을 마치고 회사를 나설 때의 만족감, 작지만 어떤 변화를 만들었을 때의 희열 같은 것들 말이다. 복잡한 문제를 해결했을 때, 동료와 통찰력 있는 대화를 나눴을 때, 혹은 조직이 직면한 난관을 해결하는 데 핵심적인 역할을 했을 때도 의미(m)를 느낄 수 있다. 내 개인적인 생각이지만, 의미(m)에 집중하다 보면 의미(M)는 시간이 지남에 따라 자연히 따라오는 것 같다. 따라서 크고 난해한 의미(M)를 찾으려 애쓰기보단 일상에서 의미(m)를 찾을 수 있는 일에 집중하는 것이 훨씬 덜 벅차고 부담도 적을 것이다.

---

2   삶의 의미를 찾는 것과 관련해 내가 가장 좋아하는 책은 마이클 싱어(Michael Singer)의 《상처받지 않는 영혼(The Untethered Soul)》이다.

팀장으로서 여러분은 팀원들이 의미(m)와 의미(M) 모두를 찾도록 도와야 하는 위치에 있다. 이어지는 제10강부터는 이 두 가지 의미에 대해 모두 살펴볼 것이다. 일상에서 느끼는 의미를 극대화하기 위해 직무설계를 어떻게 해야 하는지, 팀원들이 삶의 의미를 찾아가는 데에 팀장의 말과 행동이 어떤 영향을 끼치는지, 감정과 정체성이 팀원들의 경험에 어떻게 작용하는지, 팀원들이 좀 더 넓은 범위에서 삶의 의미를 탐색하도록 지원하기 위해 깊이 있는 질문을 어떻게 활용할지 알아볼 것이다.

평생의 직장생활 동안 단 한 명의 팀원이라도 삶의 목적을 찾도록 길을 안내할 수 있다면 그것만으로도 큰 수확이다. 이제부터 팀원 각자가 자신만의 타이어를 찾도록 팀장으로서 길을 안내하는 방법을 살펴보도록 하자.

자기 업무에 대한 인식을
변화시켜라

두 명의 가상 인물인 켈리와 카이샤에 관해 이야기해보자. 두 사람 모두 작은 회사의 인사팀에서 일하는 대리급 팀원이다. 마지막 부분에 깜짝 퀴즈가 있을 예정이니 두 사람의 역할에 관해 서술한 다음 내용을 꼼꼼히 읽어보기 바란다.

켈리의 역할은 신규 직원 채용, 직원 복지 관리, 직원 서류 관리 등 회사의 전반적인 인적자원 관리 업무를 지원하는 것이다. 그녀는 잠재적인 신규 인력 확보를 위해 매일 구인구직 사이트를 확인한다. 그러다 괜찮은 사람이 보이면 프로필을 경영진에 보내고, 채용 여부가 결정될 때까지 기다린다. 때로는 자신이 추천한 사람을 경영진이 채용을 거절했는지 승낙했는지 결과를 듣지 못할 때도 있다. 켈리의 일정은 인사팀 팀장의 지시에 따라 조정되며, 그에 따라 그날그날 해야 할 일들이 결정되기도 한다.

카이샤의 역할은 회사의 인적자원 기반을 탄탄히 구축하고 변화하는 비즈니스 환경이 요구하는 바를 충족시킬 수 있도록 함으로써 회사가 전략적 목표를 달성하도록 돕는 일이다. 카이샤의 중요한 임무 중 하나는 직원들이 입사해서 퇴사할 때까지의 모든 기간에 회사로부터 충분한 지원을 받도록 하는 것이다. 카이샤는 인사팀 팀장과도 긴밀하게 협력하며 일한다. 카이샤의 제안에 따라 인사팀의 전략적 방향이 결정되고, 이후 카이샤는 팀의 전략과 연계해 자신이 해야 할 역할을 찾는다. 카이샤는 일반 직원과 간부급 인사 채용 등과 같은 자신의 업무에 있어서 충분한 재량권을 갖고 있으며, 모든 업무의 시작부터 끝까지 온전히 책임지며 일한다.

자, 여기서 깜짝 퀴즈! 켈리와 카이샤 둘 중 누가 더 자기 일을 의미 있게 여길까? 짐작하겠지만, 카이샤가 켈리보다 자기 일을 더 의미 있게 느낄 가능성이 크다. 이 사례는 역할과 책임이 비슷해 보이는 일을 한다 해도 두 사람이 느끼는 만족감이나 목적의식, 성취감이 서로 다를 수 있다는 점을 잘 보여준다.

이제 나의 질문은 여러분에게로 향한다. 여러분은 어떤 팀장이 되고 싶은가? 마냥 시계만 쳐다보며 회사 건물 1층의 던킨도너츠로 달려가 딱히 맛도 없는 도넛과 커피 사 먹을 시간만 기다리는 팀원을 둔 팀장이 되고 싶은가? 아니면 매일매일 설레는 마음으로 오늘은 어떤 일을 하게 될지 궁금해하며 회사생활에 만족하는 팀원을 둔 팀장이 되고 싶은가? 아마 후자일 것이다.

팀장으로서 여러분은 크게 두 가지 측면에서 팀원들의 회사생활을 의미 있게 만들어줄 수 있다. 한 가지는 '직무설계'를 통해서, 다른 한 가지는 '잡 크래프팅'을 통해서이다. 전자는 팀장이 주도하는 것이고, 후자는 팀원이 주도하도록 팀장이 돕는 것이다. 한 가지씩 구체적으로 살펴보도록 하자.

● 팀원이 일의 의미를 느끼도록 하는 직무설계 방안 ●

직무 내용과 수행 방법, 직무 간 관계 등을 설정하는 '직무설계'는 팀원들이 자신이 하는 일을 의미 있게 여기고 만족을 느낄 수 있느냐 여부에 직접적인 영향을 미친다. 조직심리학자 리처드 해크먼(Richard Hackman)은 팀장으로서 팀원의 업무를 의미 있게 만드는 다섯 가지 조건을 제시하면서, 이 다섯 가지 조건에 집중해 직무설계를 하면 팀원들이 일에서 느끼는 성취감을 고취하고 만족감을 높일 수 있다고 설명했다.[1] 그러면 여러분이 팀장으로서 직무설계를 위한 다섯 가지 조건을 어떻게 선별하고 조합해 팀원들의 '일의 의미' 찾기를 도울 수 있을지 구체적으로 살펴보도록 하자.

첫 번째 조건은 '업무 다양성'이다. 팀원들이 가능한 한 다양하고

---

1 J. Richard Hackman, Gary Oldham, Robert Janson, Kenneth Purdy, "A new strategy for job enrichment," *California Management Review* 17, no. 4 (1975), 57~71.

도전적인 업무를 할 수 있도록 한다. 매일 똑같은 일을 하고 싶어 하는 사람은 아무도 없다. 팀에서 업무를 분담할 때 다양한 역할을 두루 맡을 수 있도록 한다. 방법은 '직무 순환제'를 활용하는 것이다. 팀원은 새로운 업무를 통해 끊임없이 학습하며 의미를 부여받는다.

두 번째 조건은 '업무 독자성'이다. 팀원 한 사람이 하나의 업무나 프로젝트를 처음부터 끝까지 독자적으로 책임질 수 있는 구조를 만들어준다. 가령 데이터를 정리하는 사람, 그것을 분석하는 사람, 종합적으로 결론짓는 사람, 발표하는 사람을 제각기 따로 두지 말고 한 사람이 연구 주제를 정하고 데이터 수집부터 발표까지 전 과정을 아우르도록 하는 것이 좋다. 그렇게 전체를 책임지고 독자적으로 일할 때 팀원들은 일에서 더 큰 의미를 찾을 수 있다. 이를 위해서는 팀원의 업무를 개별 직무가 아닌 프로젝트 단위로 구성하는 것이 바람직하다. 더 나아가 프로젝트를 통해 회사의 '가치 사슬' 전체에 깊숙이 들어가 경험하도록 한다. 이를테면 신출내기 데이터 분석가에게 내부 팀원을 대상으로 분석 결과를 종합하고 발표하는 기회를 주는 것이다. 고객사를 대상으로 하는 발표가 아니더라도 이런 경험 자체가 큰 도움이 될 것이다.

세 번째 조건은 '업무 중요성'이다. 자신이 하는 일이 다른 사람들의 삶에 영향을 미친다는 점을 팀원들 각자가 인지하도록 한다. 대표적인 사례로 나사 조이는 일을 하는 공장 노동자를 들 수 있다. 자신이 조이는 나사가 비행기 브레이크를 단단하게 고정함으로써 연간 수백만 승객의 목숨을 안전하게 지켜준다는 사실을 인지하는 노동자는 자기 일에서 훨씬 더 큰 의미를 발견한다. 방법은 팀원의 업무와 관련된 사람을 좀 더 가까이에서 보는 기회를 제공하는 것이다. 가령 영업을 목적으로 고객과 통화할 때 옆에서 조용히 들어보게 하는 것도 팀원 스스로 자기 일이 고객에게 얼마나 많은 영향을 미치는지 이해하는 좋은 기회이다. 여러분 회사에서 생산하는 제품이나 서비스의 이용 효과를 팀원들이 직접 확인하도록 하는 것도 좋은 방법이다. 여러분이 만약 의료기기업체 기술팀장이라면 자사 제품을 사용하는 고객을 초대해 해당 의료기기로부터 어떤 도움을 받았는지 이야기 나누는 자리를 마련해보라. 조직심리학자 애덤 그랜트(Adam Grant)의 연구 결과에 따르면, 자신이 제공하는 제품이나 서비스 이용 고객을 가까이에서 만나보면 자기 일에 더 많은 의미를 부여함으로써 생산성 및 실적 개선 효과도 커진다고 한다.[2] 또 팀원에게 각자가 하는 일이 팀 전체의 목표 달성에 어떤 역할을 하는지 자주 말해주고 팀원들끼리도 공유하도록 격려한다.

2   Adam M. Grant, Elizabeth M. Campbell, Grace Chen, Keenan Cottone, David Lapedis, and Karen Lee, "Impact and the art of motivation maintenance: The effects of contact with beneficiaries on persistence behavior," *Organizational Behavior and Human Decision Processes* 103, no. 1 (2007), 53~67.

네 번째 조건은 '업무 자율성'이다. 팀원이 스스로 업무 일정을 관리하도록 하고, 업무 진행 절차 역시 스스로 결정하도록 재량권을 줌으로써 자율성과 독립성을 보장한다. 업무의 결과에 대한 기대치를 명확하게 설정하고 알려주되 그 결과를 어떻게 성취할지는 팀원 스스로 결정하도록 한다. 가능하다면 근무시간도 유연하게 조정하도록 허용한다. 즉 시간이 아닌 결과를 관리하라는 것이다. 낮에 일하든 밤에 일하든 팀원의 선택을 존중한다.

다섯 번째 조건은 '업무 피드백'이다. 팀원이 수행한 업무의 결과를 팀장이 인지하고 있음을 알려준다. 팀원이 열심히 애쓰고 노력해서 일한 결과를 팀장에게 보냈는데 아무런 반응이 없다면 어떤 기분일까. 자신이 한 일이 별 의미 없는 일이라고 생각할 가능성이 크지 않을까. 팀원이 업무 결과를 보내오면 반드시 '잘 받았다'라는 회신을 보내준다. 그리고 팀원의 업무를 팀의 전략과 연결 지어 평가해주고, 팀의 다른 프로젝트나 전체 목표에 어떻게 기여했는지도 구체적으로 언급한다. 이를테면 "자네 분석 결과가 어제 회의에서 고객사의 시각을 바꿔놓는 데 결정적인 역할을 했네"와 같은 식의 격려는 매우 효과적이다.

이처럼 팀원이 자기 일에서 의미를 찾도록 돕는 조건들은 얼핏 단순하고 명확해 보인다. 하지만 많은 팀장이 팀의 직무설계를 하고 팀원에게 업무를 배정할 때 이러한 조건들을 간과하곤 한다.

● 잡 크래프팅으로 일에 대한 인식의 틀 바꾸기 ●

그러면 팀원들이 자기 일에서 의미를 발견하고 만족감을 느끼도록 돕는 두 번째 방법을 살펴보자. 앞에서 카이샤와 켈리의 업무를 서술한 내용을 떠올려보면, 업무를 바라보는 인식의 틀에서 커다란 차이가 있다는 점을 알게 될 것이다. 카이샤의 경우 회사의 전략적 목표를 위해 그녀가 맡은 핵심 역할 그리고 그녀가 하는 일이 팀의 성공에 미치는 영향을 주로 서술했다. 반면 켈리의 역할은 조직의 전략이나 목표와 별개로 수행하는 업무에 초점이 맞춰 서술되었다. 누군가는 켈리와 카이샤의 업무가 결국 같은 것이 아니냐고 생각할 수 있다. 그렇다면 같은 일을 하는데도 카이샤의 업무가 더 광범위하고 중요해 보이는 이유는 무엇일까? 그 차이로 인해 어떤 문제가 발생할 수 있을까?

인식의 틀이 우리 생각과 감정에 미치는 영향은 매우 강력하다. 어떤 틀로 자신의 역할을 바라보느냐에 따라 업무에 대한 만족도와 행복감이 크게 달라질 수 있다. 가령 자신의 역할을 조직의 전략 및 목표에 미치는 영향과 연계해 바라보거나 장기적인 성장 목표와 연결해 바라보면 업무에 대한 긍정적인 인식과 만족감이 함께 커진다. 반면에 자신이 하는 일을 조직에 아무런 영향도 끼치지 못하고 장기적인 성장 목표와도 별개인 것으로 인식한다면 그 일에서 만족감을 얻고 어떤 의미를 찾기는 어려울 것이다. 이처럼 주어진 업무를 바라보는 인식의 틀을 변화시켜 자기 일을 스스로 의미 있는 활동으로 만드는 것을 '잡 크래프팅'이라고 한다. 이 개념은 조직심리학자 에이미 브제스니에프스키(Amy Wrzesniewski), 저스틴 버그(Justin Berg), 제인 더턴(Jane Dutton)이 처음 만들었다.[3]

팀원 스스로 업무에 대한 폭넓고 긍정적인 인식의 틀을 갖도록 독려하면 만족도가 커지는 것은 물론 일상 업무에서 더 깊은 의미를 발견하게 된다. 이에 더해 자신의 성장과 학습에서도 스스로 책임의식을 갖게 된다. 다음은 잡 크래프팅을 위한 구체적인 방법이다.

- 우선 현재의 업무를 그룹별로 나누어 기술하는데, 가장 많은 시간이 소요되는 것부터 가장 적은 시간이 소요되는 것까지 구분해 배치한다. 이를 '사전 다이어그램'이라고 부르자.
- 그다음엔 어떤 업무에 시간을 더 쓰고 싶은지 나타내고, 자신의 업무를 더 큰 동기와 목적, 강점과 연계해서 재설계한다. 이를 '사후 다이어그램'이라고 부르자.
- 팀장은 팀원의 직무를 사후 다이어그램과 비슷하게 재설계하도록 돕고 구체적인 방법을 함께 논의한다. 일상 업무 전체가 사전 다이어그램에서 사후 다이어그램으로 한꺼번에 바뀔 수는 없겠지만, 그중에 먼저 실행할 수 있는 것들부터 하나씩 바꿔나가도록 한다.

---

3 Amy Wrzesniewski, Justin M. Berg, and Jane E. Dutton, "Managing yourself: Turn the job you have into the job you want," *Harvard Business Review* 88, no. 6 (2010), 114~117.

스타트업에서 CEO 비서로 근무하는 알렉스의 사례를 살펴보자. 그는 경력 초기에 자신의 진로와 관련한 고민으로 힘든 시간을 보냈다. 처음에는 모든 것이 빠르게 돌아가는 스타트업에서 자신이 맡은 업무에 흥미를 느꼈지만, 어느 정도 시간이 흐르자 자신이 하는 일이 무의미하고 성장 가능성도 없다는 생각이 들기 시작했다. 신생 스타트업의 특성상 승진 기회가 언제 주어질지도 미지수였다. 알렉스는 커다란 벽에 부딪힌 기분이었고, 내년도 자신의 역할과 목표에 대해 생각하니 혼란스럽기만 했다. 이때 알렉스는 잡 크래프팅 활동을 진행하면서 사전 및 사후 다이어그램을 작성했다.

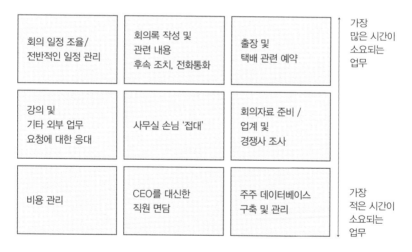

사전 다이어그램 예시 (알렉스, CEO 비서)

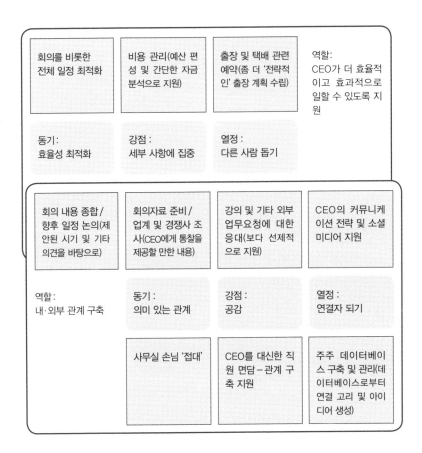

사후 다이어그램 예시 (알렉스, CEO 비서)

이렇게 사전 및 사후 다이어그램을 작성하는 활동은 자신이 어떤 일에 좀 더 시간을 투자하고 싶은지, 어떤 일을 해야 좀 더 만족감을 느끼고 의미를 찾을 수 있을지 논의하는 데 도움이 된다. 또 팀원들의 업무가 조직의 전략이나 목표에 연계되도록 하려면 어떻게 해야 할지 팀장으로서의 생각을 나눌 수도 있다.

잡 크래프팅을 그룹 활동으로 진행하기도 한다. 팀원들은 차례로 자신의 사후 및 사전 다이어그램을 설명한다. 그룹 활동으로 진행하는 이유는 두 가지다. 첫째는 한 팀원의 사후 다이어그램 성취를 위해 팀 전체가 협력할 수 있다는 점이다. 둘째는 팀원들 전체가 각자의 역할과 책임을 제대로 알 수 있다는 점이다. 나는 종종 자신의 동료들이 무슨 일을 하는지 도통 알 수가 없다는 불평을 듣는다. 잡 크래프팅 그룹 활동은 조직 전반에 걸쳐 어느 팀에서 누가 어떤 일을 하는지 이해하는 데 도움이 된다.

이번 제10강에서 단 한 가지만 기억해야 한다면, 팀장의 아주 작은 말과 행동으로 팀원이 자기 일에서 의미를 찾도록 돕고, 이는 엄청난 변화로 이어진다는 점이다. 잠시 짬을 내 이사회 회의에서 논의된 내용을 설명해주는 것, 이메일을 보내 팀원의 업무가 팀의 목표에 어떤 영향을 미쳤는지 이야기해주는 것, 팀원에게 새로운 업무를 경험하도록 기회를 주는 것이 모두 그런 작은 말과 행동이다. 팀장의 이러한 말과 행동은 팀원의 '일의 의미' 찾기에 커다란 도움이 될 것이다.

☑ 팀장으로서 여러분은 팀원들 각자가 일상 업무에서 의미를 찾는 데 도움을 줄 수 있다. 이것은 새로운 직무설계와 잡 크래프팅을 통해 가능하다.

☑ 팀원이 자기 일에서 의미를 발견하도록 하는 직무설계의 다섯 가지 조건에는 업무 다양성, 독자성, 중요성, 자율성, 피드백이 포함된다. 때로는 팀장의 작은 말과 행동이 이 다섯 가지 조건에 큰 영향을 끼칠 수 있다.

☑ 잡 크래프팅은 자신의 일상 업무를 바라보는 인식의 틀을 새롭게 바꾸기 위한 도구이다. 이를 통해 팀원은 자기 일에서 더 큰 동기를 부여받고 중요한 의미와 목적을 발견할 수 있다.

감정을 억누르지 말고
현명하게 관리하라

오래전 새로운 일을 시작할 때였다. 출근 첫날에 나는 CEO인 트레버와 함께 내 역할에 대한 기대치, 회사의 전략 등을 논의하기 위해 밖으로 커피를 한잔하러 나갔다. 커피를 마시며 나는 업무 이야기를 하기에 앞서 내 삶의 몇 가지 단편을 나누어도 좋을지 물었다. 그리고 오래전부터 선망하던 업계에서 한창 성장 중인 젊은 기업의 일원으로 함께하게 되어 너무나 설레고 흥분된다는 마음을 전했다.

그러면서 이력서에는 담지 못한 이야기, 어떻게 지금 이곳까지 오게 됐는지에 관한 내 개인적인 이야기를 들려주었다. 구체적으로는 2년 전 남동생의 갑작스러운 죽음으로 내 삶이 송두리째 흔들릴 수밖에 없었던 일련의 과정을 설명했다. 이후 나는 개인적인 가치와 좀 더 잘 맞는 쪽으로 진로를 변경하기로 했다. 새로운 시작을 앞둔 지금은 만반의 준비를 끝내고 기대와 설렘으로 가득한 나날을 보내고 있지만, 여전히 가끔은 슬픔과 분노의 파도가 크게 휘몰아치곤 한다. 나는 앞으로 트레버와 깊은 협력 관계를 유지해야 한다는 점을 잘 알았다. 그렇기에 앞으로도 내 감정이 한 번씩 불쑥 튀어나올 수 있고, 이 감정을 억누르면 득보다 실이 많다는 이전 직장에서의 깨달음을 트레버가 알아주길 바랐다. 나는 진실하고 완전한 자아로 회사생활을 하고 싶었고, 완전한 자아에는 여러 가지 감정들도 포함되었다.

내 이야기를 나누자 트레버는 눈물을 글썽였다. 그러고는 첫 출근을 하는 직원과 CEO가 나란히 앉아 우는 광경을 다른 직원이 봤다면 어땠을지 이야기하며 피식 웃고 말았다. 그날 내 이야기의 핵심은 감정도 우리 자신의 일부이므로 좋든 싫든 회사에서도 작동한다는 것을 솔직하게 인정하자는 데 있었다.

● 조직에서도 감정표현을 해야 하는 이유 ●

사실 그날의 대화는 내게 엄청난 공포였다. 처음 사회생활을 시작했을 때 나는 회사에서는 절대로 얼굴에 감정을 드러내서는 안 되며 울어서도 안 된다고 배웠다. 선배와 상사들은 울고 싶은 상황이 생기면 곧바로 화장실로 달려가 거기서 울고 마음을 추스른 후에 나오라고 조언했다. 연차가 쌓여 관리자급이 되면서 상황은 조금 나아졌다. 내 방문을 닫고 조용히 울 수 있었으니 말이다. 하지만 시간이 갈수록 내 진짜 감정을 표현하지 않는 것이 상황을 더 악화시킨다는 사실을 깨달았다. 조금이라도 화가 나면 당장이라도 폭발할 것 같은 분노가 몰아쳤다. 슬픈 감정을 안으로 삭이면서 회의에 참석하면 나도 모르게 멍한 표정을 지으면서 냉담하다는 인상을 주게 되었다. 팀장이 되고 나서는 내 직속 부하들도 나와 똑같은 경험을 하고 있다는 사실을 알아채기 시작했다. 때때로 그들은 분노나 절망, 심지어 기쁨의 감정조차 절대 내보이지 않으려 애쓰느라 건강까지 해치고 있었다.

우리 대부분은 직장에서는 감정을 표현하지 않도록, 동료들에게도 진짜 자기 모습을 드러내지 않도록 훈련받았다. 특정 그룹에서는 이런 감정 조절 훈련을 유난히 혹독하게 요구받기도 한다. 자신의 솔직한 감정이나 진정한 자아를 표현할 수 있는 '사회적 허가증'을 누구나 똑같이 가진 것은 아니다. 예를 들어, 흑인 남성들은 사회가 이들에게 가진 편견으로 인해 특정 감정을 억누르도록 더 많은 압박을 느낄 수 있다.[1]

여성들도 마찬가지다. 너무 예민하다거나 감정적이라는 인식을 주지 않으려고 감정을 공유하는 것에 특히 민감할 수 있다.

하지만 우리가 매일 많은 시간을 보내는 회사에서 감정을 표현하는 것이 안전하지 않다면 어떻게 될까. 감정을 감추느라 많은 시간

---

1 정체성과 감정 그리고 둘의 상호작용에 관한 연구 결과는 무수히 많다. 그중에서 보비 스미스(Bobby Smith)의 조언이 이번 제11강의 초안을 쓰는 데 큰 도움이 되었다.

과 에너지를 쓸 테고, 결국 회사생활에 공허감을 느끼고 완전히 지쳐버릴 것이다. 이 문제에 대한 손쉬운 해결책은 팀원들이 솔직한 감정을 마음 놓고 표현할 수 있도록 팀장이 돕는 것이다. 다만 조직에서의 감정 문제는 복잡하고 역설적이기까지 하다는 점을 이해하고 염두에 두어야 한다. 팀원들이 직장에서 자신의 감정을 솔직하게 나누도록 하는 건 중요하다. 그러나 부정적인 것이든 긍정적인 것이든 모든 감정은 빠르게 퍼져나가는 특성이 있다는 점, 팀원 한 사람의 감정이 나머지 팀원들에게 꽤 깊은 영향을 미칠 수 있다는 점을 미리 알고 있어야 한다.

● 감정 노동을 하는 팀원들을 돕는 방법 ●

감정을 어떻게 관리해야 할지 이야기하기에 앞서 복잡하고 역설적인 감정의 특성과 더불어 그것이 회사생활에 어떤 방식으로 영향을 미치는지에 대해 먼저 살펴보기로 하자.

먼저 우리는 감정을 억누르기 위해 생각보다 많은 에너지를 쏟아야 한다. 이를 사회학자 앨리 혹실드(Arlie Hochschild)는 '감정 노동'이라는 단어로 설명했다. 그가 설명한 감정 노동이란 감정을 조절하기 위한 정서적·심리적 노동을 의미한다.[2] 이 같은 감정 노동은 특히 내면의 감정이 외면의 감정과 일치하지 않을 때, 내가 실제로 느낀 것과는 다른 감정을 표출하느라 많은 에너지를 쏟을 때 발생한다. 예를 들어, 아침에 기분 나쁜 일이 있어서 속으로는 무척 화가 나지만 직장에서는 환한 웃음으로 고객을 맞아야 할 때 내 몸과 마음은 감정 노동 상태로 볼 수 있다.

감정 노동은 팀원의 일과 삶에 악영향을 끼치므로 팀장으로서 반드시 이해해야 할 매우 중요한 개념이다. 특히 고객과의 접점에서 일하는 팀원들은 과중한 감정 노동에 시달리며 극도의 피로감을 경험하기도 한다. 이처럼 감정 노동을 많이 해야 하는 팀원들에게는 더욱 신경을 써서 일과 중에라도 반드시 자기 내면의 솔직한 감정을 드러낼 시간을 갖도록 도와야 한다. 울컥하는 마음에 상사 앞에서 한바탕 눈물을 쏟고 나면 얼마나 시원할지 상상해보라(그만큼 당황스럽게도 하겠지만). 감정을 쌓아두지 않고 그렇게 흘려보내고 나면 한결 가벼운 마음으로 일에 집중할 수 있을 것이다.

코로나19 팬데믹이 한창일 당시 카라는 돌봄 코디네이터팀을 이끌고 있었다. 이들 돌봄 코디네이터는 노인이나 만성질환 환자, 바이러스 감염 위험이 큰 환자의 가족들을 지원하느라 온종일 전화통을 붙잡고 지냈다. 가족들과 한명 한명 통화하면서 그들이 받을 수 있는 추가적인 돌봄 서비스에 대해 침착한 목소리로 친절하게 안내

---

2   지난 몇 년 동안 감정 노동이라는 용어는 여러 집단에서(대부분은 여성) 모든 형태의 무급 노동까지 포함하는 의미로 확대되었다(예: 사무실 행사 준비, 이별한 친구 이야기 들어주기, 배우자의 감정 욕구 채워주기). 물론 이러한 감정 노동은 직장에서도 중요한 역동성을 지니고 있고 효과적인 팀 운영에도 꼭 필요한 부분이다. 하지만 이 책에서는 감정 노동의 본래 뜻으로만 사용하겠다.

해야 했다. 어느 순간 카라는 팀원들이 평소보다 많이 지쳤다는 걸 알아챘다. 자세한 내막을 살펴보니 팀원들은 강도 높은 감정 노동을 하고 있었다. 내면에서는 팬데믹19로 인한 불확실성에 큰 압박과 불안을 느끼면서도 겉으로는 침착하고 냉정한 모습을 보여줘야 했기 때문이었다. 심지어 자신의 가족이 아프거나 피해를 입은 상황에서도 힘들고 불안한 마음을 감추고 다른 환자들의 가족을 보살펴야 했다. 이런 상황을 파악한 카라는 매일 업무 시작 전후 잠시 시간을 내어 코디네이터들이 자신의 솔직한 감정을 드러낼 수 있도록 도왔다. 팀원들은 억눌리고 답답한 속마음을 드러냈고, 감정 노동의 양과 강도가 미미하게나마 줄어들었다.[3]

감정 노동을 다루는 가장 손쉬운 방법은 자기 내면의 감정을 자유롭게 표현하도록 해주는 것이다. 팀장으로서 여러분이 할 일은 그렇게 마음껏 감정을 표출할 시간과 공간을 만들어주는 것이다. 다만 감정을 솔직하게 드러내도록 격려하는 조직 문화로 탈바꿈하기에 앞서 꼭 알아두어야 할 것이 있다. 그것은 바로 감정이 지닌 엄청난 전파력이라는 속성이다. 노골적인 경멸이나 극도의 불안과 같은 부정적 감정을 솔직하게 표출했을 때 그 감정이 조직에 미칠 영향을 고려해야 한다는 것이다.

---

3   한 가지 재미있는 사실은 심리학자와 사회학자들은 감정 노동을 표면적 행동과 내면적 행동을 통해 설명한다는 점이다. 표면적 행동은 근로자가 실제로 느끼지 않는 감정을 표현할 때 발생한다. 반대로 내면적 행동은 근로자가 업무나 조직의 기대와 기준에 부합하기 위해 자신의 감정 상태를 더 좋게 변화시키고자 노력할 때 발생한다.

● 부정적인 감정 전이의 고리를 끊어내기 ●

한 사람의 감정이 즉각적으로 그리고 무의식적으로 다른 사람에게 전파되는 것을 '감정 전이'라고 한다. 행복, 짜증, 두려움이라는 바이러스에 감염되는 질환을 떠올리면 된다. 사례를 들어 살펴보자. 어느 날 르네는 고양이를 잃어버려 수심이 가득한 얼굴로 팀 회의에 참석했다. 그녀는 어깨가 축 늘어져서는 몹시 낙담한 얼굴로 회의실에 들어섰다. 회의가 시작되었을 때도 여전히 눈의 초점을 잃은 채 맥빠진 말투로 느릿느릿 말을 이어갔다. 신기하게도 다른 팀원들 역시 르네의 말과 행동을 따라 하기 시작했다. 그들 자신은 의식하지 못한 채 그렇게 하는 것 같았다. 평소 늘 활기 넘치던 팀 회의가 낙담하고 우울한 분위기에서 진행되었다. 팀원들은 회의실을 떠나서도 그 감정을 회사에서 만나는 모든 사람에게 그대로 전파했다. 르네는 그날 하루 회사 전체에 퍼진 우울함이라는 바이러스의 최초 전파자가 자신이라는 사실을 전혀 알지 못했다.

팀원들의 감정을 관리해야 하는 팀장으로서 '감정 전이'는 매우 중요하게 다루어야 할 문제이다. 우리는 사람들이 특정 방식으로 행동하는 이유를 이해하지 못할 때 그 원인을 엉뚱한 곳에서 찾게 된다. 특히 팀이 전체적으로 부정적인 감정 상태에 있으면 팀원들은 무의식적으로 모든 판단을 부정적으로 하게 될 가능성이 크다.

팀장이 감정 전파자일 때 감정은 더 쉽게 퍼져나간다. 여러분이 만면에 미소를 띠고 사무실에 들어오면 팀원들도 미소로 화답할 가능성이 크다. 회사의 앞날에 대한 불안을 드러내놓고 표출한다면, 팀원들은 십중팔구 이를 알아차리고 같이 불안해할 것이다. 팀장으로서 여러분은 특정 감정의 확산을 멈추거나 더 퍼져나가도록 할 수 있다.

한 가지 재미있는 사실은 어떤 감정은 특정 업무에 유난히 도움이 된다는 점이다. 가령 창의적인 브레인스토밍을 할 때는 절제된 감정보다 약간 들뜨고 흥분된 감정이 도움이 된다. 반대로 예산 업무나 보고서 편집 업무를 할 때는 약간 다운된 감정이 도움이 된다.[4] 팀원 한 명이 상을 당했을 땐 팀에 슬픈 감정이 전파되는 게 적절하다. 하지만 짜증 섞인 감정이 확산되면 업무에 전혀 도움이 안 되므로 팀장인 여러분이 그 고리를 끊어내야 한다.

요컨대 솔직한 감정표현을 독려할 때는 한 가지 유의해야 할 것이 있는데, 다른 팀원들에게 무의식적인 영향을 끼칠 수 있다는 점이다. 그 영향은 팀 전체에 도움이 될 수도 있고 그렇지 않을 수도 있다. 이것이 바로 '감정의 역설'이다.

---

4 직장 내 감정의 영향력은 깊고 다양하게 연구되었다. 과거 연구 결과 서로 다른 감정 상태는 판단이나 의사결정, 창의력, 사교활동, 위험 감수 같은 결과에 영향을 미치는 것으로 나타났다. 좀 더 자세한 내용은 다음 자료를 참고하기 바란다. Arthur P. Brief, Howard M. Weiss, "Organizational behavior: Affect in the workplace," *Annual Review of Psychology* 53, no. 1 (2002), 279~307.

● 팀원의 감정을 효과적으로 관리하는 방법 ●

감정 전이의 위험을 인지한 상태에서 팀원들이 솔직한 감정과 진정한 자아를 표출하도록 돕기 위해서는 어떻게 해야 할까. 지금부터 그 방법을 구체적으로 알아보자.

첫 번째는 '깊이 있는 질문하기'이다. 팀원들이 내면의 감정을 표출할 수 있도록 질문을 던지는 것이다. 팀원들과 일대일 상담을 통해 솔직한 감정을 묻고 표출하는 시간을 갖되, 이를 정례화하면 더욱 좋다. 팀원들에게 감정이 어떤지를 묻는데, 이때 '괜찮다'라는 대답보다는 다른 반응에 더 깊은 관심을 기울여야 한다. 팀원들이 솔직한 감정을 드러낼 수 있도록 하려면 내면으로 향하는 깊이 있는 질문을 해야 한다. 상대의 감정을 한 단계 더 깊이 들여다보기 위한 질문을 기능의학 분야 전문가인 마크 하이먼(Mark Hyman)은 "저 아래에 무엇이 있는가?"를 묻는 질문이라고 불렀다.[5] 그저 생각날 때마다 한 번씩 묻기보다 정기적으로 이런 질문을 하다 보면 팀원들은 자신의 감정을 훨씬 편안하게 드러내기 시작할 것이다. 속마음을 드러내는 게 좀처럼 편해지지 않는 사람도 있을 텐데, 그래도 괜찮

5　마크 하이먼(Dr. Mark Hyman)은 이 개념을 비벡 머시(Vivek Murthy)와의 인터뷰에서 언급한 바 있다. 이들은 외로움의 영향과 함께 내면으로 향하는 질문이 깊은 고립감과 싸우는 데 도움이 된다는 것을 주제로 논의했다. 이 인터뷰의 제목은 〈*Why Loneliness is a Public Health Issue*〉이며 다음 팟캐스트에서 찾아 들을 수 있다. www.drhyman.com.

다는 점 역시 알아두자.

두 번째는 팀장으로서 '본보기'가 되는 것이다. 여러분이 먼저 속마음을 드러냄으로써 본보기가 되는 것도 팀원들의 감정표현을 돕는 좋은 방법이다. 한번은 대학원 수업을 하며 학생들 앞에서 눈물을 보인 적이 있다. 당시 학생들은 그룹별 집중 토론을 하고 있었는데, 그 모습을 보며 나는 문득 과거에 겪은 커다란 상실의 아픔이 떠올랐다. 내가 날것의 감정을 그대로 드러내자 학생들도 같은 모습을 보였다. 더욱 놀라웠던 것은 학생들이 이전보다 훨씬 다양한 감정을 수용할 수 있게 되었다는 점이다. 학생들은 슬픔이든 기쁨이든 자신의 감정을 훨씬 편안하게 공유했다.

세 번째는 팀원들에게 '감정 전이'의 개념을 설명하고 공유하는 것이다. 불편한 감정을 함께 나누도록 독려하면서 제멋대로 확산하는 감정의 전파를 중단하는 데 팀원 개개인이 기여할 수 있음을 이해시킨다. 그보다 더 좋은 것은 팀 회의 시작에 앞서 전체적인 분위기를 재빨리 점검하는 것이다. 각자의 감정 상태가 어떤지 돌아가면서 짧게 이야기하는 규칙을 만든다.

네 번째는 어떤 감정이든 피하지 말고 '정면 대응'한다. 좋은 감정이든 나쁜 감정이든 멍청해 보이는 감정이든 일단 인정하고 직면한다. 긍정적인 감정을 확산하는 성공적인 결과나 기념비적 사건은 진심으로 축하하며 기념한다. 또 강력한 부정적 감정을 유발하는 상황도 공개적으로 인정한다. 즉 어떤 감정이든 표출되었을 때는 피하지 말고 정면으로 대응하라는 것이다. 긍정적인 감정이든 부정적인 감정이든 팀 내에 떠오를 땐 정면으로 대응하라는 것이다. 우리는 특히 직장에서 누군가의 감정을 상하게 하는 것을 극도로 꺼리는 탓에 '죄송합니다'라는 진심 어린 사과조차 하지 않을 때가 있다. 그러나 의도치 않게 부정적인 감정을 유발하는 것보다 그것을 피하는 것이 훨씬 안 좋다.

다섯째는 '감정의 근본 원인'을 파악하는 것이다. 팀원에게 업무와 관련된 감정이 어디에서 비롯되었는지 질문한다. 감정의 원인을 파악하는 것은 팀원 본인에게도 팀장인 여러분에게도 매우 중요한 일이다. 가령 팀원이 곧 다가올 회사 합병 문제로 불안해한다면 그 이유를 물어보라. 일자리를 잃으면 어쩌나 하는 걱정 때문일 수도 있고, 팀장이 바뀔 수도 있다는 사실 때문에 긴장하고 있는 것일 수도 있다. 분노의 감정은 실제로 상실감이나 두려움일 수 있다. 불확실한 감정은 실제로 흥분과 설렘의 감정일 수 있다. 감정의 근본 원인을 파악하면 팀원들이 자신의 감정을 좀 더 잘 다루도록 도울 수 있다.

● 서로 다른 감정을 인정해주어라 ●

감정 관리와 관련해 마지막으로 하고 싶은 제언은 어떤 상황에서 팀원들이 제각기 다른 감정 반응을 보일 수 있다는 점을 이해하고 이것을 자연스럽게 인정해야 한다는 점이다. 우리는 어떤 상황에서 지배적인 감정에 순응하면서 자신의 다른 감정은 감추려고 한다. 같은 상황에서 서로 다른 감정을 느낄 수 있음에도 그런 다른 감정을 표출함으로써 자신이 속한 그룹에서 배척당하지 않을까 하는 두려움 때문이다.

직장이라는 사회 시스템에서 팀원들은 시스템에 잘 순응함으로써 중학생 시절 겪은 왕따의 경험을 반복하지 말아야 한다는 사회적 압박을 느낄 수 있다.[6] 그런 이유로 팀원들은 뭔가 독특하다는 인상을 주지 않기 위해 다른 팀원들에 융화되어 지내려 애쓴다.

---

6 직장은 사회 시스템이라는 개념은 호손 연구(Hawthorne Studies)에서 처음 정립되었다. 심리학과 학생이라면 호손 효과(Hawthorne Effect)에 대해서는 누구나 한 번쯤 들어봤을 것이다. 이것은 연구자가 관찰하는 상황에서는 연구 대상자의 행동이 변한다는 것을 의미한다. 1920년대 서부 전기 공장에서 진행된 연구 프로젝트인 호손 연구는 직장이 곧 사회 시스템이라는 발견을 했다는 데에 큰 의미가 있다. 그러나 당시 이를 아는 학생들은 많지 않았다. 연구 결과 직장 내 집단의 사회적 다양성이 보상이나 처벌보다 생산성에 훨씬 더 큰 영향을 미치는 것으로 나타났다. 직장에서 우리가 특정 방식으로 행동하는 이유는 보너스나 혜택 때문이 아니라 집단의 기준에 부합함으로써 동료들로부터 거부당하지 않기 위해서라는 것이다. 즉 우리가 일을 잘하고 싶은 이유는 처벌이 두려워서가 아니라 집단의 기대를 저버리지 않기 위해서다. 더 자세한 내용은 다음 자료에서 확인하기 바란다. Elton Mayo, "Hawthorne and the Western Electric Company," *Public Administration: Concepts and Cases* (1949), 149~158.

과거의 사례를 하나 들자면, 내가 일했던 회사가 더 큰 회사에 인수된 적이 있다. 당시 일부 팀원은 무척 흥분했다. 더 다양한 자원을 이용해 새로운 방식으로 일하며 경력을 확장할 수 있으리란 기대 때문이었다. 반면 일부 팀원은 상실감에 빠졌다. 이들은 불확실한 미래를 두려워하며 직장을 잃을지도 모른다고 불안해하면서도 그 감정을 숨기려고 했다. 다른 팀원들에게는 겁을 먹거나 불안해하지 않고 씩씩한 것처럼 비치길 원했기 때문이다. 정반대 경우도 있었다. 당시 내가 아는 동료 한 명은 위기의 순간이 되면 아드레날린이 분비되며 오히려 에너지가 충만했지만, 그것을 표현하는 건 불편해했다. 그는 당면한 문제해결에 적극적으로 뛰어들 만반의 태세를 갖췄지만, 나머지 팀원들은 위기로 인해 불확실해진 미래를 불안해했기 때문이다. 그는 위기의 순간에 부정적인 감정으로 대응하는 팀 분위기에 순응하는 것이 못내 부끄러웠지만, 자신의 솔직한 마음을 드러내지는 않았다.

팀장으로서 감정을 관리하는 것은 결코 쉬운 일이 아니다. 감정은 복잡하다. 인간도 복잡하다. 내가 전하고 싶은 마지막 제언은 내가 자란 동네의 교회 입구에 적혀 있던 격언이다. 당시 교회 앞 잔디밭에는 매주 새로운 격언이 걸렸다. 그중 내가 가장 좋아한 격언은 바로 "사방이 감정들로 가득하다. 살살 조심해서 다루어라"라는 것이었다.

☑ 조직에서 감정은 매우 까다로운 문제이다. 회사생활을 할 때 우리는 감정을 숨기도록 배우지만, 이는 온전한 자기 자신으로서 업무에 임하지 못하는 이유가 되기도 한다.

☑ 감정 노동은 자기 내면의 감정과 밖으로 표출되는 감정이 일치하지 않을 때 발생한다. 감정 노동은 상당한 스트레스와 피로감을 유발하므로 잘 관리하지 않으면 안 된다.

☑ 감정 전이는 한 사람의 감정이 여러 사람에게 빠르게 전파되는 것으로 이는 거의 무의식적으로 일어난다. 특히 부정적 감정이 전이되면 팀 전체에 부정적 분위기가 형성되며 커다란 영향을 미칠 수 있다.

☑ 팀장으로서 여러분은 팀원들에게 솔직한 감정표현을 독려하되 감정 전이로 인한 부작용으로부터 팀을 보호해야 한다.

☑ 사람이 모인 곳에는 그만큼 다양하고 많은 감정이 존재할 수밖에 없다. 크고 작은 조직에서 일하는 여러분은 이런 상황을 피해갈 수 없다. 당황하지 말고 모든 감정을 살살 조심해서 다루도록 하라.

제12강

의사소통은 빠르고
충분할수록 좋다

몇 해 전 나는 빅데이터 스타트업의 초창기 멤버로 합류했다. 전 직원은 연구 조교 에리카를 포함해 다섯 명이 전부였다. 회사 출범 초기에는 임시로 만든 회의실에 CEO까지 다섯 명이 모여 앉아 조직 구성에 관한 계획과 전략을 수립하고 실행했다. 굵직한 의사결정(어떤 조직이 되고자 하는가)부터 소소한 의사결정(창립기념 초대장을 어떤 색깔로 할 것인가)까지 모두 함께 논의했기 때문에 낮은 직급의 에리카 역시 각종 의사결정에서 자신만의 목소리를 낼 수 있었다. CEO가 확보한 주요 정보는 그 즉시 전 직원에게 퍼져나갔다. 정보는 날개를 단 듯 금세 확산했다. 이는 직원들이 자기 일에 상당한 의미를 부여하는 동기로 작용했다.

그렇게 6개월이 지났다. 우리는 직원들을 추가로 고용했고, 그중에는 에리카보다 직급이 더 높은 사람도 있었다. 이후 경영진이 구성되어 중요한 사안은 대부분 이들이 회의를 통해 결정을 내렸다. 회사의 각 기능과 직무를 더욱 전문화하면서 에리카는 자기 일에만 집중할 수 있었다. 에리카는 더 이상 사무실 인테리어나 회사 행사에 대해 논의하는 회의에 참여하지 않아도 되었다. 회사는 우리가 계획하고 기대한 궤도를 따라 성장했고, 모두가 그 성장을 기뻐하고 환영했다. 에리카는 작은 사무실에 옹기종기 모여 앉아 일하는 상황이 영원히 지속하지 않으리란 걸 알았기에 회사의 성장에 따른 여러 변화를 기꺼이 수용했다.

그런데 이상하게도 에리카는 커다란 상실감을 떨쳐낼 수가 없었다. 역할이 줄어든 데서 오는 상실감도, 경영진 회의에 참석하지 못하는 데서 오는 상실감도 아니었다. 더 이상 '아무것도 모르는' 데서 오는 상실감이었다. 이전에는 신규 투자자 영입이나 파트너십 체결처럼 중요한 소식을 CEO가 즉각 공유해주었다. 구성원 모두가 회사에 누가 새로 입사했고 언제부터 출근하는지 등에 관한 정보를 속속들이 알고 있었다. 회사 관련 소식을 외부에서 먼저 듣고 놀라는 일은 한 번도 없었다. 하지만 회사가 성장하면서 상황이 달라졌다. 중요한 정보가 일주일이 지나서야 구성원들에게 전달되었고 많은 정보는 비밀에 부쳐졌다. 모든 의사소통이 예전만큼 매끄럽지 않았다. 에리카는 조직에서 단절된 듯한 느낌을 지울 수 없었다. 자기 일에서도 더 이상 의미나 만족감을 느끼지 못했다.

● 의사소통을 충분히 해야 하는 이유 ●

한창 성장하는 조직에서 일해본 사람이라면 에리카의 사례가 익숙할 것이다. 회사 관련 소식을 훤히 꿰뚫고 있다가 어느 순간 접근이 막혔을 때 느끼는 상실감은 '성장하는' 조직에서 겪을 수 있는 가장 고통스러운 경험 중 하나이며 초창기 멤버들이 넘어야 할 큰 숙제이기도 하다. 이런 고통에는 어떤 진통제를 써야 할까? 답은 간단하다. 의사소통을 더 자주 해서 정보가 막힘없이 흐르도록 하면 된다. 하지만 현업에 바쁜 팀장들은 사안이 발생했을 때 바로바로 팀원들과 공유할 시간을 확보하지 못한다. 혹은 해당 사안이 팀원들과 공유해야 할 만큼 중요하지 않다고 생각하기도 한다. 어떤 팀장은 자신이 의사소통을 충분히 하고 있으며 꼭 공유해야 할 정보를 놓친 적이 없다고 생각한다. 하지만 안타깝게도 그렇지 않을 가능성이 크다.

훌륭한 팀장에게 충분한 의사소통은 필수다. 의사소통이 부족하면 팀원들은 자기 일에서 의미를 찾기 어렵다. 지금부터 팀원들과의 충분한 의사소통을 위한 구체적인 방법들을 살펴볼 텐데, 다른 건 몰라도 다음 두 가지 격언은 반드시 기억했으면 한다. 먼저 조지 버나드 쇼(Goeorge Bernard Show)가 남긴 "의사소통의 가장 큰 문제 하나는 이미 의사소통이 이뤄지고 있다는 망상이다"라는 격언이다. 또 다른 격언은 "반복된 기도만큼 효과적인 건 없다"라는 것이다.

효과적인 의사소통의 첫 번째 규칙은 실제로 의사소통을 하는 것이다. 그리고 두 번째 규칙은 과도하리만큼 의사소통을 하는 것이다. 여러분이 전달하고자 하는 바를 반복해서 말하라. 말하고 또 말하라. 그리고 한 번 더 말하라.

● 의사소통을 충분히 효과적으로 하는 방법 ●

자, 그럼 이제 팀원들이 자기 일에서 의미를 발견하도록 돕는 방법으로 왜 충분한 의사소통이 중요한지, 팀장으로서 어떻게 의사소통을 해야 하는지 구체적으로 살펴보자.

첫째, 효과적인 의사소통을 위해선 기대치를 잘 설정해야 한다. 제1강에서 팀원의 업무와 성과에 대한 기대치를 설정하는 것이 왜 중요한지 설명한 것을 기억하는가? 의사소통에 관해서도 기대치를 설정하는 것이 중요하다. 의사소통과 관련한 가장 큰 문제 역시 명확한 기대치를 설정하지 않은 상황에서 팀원들이 기대하는 것만큼 활발한 의사소통이 이루어지지 않아 실망하게 된다는 데 있기 때문이다. 의사소통에 관한 기대치를 설정할 때는 다음 세 가지를 참조하도록 한다.

◉ 팀원들과 어떤 정보를 공유할지 알려준다(예: 경영진 회의에서 나온 주요 의사결정 사항이나 승진 결정 방식 등).

● 팀원들과 공유하지 않을 정보에 대해 알려준다(예: 이사회 회의에서 나온 구체적인 내용이나 성과개선계획(PIP)을 따르게 될 팀원에 관한 정보 등)

● 팀원들이 스스로 찾아봐야 하는 정보, 팀장에게 요청했을 때 알려줄 정보가 무엇인지 알려준다(예: 팀의 공유 드라이브에서 열람할 수 있는 회의록 등).

이때 한 가지 주의해야 할 부분이 있다. 내가 아는 수많은 스타트업은 투명 경영에 상당한 자부심을 보인다. 문화적 가치로 투명성을 내세우며 회사의 주요 정보에 대해 직원들과 얼마나 개방적으로 공유하는지 강조한다. 또 경영진이 아무것도 숨기지 않는 평등주의 문화를 지향한다. 물론 이론적으로는 너무나 훌륭하고 완벽하다. 그러나 '투명성'이라는 가치는 때로 재앙적인 결과로 이어지고 만다. 사내의 정보들 가운데는 구성원 전체와 공유하기에 적절치 않은 것들도 있기 때문이다. 가령 퇴사자가 생기면 직원들은 관련 내용 전체를 투명하게 공개하지 않는다고 불평하지만, 회사는 법적·윤리적 문제로 인해 해고 사유를 구체적으로 밝힐 수 없다. 혹은 회사가 자본 변동에 관한 정보를 밝히지 않는다고 불평한다. 실제로 얼마 전 한 CEO는 작은 업체 인수를 논의 중인 것에 관해 즉각적으로 공유하지 않았다며 거센 항의를 받았다. 조직의 투명성을 근거로 직원들은 조금만 부주의해도 감당하기 어려운 결과로 이어질 매우 예민한 기밀조차 공유해야 한다고 주장한다.

모든 정보가 의사소통 대상이 될 수는 없다는 점은 분명하다. 따라서 처음부터 기대치 설정을 명확하게 해두는 편이 낫다. 일부 정보는 의사소통 대상이 아니며, 조직 내 모든 정보를 투명하게 공개할 수 없다는 점을 분명히 하는 것이다.[1]

둘째, 의사소통의 내용 못지않게 표현 방식도 중요하다. 똑같은 내용이라도 어떤 언어로 어떻게 전달하느냐가 중요하다는 의미다. 의사소통 언어를 잘 구사하는 팀장은 팀원들이 자신의 역할이 조직과 연결되어 있다고 느끼게 해주고 결과적으로 자기 일에서 큰 의미를 발견하도록 돕는다. 심리학자 니라 리버먼(Nira Liberman)과 야코프 트로프(Yaacov Trope)가 고안한 '해석수준이론(construal-level theory)'에 따르면, 우리가 특정 대상에 관해 말할 때 사용하는 언어가 구체적이냐 추상적이냐에 따라 그 대상에 대한 정서적·심리적·사회적 거리감이 달라진다.[2]

예를 들어, 기술팀이 개발 중인 신상품 출시에 관해 여러분의 운영팀 팀원들에게 설명한다고 가정하자. 여러분은 "알파 파이로 명명된 신규 버전은 이전 버전과 세 가지 기능이 다르다"라고 구체적

---

1 물론 여러분의 조직 문화가 급진적인 투명성을 기반으로 하지 않는 한 그렇다. 예를 들어, 코네티컷의 헤지펀드 업체 브리지워터(Bridgewater)는 완벽한 투명 경영을 내세운다. 회사 내 모든 대화 및 회의 내용은 녹음된다. 이런 조직에서 직원들은 사생활을 기대하거나 바랄 수 없을 것이다.

2 Yaacov Trope and Nira Liberman, "Construal-level theory of psychological distance," *Psychological Review* 117, no. 2 (2010), 440.

인 언어로 설명할 수도 있고, "신규 버전이 이전 버전보다 낫다"라고 추상적인 언어로 설명할 수도 있다. 구체적 언어를 사용하면, 팀원들은 비록 다른 부서 일이지만 신상품 출시를 정서적으로 더 가까이 느끼고 받아들인다. 반대로 추상적인 용어를 사용하면, 팀원들은 신상품 출시를 멀리 떨어져 있는 일처럼 느끼고 기술팀의 신상품 성공 여부에 딱히 신경 쓰지 않을 가능성이 크다.

비슷한 맥락에서 여러분은 구체적인 언어를 사용해 의사소통함으로써 팀원이 조직의 목표와 전략에 연결돼 있다고 느끼고 자기 일에서 의미를 발견하도록 도울 수 있다. 제10강에서 자신이 하는 업무에 직접적인 영향을 받는 사람을 만나거나 이야기를 나누는 것이 일의 의미를 발견하는 데 도움이 된다고 이야기했던 것을 기억할 것이다. 의사소통에서도 마찬가지다. 구체적인 인물에 관한 이야기를 많이 나눌수록 팀원들은 업무에 더 긴밀하게 연결돼 있음을 느끼고 더 많은 의미를 끌어내게 마련이다.

이처럼 특정 개인에게 초점을 맞춰야 하는 이유는 '공감의 붕괴'라는 현상으로 설명할 수 있다.[3] 우리는 대개 한 사람의 희생자(시리아 난민 가족의 어린아이)에게는 동정심을 느끼면서 재난으로 피해를 본 대다수 사람들(대규모 쓰나미 사상자들)에게는 깊이 공감하지 못한다. 이 같은 '공감의 붕괴' 현상은 조직에서도 흔히 관찰된다.

---

3 Paul Slovic, David Zionts, Andrew K. Woods, Ryan Goodman, Derek Jinks, "Psychic numbing and mass atrocity," *The Behavioral Foundations of Public Policy* (2013), 126~142.

팀원들과 효과적으로 의사소통할 수 있는 몇 가지 방법을 추가로 소개하겠다. 가장 중요한 건 의사소통을 하는 것 자체이고, 그다음으로 중요한 건 반복해서 의사소통하는 것임을 잊지 말자.

- **주간 이메일 발송** : 한 주간 주요 소식을 정리해서 팀 전체에 매주 이메일 보내는 것을 정례화한다. 무척 간단하고 단순한 일이지만, 중요한 점은 날짜와 시간을 정해놓고 규칙적으로 꾸준히 이메일을 발송하는 것이다. 가령 운영, 제품, 사람 등의 영역으로 구분해 내용을 채우는 형식으로 이메일을 구조화하면 중요한 정보를 놓치지 않고 공유할 수 있다.
- **간부급 회의 결과 공유** : 경영진 회의나 간부급 회의에서 나온 주요 내용을 공유한다. 팀장이 정보를 공유하지 않으면 어떤 팀원은 이를 비도덕적 처사로 해석한다. 실제로는 정리가 덜 됐거나 조금 게을렀을 뿐일지라도 말이다. 간부급 회의에서 논의된 주요 내용을 꾸준히 공유하면 팀원들은 회사가 어떻게 돌아가는지 잘 알고 있다는 느낌을 받는다.
- **내부 의사소통 전략 공유** : 여러분의 팀을 위한 내부 의사소통 전략을 종합해서 공유한다. 팀 내부의 회의나 이메일 등 서로 다른 의사소통 채널과 각 채널에서 주고받는 핵심 정보를 간략하게 정리하면 된다.
- **묻고 또 묻기** : 팀 회의 시간에 팀원들에게 질문이 있는지, 모호한 정보나 아직 전달받지 못한 내용이 있는지 묻는다. 이는 매우 단순

한 일이지만 그 결과가 미치는 영향은 절대 단순하지 않다. 특히 팀 회의 시간에 질문이 있는지 매번 확인하는 습관은 의사소통 효과에서 엄청난 차이를 만들어낸다.

한 번은 팀원을 이끄는 몰리를 코칭하며 이야기를 나누었다. 몰리는 새로운 시간제 근무 정책 개발에 많은 시간을 쏟고 있었다. 외부 전문가에 자문한 결과를 경영진과 함께 논의하고, 이후에는 새로운 정책과 함께 그에 수반될 여러 가지 내용을 팀원들에게 전달했다. 그리고 얼마 지나지 않아 팀원들이 새로운 시간제 근무 정책에 대해 제대로 모르고 있다는 것을 눈치챈 몰리는 실망감을 감출 수 없었다. 하지만 몰리는 이 변경 내용을 온라인 회의 때 딱 한 번 언급한 것이 전부였다. 하지만 온라인 회의 때 몰리는 팀원들이 자신의 말에 집중하고 있는지 확인할 수 없었다. 이 누군가는 온라인쇼핑몰 장바구니의 구매 버튼을 누르고 있었을 테고, 누군가는 고객사에 이메일을 보내고 있었을 것이다. 또 누군가는 시사주간지 인터넷 기사를 읽느라 스크롤을 내리고 있었을지 모르고, 다른 누군가는 완전히 다른 곳에 정신을 팔고 있었을지 모른다. 몰리는 자신이 새로운 정책에 관해 의사소통했다고 생각했지만, 그것은 그저 전달이지 의사소통이 되었다고 보기 어렵다. 팀원들은 새로운 정책에 대해 처음 듣는 것이니만큼 그것을 제대로 숙지하도록 하려면 다양한 방식으로 여러 번 전달하고 잘 이해했는지 확인하는 과정이 필요하다. 이런 과정이 있어야 비로소 의사소통한 것이라 말할 수 있다.

☑ 조직이 성장하고 커질수록 의사소통이 어려워지고, 직원들은 이전만
큼 정보에 접근할 수 없게 된다.

☑ 의사소통에서 팀장의 가장 중요한 역할은 의사소통을 미루지 말고 그
때그때 하는 것이고, 다음은 최대한 자주 반복해서 하는 것이다.

☑ 때로 팀원들은 의사소통에 관한 기대 설정이 잘못돼 정보를 주고받는
데 어려움을 느낀다. 어떤 정보가 공유되고, 어떤 정보가 공유되지 않
는지 명확히 하는 것이 중요하다.

☑ 팀원들과 의사소통할 때 사용하는 언어도 중요하다. 구체적인 언어를
사용하면 팀원들은 조직의 전략과 목표를 한층 친밀하게 느낀다.

☑ 팀원 대상 주간 이메일 발송, 간부급 회의 내용 공유, 내부 의사소통
전략 공유 등도 효과적인 의사소통을 위한 방법들이다.

제13강

아름다운 질문으로
생각의 확장을 도와라

몇 해 전의 어느 날 아침, 나는 친구 피오나와 함께 조깅을 하며 인생, 사랑, 일을 주제로 이런저런 대화를 나누었다. 그러다 문득 피오나가 건넨 질문 하나에 나는 그대로 멈춰 서서 일의 '목적'이 무엇인지 생각하느라 깊은 상념에 빠졌다. 피오나의 질문은 "올해 너의 경력과 관련해 아무런 결정을 하지 않으면 무슨 일이 일어날까?"라는 것이었다. 나는 이 질문에 대해서는 물론이고 그해 내 경력에 어떤 변화가 있을 것이란 생각도 해본 적이 없었다. 그저 주어지는 대로 시키는 대로 결정되는 대로 따르며 산더미처럼 쌓인 일을 하고 있었다. 이후 몇 주 동안 내 머릿속에선 피오나의 질문이 내내 떠나지 않고 맴돌았다.

● 생각을 확장하도록 돕는 아름다운 질문 ●

친구와 동료들로부터 정신이 번쩍 들 만한 질문을 마지막으로 받은 게 언제인가? 그 질문은 세상을 이전과는 다른 시각으로 바라보게 하는 질문이었는가? 혹은 생각조차 하지 못했던 분야를 탐색하게 만든 질문이었는가? 아니면 여러분 자신에 관한 생각을 완전히 바꿔놓은 질문이었는가?

철학자 데이비드 화이트(David Whyte)는 이렇게 무언가에 대한 인식과 생각하는 방식을 바꾸고 변화를 가져오는 촉매제 역할을 하는 질문을 '아름다운 질문'이라고 지칭하면서 그 의미를 이렇게 설명했다. "아름다운 질문은 아름다운 생각을 만든다. 그리고 질문하는 것은 물론 대답하는 과정을 통해 여러분의 정체성을 형성하기 시작한다."[1] 이런 질문은 다른 사람에게도 할 수 있지만, 나 자신에게도 할 수 있다. 아름다운 질문은 의미(M) 찾기에도 도움을 준다.

앞에서 우리는 역량 매트릭스 등을 통해 팀원들이 개발하고자 하는 역량을 키우고 성장하도록 돕는 방법에 대해 논의했다. 이때 팀장으로서 여러분은 팀원들에게 자기 경력을 어떤 방향으로 발전시키고 싶은지, 그 목표를 이루려면 어떤 역량이 필요하겠는지 질문한다. 또 성과 관리를 위한 코칭에 대해서도 살펴보았는데, 여러분은 코칭 과정에서 팀원이 어려운 결정을 잘 내릴 수 있는 마음의 근

---

1 Krista Tippett, "The Conversational Nature of Reality," *On Being*, April 6, 2017.

육을 단련하는 데 도움이 되는 질문을 한다. 이때 질문은 자기 마음을 들여다보고 여러 가지 선택지를 점검하는 동시에 다른 사람의 관점에서도 바라보고 생각하도록 유도하기 위한 것이다.

그렇다면 이따금 팀원에게 툭 던지는 질문도 효과가 있을까? 즉각적인 답변은 얻지 못할 수 있지만, 팀원의 마음에 변화를 일으키고 생각이 확장되는 질문을 한다면 어떨까? 그들의 생각과 정체성을 새롭게 변화시킬 수 있는 질문을 한다면 어떨까? 아름다운 질문은 팀원과의 관계를 좀 더 깊이 있게 만들고, 이를 통해 상호 신뢰를 형성하며, 팀원이 일상 업무에 만족감을 느껴 궁극적으로 의미(M)를 찾도록 돕는다.

● 아름다운 질문을 왜 던져야 하는가 ●

아름다운 질문은 영향력이 있다. '답변하는 사람'에게 여러 가지 방식으로 생각해보는 기회를 제공하기 때문이다. 그렇다면 아름다운 질문은 왜 그토록 강력한 효과가 있는지 살펴보도록 하자.

첫째, 아름다운 질문은 '모호성 오류'를 범하지 않도록 해준다. 인간으로서 우리는 모호한 것을 싫어하며, 분명하고 체계적인 것을 좋아한다. 미국의 경제학자 다니엘 엘스버그(Daniel Ellsberg)는 확실성을 선호하고 모호성을 위험으로 인식하여 의사결정을 하는 인지적 오류를 '모호성 오류'라고 명명했다.[2] 모호성 오류라는 심리적 경향으로 인해 우리는 정보가 부족하거나 애매한 선택지는 피하려고 한다. 심지어 더 좋아 보이는 선택지가 있어도 불확실하다는 이유만으로 피할 때도 있다. 아름다운 질문은 우리가 이러한 모호성 오류를 범하지 않도록 도우며, 불확실한 미래의 선택지를 좀 더 편안하게 선택하도록 한다.

둘째, 아름다운 질문은 '현상유지 편향'을 극복하도록 해준다. 인간은 변화를 몹시 싫어한다. 설령 그 변화가 좋은 것이라고 해도 최대한 거부하려 든다. 이는 '현상유지 편향' 때문이다. 우리는 의식적으로든 무의식적으로든 같은 상태를 계속 유지하려고 하는데, 이러한 심리적 경향을 '현상유지 편향'이라고 한다. 이로 인해 우리는 예상 경로 밖을 탐색하거나 이미 정해둔 목표를 벗어나기가 무척 힘들다. 경로나 목표를 한 번 정하고 나면 바꾸려 들지 않는다. 이때 아름다운 질문은 변화를 탐색하도록 독려한다. 질문을 통해 우리는 정해진 길이 잘 포장된 안정된 길인지와는 상관없이 그 길을 벗어나 생각해보는 기회를 얻게 된다. 또 우리 삶을 전혀 다른 관점에서

---

2 다니엘 엘스버그는 '모호성 오류(ambiguity effect)'라는 개념을 개발했을 뿐 아니라 제2차 세계대전 때부터 1968년 5월까지 인도차이나에서의 미국의 역할을 기록한 보고서인 '펜타곤 문서'를 폭로한 인물이기도 하다. 아주 재주가 많은 사람이다. 모호성 오류에 대해서는 다음 자료를 참고하기 바란다. Daniel Ellsberg, Risk, *Ambiguity and Decision* (Routledge, 2015)

생각해볼 수도 있다. 가령 의대를 중퇴하고 새로운 사업을 시작하거나, 좋아하는 도시를 벗어나 새로운 곳에서 새로운 삶을 시작하면 어떨지 그려보는 것이다.

셋째, 아름다운 질문은 '약점'을 드러내도록 독려한다. 아름다운 질문은 두렵고 위험하게 여겨질 수 있는 자신의 취약점을 열린 마음으로 드러내도록 독려한다. 이렇게 되면 서로 신뢰가 쌓이는데, 직장 내 인간관계에서(혹은 전반적인 인간관계에서)의 신뢰 형성은 엄청난 이득으로 돌아온다.[3]

사랑에 빠졌을 때 시도 때도 없이 아름다운 질문이 떠오른 경험이 있을 것이다.[4] 그 이유는 아름다운 질문이 자연스레 약점을 드러내 친밀함을 쌓게 하기 때문이다. 팀원에게 아름다운 질문을 하고 그 답변을 진심으로 경청할 때 여러분은 그들을 진심으로 아끼고 더 깊이 알아가려는 모습을 보여주게 된다. 설령 그 질문이 실질적인 업무와는 별 관계가 없는 것이라 해도 말이다.

---

3 약점과 신뢰의 힘에 대한 좀 더 자세한 내용은 다음 자료를 참고하기 바란다. Brené Brown, A good place to start is her TED Talk: *The Power of Vulnerability*.

4 이것의 가장 대표적인 사례는 맨디 렌 카트론(Mandy Len Catron)의 다음 기사다. "To Fall in Love With Anyone, Do This," Modern Love, *New York Times*, January 9, 2015. 이 기사는 다음 학술 논문을 바탕으로 쓰였다. Arthur Aron, Edward Melinat, Elaine N. Aron, Robert Darrin Vallone, Renee J. Bator, "The experimental generation of interpersonal closeness: A procedure and some preliminary findings," *Personality and Social Psychology Bulletin* 23, no. 4 (1997), 363~377.

● 아름다운 질문을 하는 몇 가지 방법 ●

자, 이제 아름다운 질문의 강력한 효과에 대해서는 충분히 이해했으리라 생각한다. 그렇다고 내일 당장 회사에 출근해 아무런 예고 없이 아름다운 질문 몇 개를 툭툭 던진다면 어떻게 될까? 아마도 팀원들은 여러분을 이상하게 여길지도 모른다. 경험상 다음 몇 가지 방법을 활용해보면 좋을 것 같다.

먼저 새해를 시작할 때 던지면 좋은 아름다운 질문이 있다. 팀원이 새로운 업무를 맡거나 새로운 부서에서 일하게 됐을 때 해도 좋은 질문이다. "내년에 사람들이 자네를 묘사할 때 듣고 싶은 형용사가 있다면 어떤 것인가? 전에는 알지 못했던 본인의 모습 중 올해알게 된 것이 있다면 어떤 것인가?" 이런 질문은 새로운 한 해를 시작할 때 자신이 어떻게 성장하고 싶은지 미래를 그려보도록 하는데 매우 효과적이다.

다음은 상대의 말에 경청하면서 아름다운 질문을 던질 좋은 타이밍을 찾는 것이다. 여러분의 팀원이 앞으로의 진로를 고민하고 있다거나 혹은 무언가 새로운 돌파구를 찾느라 애쓰고 있다면 아름다운 질문을 던질 좋은 타이밍이다. 한 가지 중요한 점은 이런 질문의 목적은 대답을 듣자는 것이 아니란 점을 팀원에게도 알려주는 것이다. 곧바로 대답하지 못해도 괜찮다고 말해주라는 의미이다. 아름다운 질문의 핵심은 머릿속 생각이 흘러가도록 하는 데 있기 때문이다.

팀원들끼리 더 이해하고 가까워지도록 하는 데에도 아름다운 질문이 매우 효과적이다. 가령 이런 질문을 할 수 있다. "여러분의 삶에서 가장 중요한 지침은 무엇인가? 매일 매 순간 여러분의 결정과 행동을 이끄는 주된 욕구와 소망, 동력은 무엇인가?" 특히 팀을 처음 꾸렸을 때나 새로운 팀원이 왔을 때는 이런 질문이 매우 중요하다.[5]

그 밖에도 아름다운 질문은 무수히 많다. 다음에 여러분이 바로 적용할 수 있는 몇 가지 질문들을 소개하겠다. 수년간 코치, 명상수련자, 철학자, 친구와 동료들에게 들었던 질문들을 모아 정리한 것이다.[6]

- 여러분을 진정으로 행복하게 하는 것(사람, 장소, 활동)은 무엇인가? 삶이 고갈되었다고 느낄 때 하기 싫은 행동, 그런 느낌을 받는 장소는 어디인가? 전자를 늘리는 방법과 후자를 줄이는 방법은 무엇일까?
- 여러분의 삶을 완전히 드러낼 때는 언제인가? 여러분의 삶에서 감

---

5 바이오로보틱스 전문가 겸 아마추어 철학자인 내 친구 자크와 함께 공유한 질문 유형은 다음과 같다. "여러분 삶에 가장 중요한 한 가지 원칙은 무엇인가? 매일 매 순간의 결정과 행동을 이끄는 주된 욕구, 소망, 힘은 무엇인가? 이 원칙들에 있어서 이론과 실제의 간극은 어느 정도이고, 이 간극을 최소화하려면 어떻게 해야 할까?"

6 아름다운 질문을 발췌할 수 있는 자료는 무척 많다. 그중에서 내가 가장 좋아하는 자료는 다음과 같다. Byron Katie, *The Work of Byron Katie*, The Baptiste Institute, and Jen Coken's blog www.jencoken.com.

추고 있는 곳은 어디인가? 완전히 드러내 보이지 않는 곳 그리고 드러낼 수 있다고 생각하는 곳은 어디인가?

- 특히 도전적인 문제를 해결하기 위한 여러분만의 특별한 재능이나 남다른 히든카드가 있는가?

- 여러분의 삶에서 가장 내려놓아야 할 것은 무엇인가? 내려놓고 나면 마음이 편안해질 것 같은 것은 무엇인가?

- 아침에 눈을 떠 보니 고민했던 모든 문제가 말끔히 해결돼 있다면 어떻게 될까? 그 문제가 사라졌는지 어떻게 알 수 있을까? 문제가 해소됐음을 알게 됐을 때 여러분은 어떤 느낌이며 어떻게 행동을 달리할 것인가?[7]

- 미래의 삶은 어떤 식으로든 변화하고 진화할 것이라는 가정이 여러분이 느끼는 현재의 만족도에 미치는 영향은 어느 정도인가? 현재 삶에 대한 만족도를 진지하게 재평가해보려면 이 가정은 어느 정도나 먼 미래에 대한 것이어야 할까?

- 지금처럼 영원히 행복하게 살 수 있을까? 그렇지 않다면 지금 여러분의 삶에는 무엇이 빠져 있고, 무엇이 필요하며, 그것을 채우려면 여러분이 가진 어떤 힘을 활용해야 하는가?

---

7 이런 질문을 '기적의 질문'이라고 한다. 코치와 치유자들은 상대방을 괴롭히는 문제가 갑자기 사라졌을 때 세상이 어떻게 보일지 그림으로 나타내보도록 한다.

● 어떤 판단이나 기대 없이 경청하라 ●

우리 삶의 좀 더 큰 질문에 대해 숙고하면서 팀장으로서 막중한 책임을 갖고 팀원들이 업무에서 의미를 찾도록 돕는 방법을 알아보았다. 이 모든 걸 실제 현장에서 적용할 생각에 다소 부담을 느낄지도 모르겠다. 그런데 팀원이 일의 의미를 발견하도록 돕는 방법 중에 아직 설명하지 않은 한 가지가 있다. 그것은 바로 '경청'이다. 즉 팀원과 함께 밖에서 커피 한잔하며 요즘 어떻게 지내는지 묻고 이야기를 조용히 들어주는 것이다. 여러분은 온 마음을 다해 팀원의 이야기를 들어주고, 어떤 이야기든 편하게 할 수 있도록 자리를 만들어주면 된다.

여러분은 필요 이상으로 복잡하게 팀을 관리할 때가 많다. 성과 문제를 해결할 묘책을 생각하느라 몇 시간 혹은 며칠을 쏟아붓는다. 왜 팀원의 사기가 떨어졌는지, 왜 어떤 특정 말이나 행동을 하는지 알아내기 위해 수많은 게임 이론과 로직 트리를 사용해 분석하기도 한다. 또 팀원의 감정 상태를 파악하고 원인을 알아내기 위해 다양한 질문을 고안할 때도 있다. 그러나 정작 여러분이 가장 먼저 해야 할 일은 팀원에게 무슨 일이 있는지 묻고, 어떠한 판단이나 기대 없이 그들의 대답을 귀담아듣는 일이다.

그렇다면 팀원이 편안하게 이야기하고 여러분이 진심으로 경청할 수 있는 자리를 만들려면 어떻게 해야 할까? 이는 쉽고 간단하다. 우선 팀원에게 커피 한잔하러 가자고 요청한다. 자리에 앉으면 요즘 잘 지내는지 기분은 어떤지 물어본다. 그러고 나선 입을 다문다. 이게 끝이다. 중요한 건 정말 아무 말도 하지 말고 꽉 다무는 것이다. 몇 초간 침묵이 이어져도 먼저 입을 떼지 않는다. 침묵을 받아들이고 오직 듣기만 한다. 결국은 팀원이 말할 것이다. 의심스럽다면 꼭 한 번 이렇게 해보길 바란다. 내 말을 믿게 될 것이다.

때로 일의 의미는 아름다운 질문을 통해 발견된다. 피드백과 자율성이 주어질 때도 생겨난다. 지속적인 의사소통을 통해 생겨나기도 한다. 바닐라 라테 한 잔에 생겨나기도 하고, 그저 '안녕하세요'라는 인사 한마디에 생겨나기도 하며, 마음을 열어주는 질문 하나에 생겨나기도 한다.

☑ 아름다운 질문은 기존과는 전혀 다른 관점에서 삶을 숙고하고 미래를 그려보게 해준다.

☑ 아름다운 질문은 여러분의 팀원이 불확실성을 탈피하고자 하는 욕구인 모호성 오류 그리고 같은 상태에 머무르고자 하는 현상유지 편향을 극복하도록 독려한다.

☑ 아름다운 질문은 여러분과 팀원 간 신뢰 형성에 도움을 준다.

☑ 아름다운 질문은 팀 전체에 공감대를 형성하고 역동성을 불어넣는 역할을 한다.

제4장

채용 및
해고

나는 '다시는 하지 말아야 할 일'을 주제로 일기를 쓴다. 이 일기장에는 팀장으로서 어떤 상황에서도 다시는 하지 말아야 할 행동들이 적혀 있다. 이 목록을 보면 과거에 저지른 실수가 떠오르고 그때의 끔찍한 느낌이 되살아나지만, 이내 잊어버리곤 같은 실수를 반복하고 만다.

그 목록에는 어떤 것이 있을까? 이를테면 이런 내용이다. 앞으로 다시는 제대로 준비되지 않았거나 자격을 갖추지 못한 팀원을 승진시키지 않겠다. 앞으로 다시는 팀원에게 직함을 함부로 주지 않겠다. 앞으로 다시는 스타트업의 주식 가치가 기하급수적으로 상승할 것이라고 가정하지 않겠다(그리고 그런 가정하에 금전적 의사결정을 하지 않겠다). 앞으로 다시는 모호하고 불분명한 휴가 정책을 허용하지 않겠다. 앞으로 다시는 제대로 알아보지도 않고 새로운 회사에 들어

가지 않겠다.

두 번 다시 하지 말아야 할 일의 목록에서 가장 많은 비중을 차지하는 것은 채용 및 해고와 관련된 일들이다. 이를테면 이런 것들이다. 앞으로 다시는 제대로 알아보지도 않고 팀원을 채용하지 않겠다. 앞으로 다시는 각종 위험 신호에도 불구하고 모든 일이 잘될 거라는 헛된 희망으로 지원자에게 기회를 주지 않겠다. 앞으로 다시는 역량이 부족한 사람을 해고하는 데 주저하지 않겠다.

우리는 채용 및 해고와 관련해 자주 반복해서 실수를 저지르기 때문에 목록은 끝도 없이 길어진다. 잘못된 채용은 여러분의 삶을 곤경에 빠트린다. 피아노를 배우던 어린 시절로 돌아가 사람을 관리하지 않아도 되는 피아노 연주자가 되면 좋겠다고 생각하게 만든다. 또 직속 부하가 없는 프로젝트에 자원하지 않은 것을 후회하게 만든다. 급기야 막중한 책임이라고는 그저 커피 심부름이나 사내 농구대회 대진표 작성이 전부였던 막내 시절을 그리워하게 만든다.

채용과 해고는 팀장의 역할들 가운데 가장 중요한 부분 중 하나다. 다음에 이어질 제14강부터는 어떻게 하면 채용과 해고를 잘할수 있을지 논의해보겠다. 자신의 역할을 성공적으로 수행할 만한 지원자 선별에 왜 번번이 실패하는지 그 이유를 알아보자. 또 사려 깊고 체계적인 방법으로 신규 직원을 팀에 적응하도록 돕는 것이 얼마나 중요한지 이야기해보자. 이와 함께 유명인의 떠들썩한 이혼이 아니라 평화로운 합의 이혼의 방식으로 해고하는 방법에 대해 구체적으로 살펴보도록 하자.

제14강

효과적인 채용을 위한
면접 절차를 수립하라

영화 〈스파이더맨〉에는 이런 대사가 나온다. "커다란 힘에는 커다란 책임이 따른다." 새로운 팀원을 고용하는 책임은 팀장 업무 가운데 가장 중요한 일이고, 그 결과가 미치는 영향도 매우 크다. 적임자를 채용하면 여러분의 삶은 황홀해진다. 삶 전체가 무지개와 나비, 유니콘으로 가득하다. 그러나 반대의 경우 삶 전체는 악몽으로 바뀐다. 시간은 시간대로 쓰면서 정확한 기준을 적용하지 않거나 면접 과정을 대충 건너뛰면 결국 제대로 된 사람을 채용할 수 없게 된다.

채용 절차를 올바르게 진행하는 것은 면접 대상자 못지않게 여러분과 여러분의 팀에도 매우 중요하다. 훌륭한 팀원을 찾는 것도 중요하지만, 동시에 면접을 비롯한 채용 절차가 지원자들에게 가치 있고 공정하며 따뜻한 대우를 받은 경험으로 남는 것도 중요하다. 많은 사람이 언급하듯 면접은 '단지 채용이라는 목적지가 아닌 그 자체가 여행'이 되어야 한다.

그러면 면접 여행은 언제야 할까. 우선 짧은 사례를 들어보자. 몇 년 전 나는 최종 면접 이후 매우 무례한 방식으로 입사를 거절당한 적이 있다. 면접에서 탈락했다는 소식보다 더 참기 어려웠던 건 두 번이나 이메일을 보내 공손한 말투로 결과를 물었지만 5주나 지나서야 답장을 받았다는 사실이다. 설상가상으로 낙방 소식을 알리는 이메일에는 나를 깔보는 듯한 태도가 역력히 묻어났다. "경험 좀 더 쌓고 2년 후에나 다시 지원하세요."

당시 나는 요가 스튜디오가 아닌 암벽등반센터의 요가 강사 자리에 지원했다. 나는 이미 요가 강사로 활동하고 있었는데, 면접관은 내가 시범 수업에서 보인 요가 자세가 미흡하다며 2년의 수련이 더 필요하다고 말한 것이었다. 그들의 배려심 없는 태도에 나는 몹시 화가 나고 상처도 받았지만 끝내 받아들일 수밖에 없었다. 그렇다면 면접관은 과연 어떻게 말했어야 할까?

그렇게 시간이 지나 뿌연 연기가 걷히고 나자 나는 이번 면접을 통해 얻은 교훈이 무엇인지 깨달을 수 있었다. 바로 지원자 관점에서 느끼는 면접 과정의 중요성이었다. 지원자가 채용 기준에 미치지 못할지라도 거절은 몹시 기분 나쁜 일이다. 면접 결과를 제때 알려 주는 것처럼 사소한 문제가 회사에 대한 이미지를 완전히 바꿔놓을 수 있다. 면접관에게는 24시간이 지루하게 느껴질지 몰라도 면접에 참여하는 사람에게 24시간은 순식간에 지나간 것처럼 느껴진다.

● 체계적이고 일관된 면접 절차가 중요한 이유 ●

채용 절차에서 최고의 인재를 찾는 것 못지않게 조직과 면접 참여자 모두가 긍정적인 경험을 하도록 하는 것 역시 중요하다. 훌륭한 팀장은 이를 위해 체계적이고 일관되며 지원자를 배려하는 공정한 면접 절차를 수립하고 올바르게 적용해야 한다. 체계적이고 일관된 면접 절차란 어떤 것인지 살펴보기 전에 왜 그런 면접 절차가 중요한지에 대해 먼저 살펴보자.

첫째, 채용 이후 더 좋은 결과를 만들기 때문이다. 각종 사회과학적 연구 결과에 따르면, 체계적인 면접 절차를 이용하면 훨씬 더 나은 결과를 만들 수 있다.[1]

즉 체계적인 절차를 통해 채용한 직원들이 입사 후 자신의 역할을 훨씬 더 성공적으로 수행할 가능성이 크다는 것이다. 그러니 제 역할을 충분히 하지 못하는 사람들로 팀을 구성하고, 팀장으로서 여러분의 삶마저 비참해지고 싶다면 두서없이 그때그때 면접 절차를 만들어 사용하면 된다.

---

1 Ann Marie Ryan, Nancy T. Tippins, "Attracting and selecting: What psychological research tells us," in "The Contributions of Psychological Research to Human Resource Management," special issue, *Human Resource Management* 43, no. 4 (2004), 305~318. 미시간대학교 경영대학원과 인적자원관리학회와의 협력으로 출판되었다.

둘째, 필요한 역량을 갖춘 인재를 채용할 수 있다. 체계적인 면접 절차는 여러분이 지원자에게 어떤 역량을 원하는지 구체적으로 표현하고, 해당 지원자가 실제로 그 역량을 갖추었는지 신중하게 판단하도록 돕는다. 우리는 종종 호감 가는 지원자를 만나면 이미 정해둔 자격 요건을 바꾸고 싶은 유혹을 느끼곤 한다. 지원자가 여러분의 팀에서 요구되는 자격 요건을 갖추지 못했음에도 반드시 채용해야 한다고 스스로 설득하는 것이다. 결국에는 필요한 역량을 갖추지 못한 사람(혹은 필요 이상의 역량을 갖춘 사람)을 채용하는 우를 범한다.

셋째, 편견으로 인한 비합리적 판단을 줄일 수 있다. 인간은 누구나 편견을 갖고 있다. 스스로 그 사실을 알든 모르든 관계없이 말이다. 인간은 자신과 비슷한 사람을 좋아하고 자신과 다르게 보이거나 행동하는 사람은 배척하는 경향이 있다. 이러한 경향이 면접에서도 나타날 수 있다. 겉으로 드러나는 표면적인 차이를 이유로 상대방을 제대로 평가하지 않게 되는 것이다. 따라서 체계적인 채용 절차를 마련해 이를 잘 적용하지 않으면, 자신도 모르게 편견이 작동해 인종차별적인 판단까지 하게 된다.[2] 체계적인 채용 절차를 준수

---

2 마리안느 베르트랑(Marianne Bertrand) 및 센딜 멀레이너선(Sendil Mullainathan)의 연구 결과, 흑인이 연상되는 이름을 가진 지원자들을 묵시적으로 차별하는 것으로 나타났다. 자세한 연구 결과는 다음 자료에 수록돼 있다. Marianne Bertrand, Sendil Mullainathan, "Are Emily and Greg more employable than Lakisha and Jamal? A field experiment on labor market discrimination," *American Economic Review* 94, no. 4 (2004), 991~1013.

하면 특정 지원자가 왜 '적절하지 못한지' 합리적으로 평가할 수 있다. 가령 우리가 기대하는 영업사원의 '모습'과 달라서인지, 아니면 성공적인 업무 수행에 필요한 역량이나 경험이 부족해서인지 말이다.

넷째, 지원자들이 더 나은 면접 경험을 할 수 있다. 여러분이 어떤 적임자를 한눈에 알아봤다고 해도 이들은 여전히 면접 과정 전체를 거쳐야 한다. 지원자에게는 면접 과정에서 엄격하고 철저하게 평가받고 있으며 자신의 역량을 증명할 충분한 기회가 주어졌다고 느끼는 것이 중요하기 때문이다. 아무리 유능한 지원자라고 해도 면접 과정을 충실히 거치지 않은 채 채용하면 다른 팀원들이 철저한 검증과 평가 절차를 거쳤는지(그리고 결과적으로 가장 우수하고 능력 있는 동료를 채용한 것인지) 의문을 제기할 수 있다. 또 면접 결과를 제때에 통보하는 절차가 포함된 정확한 채용 절차를 마련하면, 그저 일이 바쁘다는 이유로 통보를 미루는 바람에 합격자를 놓치거나 불합격자의 마음을 상하게 할 가능성이 작다. 물론 여러분이 일부러 결과를 늦게 알리지는 않겠지만, 우선순위를 다른 일에 두게 되면 그럴 위험은 얼마든지 존재한다.

다섯째, 장기적으로는 여러분의 일을 덜어준다. 일단 체계적이고 일관된 채용 절차를 마련해두면 신규 직원을 채용할 때마다 매번 새로운 절차를 만들 필요가 없으므로 장기적으로 보면 팀장으로서 여러분의 일을 덜어준다. 체계적인 채용 절차를 지속해서 준수하다

보면 팀 전체가 어떤 사람을 채용해야 하는지에 관한 같은 수준의 기대와 평가 기준을 갖게 된다. 이에 따라 지원자의 자질을 평가하는 여러분의 역량도 커지면서 면접 진행에 대한 부담이 줄어든다.

● 효과적인 면접 절차를 수립하는 단계별 지침 ●

그러면 이제 채용 절차에서 가장 중요한 면접 절차에 관해 알아보자. 다음은 팀장으로서 효과적인 면접 절차를 수립하고자 할 때 참고할 수 있는 지침들이다.

첫째, 단계별 면접 절차의 윤곽을 잡는다. 단계별 면접 절차를 누가 관장할지, 팀원들 가운데 누가 어떤 업무에 참여할지 결정한다. 면접 단계별 의사결정권자가 누구인지, 의사결정권자의 권한 범위는 어디까지인지 분명히 정한다. 가령 면접관이 특정 지원자에 대한 거부권을 행사하고 지원 자격을 박탈할 권한을 갖는지 정해둔다. 또 지원자 한 사람에게 소요되는 면접 시간, 한 명의 면접이 끝나고 그다음 면접까지의 시간 간격 등 전체 면접 과정의 단계별로 시간을 할당한다. 신원조사 등과 같이 면접 전에 진행해야 할 사항들도 정리해서 미리 처리되었는지 체크할 수 있도록 한다.

둘째, 직무 필수요건 및 추가요건 목록을 작성한다. 신규 채용 인력이 수행해야 할 직무 내용과 이에 따른 필수적인 자격 요건 그리고 직무 수행에 필수적이진 않지만 갖추고 있으면 도움이 되는 추가요건 목록을 작성한다. 직무 필수요건을 갖춘 지원자를 검증하고 채용하되 일부 추가요건에 대해서는 절충해야 할 수도 있다. 각 요건을 명확히 설정하고 요건 검증을 위한 절차를 마련한다. 예를 들어, 제약회사의 재무 책임자를 채용할 경우 재무 계획 및 분석, 예측 모델 수립 등에서 다양한 경험을 가진 인물이 필요하다. 제약회사이므로 생명공학 분야의 경험도 있으면 좋겠지만 최우선 사항은 아니다. 따라서 재무 계획 및 분석 역량은 썩 좋지 않으나 의료서비스 경력을 갖춘 지원자보다는 재무 계획 및 분석 업무에서 탁월한 성과를 보인 지원자를 채용하는 편이 낫다. 강점이 돋보이는 사람을 채용해야 한다.

셋째, 역량 평가에 실질적인 도움이 되는 질문지를 작성한다. 어떤 질문을 해야 지원자의 자질 평가에 실질적인 도움이 되는 대답을 들을 수 있을지 심사숙고한다. 우리는 종종 지원자가 그동안 어떤 일을 했고 그 일을 얼마나 성공적으로 수행했는지에 초점을 맞춰 질문하는데, 이것만으로 지원자의 역량을 충분히 평가하긴 어렵다. 질문지는 지원자의 '행동'을 알 수 있는 질문 중심으로 작성하는 것이 바람직하다. 가령 '당신의 리더십 역량에 의문이 제기됐을 때는 언제인가?'라는 질문이 '당신의 리더십 철학은 무엇인가?'라는 질문보다 훨씬 유용하다. 또 특정 직무 면접에 참여하는 지원자들에게는 모두 같은 질문을 하도록 한다. 그래야 지원자들의 대답을 비교해서 평가할 수 있다. 더 많은 질문에 대해서는 다음 219쪽의 '행동 중심의 면접 질문지'를 참조하기 바란다.

넷째, 모의 활동으로 실질적인 업무 성과를 확인한다. 지원자의 역량을 평가하는 가장 좋은 방법은 실질적인 업무 성과를 확인하는 것이다. 이를 구두상의 면접으로만 확인하기는 어려우므로 실제 업무 내용과 유사한 모의 활동을 준비해 지원자의 직무 역량을 평가한다. 예를 들면, 신상품 홍보 및 마케팅 전략을 수립하고 이를 파워포인트로 작성하도록 한다든가, 특정 프로젝트의 재무 분석 및 예측을 담은 재무모델을 수립하고 시각화하는 작업을 해보도록 할 수 있다. 직접 프레젠테이션을 해보도록 하면 지원자의 의사소통 능력도 평가할 수 있다.

다섯째, 면접관의 평가를 체계적으로 종합하는 절차를 마련한다. 면접이 끝나면 면접관들의 평가와 피드백을 신속하게 종합해서 최종 결과를 산출해야 한다. 이때 피드백은 면접관이 평가한 핵심역량을 중심으로 체계적으로 수집한다. 명확하지 않은 애매한 피드백은 배제한다. 면접관 모두 각자의 피드백을 서면으로 기록하기 전까지는 다 같이 모여 지원자를 평가하지 않는다. 그 이유는 무의식적으로 다른 면접관의 평가에 영향을 받을 수 있기 때문이다. 이는 '정신적 오염(mental contamination)'이라는 개념으로 설명할 수 있는데, 이 내용에 관해서는 제19강에서 구체적으로 살펴보겠다.

　이렇게 면접 절차를 잘 수립해둔다 해도 실제로 면접을 진행할 때 아무런 문제나 혼란이 없을 것이라고 장담할 수는 없다. 사례를 한 가지 이야기해보겠다. 어느 해의 12월에 작은 스타트업에 지원해 면접을 보러 갔던 나는 큰 낭패를 경험한 적이 있다. 오전 시간에 길게 진행된 CEO 대면 면접이었다. 면접 중간에 나는 화장실 사용을 요청했다. 사무실에는 화장실이 한 개였는데, 문을 열면 화장실이 전체가 드러나는 일체식 구조였다. 그런데 나는 문을 제대로 잠그지 않았고, 순간 CEO가 화장실로 걸어 들어와 정면으로 눈이 마주쳤다. 우리 두 사람의 얼굴이 하얗게 질린 것은 물론이고, 화장실 근처에 앉아 있던 직원들의 얼굴까지 충격과 공포에 휩싸였다. 나머지 면접이 진행되는 내내 CEO와 나는 어색함으로 인해 더욱 긴장할 수밖에 없었다. 나는 결국 면접에서 떨어졌다.

　직접 경험해보지 않은 이상 이런 말도 안 되는 상황이 어떻게 일어날 수 있겠는가 하겠지만, 여러분 모두 방심하지 말기 바란다. 여러분의 지원자도 화장실 문 잠그는 것을 잊을 수 있다! 지원자가 자신의 역량을 충분히 증명할 수 있도록 배려하기 위한 환경을 제공하려면 앞에서 설명한 원칙들을 반드시 숙지해야 한다. 여러분의 조직은 문서로 잘 정리된 체계적인 면접 절차를 갖고 있을지도 모른다. 그렇지 않다면 222쪽에 표로 제시하는 '면접 절차 단계별 구성'을 참조하기 바란다.

☑ 자격 요건을 갖췄는지와 별개로 면접에서 떨어지면 누구나 기분이 좋지 않다. 따라서 채용을 거절해야 하는 상황에서는 공감대 형성이 필요하다.

☑ 지원자에게 긍정적인 경험을 제공하고 여러분 역시 효과적인 채용 결과를 얻는 최고의 방법은 체계적이고 일관된 면접 절차를 수립하는 것이다.

☑ 일관된 면접 절차는 여러분의 내재적 편견을 줄이고, 팀장 업무도 한결 수월해지도록 돕는다. 또 일관된 면접 절차는 결과와 관계없이 모든 지원자를 존중하고 공감하도록 보장한다.

☑ 지원자의 자격 요건을 분명히 하고, 검증하고자 하는 역량에 대한 면접 지침 및 평가 항목을 설정하며, 단계별 의사결정권자를 결정한다. 모든 면접 절차는 문서로 작성해두고 일관되게 적용한다.

◈ 행동 중심의 면접 질문지 ◈

업무 성과 / 문제해결

1. 지금까지의 경력 가운데 가장 중요한 성취라고 여기는 단일 프로젝트나 과제는 무엇인가? 업무 계획 수립부터 어떻게 운영했는지, 그것의 성공 여부를 어떻게 평가했는지. 가장 큰 실수는 무엇이었는지 설명하라.
2. 여러분이 이끌었던 프로젝트 가운데 조직에 가장 큰 영향을 미쳤던 프로젝트에 관해 설명하라.
3. 생각지 못한 장애물을 맞닥뜨렸을 때의 경험을 묘사하라. 그런데도 목표를 충족하거나 초과 달성하기 위해 그 장애물을 어떻게 제거했는가?

업무 태도 / 책임감

1. 업무 절차를 개선하기 위해 진행했던 계획에 관해 설명하라. 그 계획은 성공적이었는가? 지금이라면 뭔가 다르게 시도하겠는가?
2. 약속을 지키지 못한 경험에 관해 설명하라. 무슨 일이 있었고, 왜 그 일이 발생했다고 생각하는가?
3. 여러분의 목표에 대해 어떻게 책임지는가? 팀원들이 그들의 목표에 대해 어떻게 책임지도록 하는가? 여러분의 팀이 목표 달성에 실패한 최근 사례를 들려달라.

감성지수 / 대인관계

1. 지금까지 일과 관련해 얻은 가장 중요한 교훈은 무엇인가? 그 교훈이 미래의 의사결정 및 업무 방식에 어떻게 영향을 미쳤는지 설명하라.
2. 함께 일했던 최악의 팀장 또는 최악의 경영진은 어떤 사람이었나? 그렇게

생각하는 이유는 무엇인가? 그들과 함께 일할 때 여러분은 어떤 대처를 했는가?

3. 현재 개발 중인 기술이나 역량은 무엇인가? 이들을 어떻게 개발하고 있는가? 특정 역량을 보완하기 위해 동료의 도움을 받은 적이 있는가?

4. 직장 내 대인관계에서 가장 힘들었던 점은 무엇인가?

인력관리 / 리더십

1. 지금까지 여러분이 가장 큰 영향을 끼친 팀원은 누구이며, 그 팀원은 지금 어떤 일을 하고 있는가?

2. 팀원을 위해 규칙을 어긴 경험이 있는가? 그렇게 한 이유와 결과에 대해 설명하라.

3. 통제보다는 영향력을 통해 도전적인 목표를 달성한 적이 있는가? 그 상황은 어떻게 만족 또는 불만족스러웠는가?

4. 여러분이 겪었던 가장 도전적인 리더십 위기는 무엇이었는가? 그 위기를 어떻게 다루었으며, 그때의 경험은 여러분이 팀을 이끄는 방식을 어떻게 바꾸었는가?

피드백 / 공유

1. 업무와 관련해 여러분이 받은 최악의 비판은 무엇인가? 그 비판은 오늘날 여러분의 운영 방식을 어떻게 바꾸었는가?

2. 여러분의 CEO나 팀장의 결정에 동의하지 않았던 경험을 공유하라. 왜 동의하지 않았으며, 어떻게 대처했는가?

3. 지금까지 면접 절차에 대한 여러분의 피드백은 무엇인가? 어떤 점을 바꾸겠는가?

목표 / 가치

1. 어떤 계획이나 활동이 조직의 임무 방향과 일치하지 않는다는 이유로 CEO에게 반대 의사를 표시했던 경험에 대해 공유하라. 어떻게 행동했는가? 그 결과는 어땠는가?

2. 지금 몸담은(또는 가장 최근에 몸담았던) 조직의 가치는 무엇인가? 일상 업무에서 그런 가치를 구체적으로 어떻게 지지하는가?

팀 경영 / 변화

1. 팀원을 어쩔 수 없이 내보내거나 해고한 경험이 있는가? 당시 상황과 그 결과는 어땠는가?

2. 역량이 부족한 팀원들을 이끌어본 경험이 있는가? 팀 정상화를 위해 실행한 구체적인 변화나 개선책은 무엇이었는가?

3. 지난해 팀원과 관련해 경험한 가장 힘든 문제는 무엇이었는가? 그 상황을 어떻게 대처했는가?

4. 다른 사람과 일할 때 가장 큰 효능과 행복감을 주는 요인은 무엇인가?

◈ 면접 절차 단계별 구성 ◈

※ 이러한 단계별 구성은 모든 지원자가 똑같은 면접 절차를 거치도록 하기 위한 것으로, 아래 내용을 참조하되 각 상황에 맞게 조정해 사용하도록 한다.

1단계: 선별	2단계: 현장 면접	3단계: 업무 평가/ 리더십 모의 평가	4단계: 제안 및 적응
① 역할 정의: 구체적인 직무 분석표와 함께 해당 직무에 '반드시 필요한' 핵심 역량을 기술	① 첫 번째 면접: 일반적인 면접	① 추가 면접 또는 필요 시 팀원들과 대화	① 지원자에게 협상 제안 및 연장 제안
② 이력서 선별	② 두 번째 면접: 기능적인 면접	② 평판 조회: 지원자의 추천인 2~3인으로부터(공식적, 또는 비공식적)	② 지침서 제공: 회사 정책에 대한 개요기술
③ 1차 전화 면접 a. 업무와 관련한 전반적인 관심사, 배경, 적합도 테스트 b. 이후 절차가 진행되기 전에 급여나 기타 핵심 기대요건 공유	③ 세 번째 면접: 행동 면접 및 평가	③ 리더십 모의 평가 / 직무 평가: a. 가능하면 평가는 같은 시간 동안 여러 명의 지원자를 대상으로 실시한다. b. 의사결정을 위해 팀원들은 평가가 끝난 직후 모인다.	③ 신입 직원 적응 절차 시작
④ 2차 전화 면접 a. 리더십 역량, 기능적 전문성, 문화적 적합성 테스트	④ 평가: a. 다른 지원자와의 단체 토의, 영역별 지원자 순위 평가 b. 순위별 지원자 토의 진행		

제15강

면접 질문은 실제 행동에
초점을 맞춰라

자, 이제 체계적인 면접 절차의 필요성에 대해서는 충분히 숙지했으리라 믿는다. 하지만 체계적인 면접 절차를 적용하면서도 여러분은 여전히 '공항 테스트'라는 지원자 검증 방식에 의존할지도 모른다. 공항 테스트란 면접관이 자기 자신에게 "내가 어떠한 이유로 공항에 오래 묶여 있게 된다면 이 사람과 있고 싶은가?"라는 질문을 해보는 것이다. 이러한 테스트는 주로 지원자가 여러분의 조직 문화에 잘 적응해 기존 구성원들과 조화롭게 지낼 사람인지 확인하기 위해 해보았을 것이다.

● 공항 테스트가 지닌 친밀성 편향의 위험 ●

하지만 다음에서 보는 것처럼 공항 테스트가 실제로 어떻게 작동하는지 살펴본다면 이를 얼마나 신중하게 사용해야 하는지 알게 될 것이다.

- **실제로 말하는 것** : 2월 중순 눈보라 속에서 여덟 시간 동안 디트로이트공항에 갇혀 있어도 그다지 개의치 않는 사람을 뽑고 싶다.
  ↔ **의미하는 것** : 내 친구를 떠올리게 하는 사람, 같이 맥주 한잔하고 싶은 사람을 뽑고 싶다.
- **실제로 말하는 것** : 조직 문화 적응력이 뛰어나고, 우리 회사 문화

난 팟캐스트를 좋아해요
메인주로 여름캠프를 갔었어요!
내 대학 남자친구가 당신을 알아요!
공항에서 무척 능숙해 보이는군요!

저도요!
세상에! 저도요!
와우! 세상 정말 좁네요!
제가 수다 떨면서 사람 구경하고 회사
경비로 음료수 사 먹는 데는 탁월하니까요!

공항 테스트 : 새로운 절친이 되기에 더할 나위 없다!

를 잘 반영할 수 있는 사람을 뽑아야 해. ↔ 의미하는 것 : 우리 자신을 떠올리게 하는 사람을 뽑아야 해. 우리는 업무 능력이 뛰어나고, 조직 문화에도 완벽하게 적응했으니까. 따라서 우리와 비슷한 지원자가 역량도 우수하고 회사 문화와도 잘 맞을 거야.

우리는 면접 절차를 체계적으로 갖춰놓지 않으면 자칫 객관적이지 않은 평가를 하게 되는데, 그 이유는 인간에게는 자신과 비슷한 사람을 좋아하는 인지적 편향이 있기 때문이다. 이를 '친밀성 편향'이라고도 하는데, 말하자면 외모와 행동이 나와 비슷한 사람에게 무의식적으로 끌리는 것이다. 여러분은 특정 지원자가 붙임성도 있고 유능하고 함께 생활하면 재미있을 것 같아서 좋아한다고 생각하겠지만, 실제는 그렇지 않다. 그 지원자를 보면 자기 자신을 보는 것 같아서 좋아하는 것이다. 여러분은 철저히 자기중심적으로 타고났다. 스스로 업무 능력이 뛰어나다고 생각하기 때문에(그래서 본인의 단점을 찾기가 어렵다) 그런 내 모습이 보이는 사람에게 끌리는 것이다. 이러한 인지적 편향의 위험에도 불구하고 많은 조직이 '문화적 적합성을 검증'한다는 이유로 터무니없는 공항 테스트를 권장한다.

심지어 체계적이고 일관적인 면접 절차를 진행하면서도 여전히 개인적인 직감이나 선호에 따라 사람을 채용하는 위험을 무릅쓴다. 자신과 지원자의 공통 관심사인 팟캐스트 이야기에 푹 빠져 지원자의 중대한 결점을 놓쳐버린다. 그 결과 팀과 조직에 꼭 필요한 인재를 채용하지 못하고 팀의 다양성 확보에도 실패한다. 다양성을 확보하지 못하면 집단 순응 사고를 낳고 혁신을 제한하며 포용성 부족을 초래할 수 있다.

우리는 특정 지원자가 좋은 사람인지, 겸손한지, 배려심이 있는지, 팀원과 조화를 이룰 만한지 알기를 원한다.[1] 그러나 그런 사람을 어떻게 알아볼 수 있을까? 사실 우리의 직감은 편향적이고 결점투성이지만, 그렇다고 직관적인 판단을 완전히 무시하고 객관적인 정보에만 의존하려고 하면 두려울 수 있다. 체계적인 면접 절차에서 직감적 본능을 완전히 배제하려고 할 때도 마찬가지다.

● 공항 테스트 대신 행동에 초점을 맞춘 질문을 하라 ●

그렇다면 주관적인 직감을 배제하면서 지원자의 역량과 더불어 조직 문화 적응력을 잘 판단할 방법이 있을까?

핵심은 앞에서 제시한 것처럼 행동 중심의 질문을 하는 것이다. 이러한 질문의 목적은 지원자가 직무 필수요건을 갖췄는지 정확하고 철저하게 확인하는 것이다. 훌륭한 팀장은 행동에 초점이 맞춰진 질문들을 통해 지원자가 훌륭한 팀원이 될지, 조직에서 중시하

1 　스탠퍼드대학교의 로버트 서튼(Robert Sutton) 교수는 자신의 책에서 이러한 사실을 언급하며 팀장들이 근본적으로 '좋은 사람'을 채용하길 원한다고 지적했다. Robert Sutton, *The No Asshole Rule: Building a Civilized Workplace and Surviving One That Isn't* (New York: Business Plus, 2007).

는 자질을 가졌는지를 판단한다.

옛말에 "반복적인 기도만큼 효과적인 것은 없다"라는 말이 있다. 면접 절차가 왜 체계적이고 일관되어야 하는지, 그리고 왜 행동 중심의 질문이 중요한지 다시 한번 간략히 살펴보도록 하자.

- **왜 체계적이어야 하는가?** 지원자의 전반적인 면모를 검증하기 위해 고안한 질문들을 빼놓지 않고 물어볼 수 있다. 이렇게 되면 지원자도 잘 아는 여러분의 친구 이야기로, 그 친구가 얼마나 좋은 사람인지에 대한 이야기로 20분씩 허비하는 상황을 막을 수 있다.
- **왜 일관적이어야 하는가?** 모든 지원자에게 똑같은 질문을 하면 지원자들의 대답을 서로 비교할 수 있다. 또 무의식적 편견을 줄여 특정 지원자만 '관대하게' 대하거나 편애하는 상황을 미연에 방지할 수 있다.
- **왜 행동에 초점을 맞춘 질문이어야 하는가?** 미래의 상황에 어떻게 할 것인지에 대한 지원자의 생각을 묻는 게 아니라 "과거에 이런 상황에서 어떻게 했는지 말해주세요."라는 질문을 통해 실제로 처한 상황에서 어떻게 행동했는지 확인할 수 있다.

다음은 전형적인 질문과 행동 중심 질문이 어떻게 다른지 보여주는 예시이다.

- **전형적인 질문 :** "우리 회사에는 피드백 문화가 있다. 건설적인 피

드백을 주고받는 데 얼마나 익숙한가?" ↔ **행동 중심 질문** : "최근 6개월 이내에 상사에게 건설적인 피드백을 제공한 적이 있는가? 어떤 식으로 다르게 했는가?"

● **전형적인 질문** : "팀장과 의견이 다를 때가 있는가? 그럴 때는 어떻게 접근하는가?" ↔ **행동 중심 질문**: "팀장과 의견이 달랐던 사례를 통해서 어떤 부분이 어떻게 달랐고, 어떻게 대처했으며, 그 결과는 어떠했는지 이야기해달라.

능숙한 면접 대상자들에게 "팀장과 의견이 다를 때 어떻게 접근하는가?"라는 식의 원칙과 생각에 관한 질문에 답하는 것은 매우 쉬운 일이다. 가령 "네, 저는 팀장님과 항상 의견 충돌이 있습니다. 그럴 때는 데이터를 기반으로 침착하게 접근합니다"와 같은 식으로 어디서 많이 들어본 듯한 내용으로 대답을 그럴듯하게 지어낼 수 있기 때문이다. 하지만 최근의 실제 사례를 앞뒤 상황을 맞춰서 그럴듯하게 지어내는 건 훨씬 어렵다. 사례를 이야기해달라고 하면 지원자는 자신이 어떻게 행동했는지 사실대로 말할 가능성이 훨씬 커진다. 따라서 지원자가 이야기하는 행동 사례를 통해 면접관은 실제 근무 환경에서 어떻게 일할 사람인지 훨씬 정확하게 판단할 수 있다. 즉 조직 문화에 잘 적응하면서도 주도적으로 성장하고 학습하려는 태도가 있는지, 위기 상황에서 신속하게 우선순위를 정해 문제해결을 할 수 있는지 등 많은 것을 평가하고 판단할 수 있다. 그 밖에 실제 행동에 초점을 맞춘 질문을 통해 여러분이 확인해야 할 것은 다음과 같다.

● 실제 조직에서 일할 때 생길 법한 상황을 예로 들어 과거에 어떻게 행동했는지 확인한다.

● 지원자의 문제해결 방식이 해당 직무에서 요구하는 방식과 일치하는지 확인한다.

● 지원자가 팀의 성취와 개인의 성장 중 어디에 더 비중을 두는지 확인한다.

● 어려움이 발생했을 때 끊임없이 남 탓만 하는지, 아니면 주인의식을 갖고 선제적으로 대응하는지 확인한다.

이러한 유형의 질문을 많이 할수록 지원자가 향후 어떤 태도로 업무에 임할지에 대한 단서를 더 확실하게 포착할 수 있다.[2] 다만 모든 지원자가 이러한 질문에 익숙하지 않을 수 있으므로 면접을 보기 전에 예시 질문을 정리한 자료를 보내주기도 한다. 이렇게 하면 좀 더 공평한 경쟁을 할 수 있고 편견을 줄일 수 있다.

또 일부 지원자는 다른 사람보다 생각을 정리하는 데 좀 더 많은 시간이 필요할 수 있고, 그래서 즉석에서 하는 질문에 유난히 힘들

---

2 팀원들과 함께 여러분의 팀이 중요하게 생각하는 겸손, 용기 등과 같은 문화적 가치 목록을 작성하고, 아이디어 회의를 통해 각각의 가치를 평가할 수 있는 행동 중심의 질문을 만들어볼 것을 권한다. 작성하고 나서는 여러분의 팀이 정말 원하는 인재를 잘 걸러낼 수 있는 질문지로 계속 다듬어간다.

어하며 불안해하기도 한다. 그렇다고 이것이 업무 역량이 낮다는 것을 의미하진 않는다. 가장 효과적인 접근 방식은 지원자가 이미 알고 있는 질문과 즉석에서 하는 질문을 적절히 섞는 것이다.

면접을 시작하기 전에는 행동에 초점을 맞춘 질문을 하겠다고 예고하고 지원자에게 어떤 형태의 대답을 원하는지도 간략히 설명한다. 그러면서 간결하고 명확하게 대답해달라고 요청하고, 답변의 정확성을 위해 지원자가 답변하는 도중 면접관이 끼어들 수 있음을 알린다. 다시 강조하자면, 이렇게 지원자에게 답변에 대한 기대치를 미리 알려주는 것은 공정한 평가를 위한 것이다. 미리 분명한 기대치를 알려줘도 어떤 지원자는 여전히 횡설수설할 수 있다. 이때 횡설수설하는 이유가 무엇인지 확실하게 파악하면 지원자의 역량을 정확하게 평가하는 데 도움이 된다. 사전에 답변에 대한 기대치를 알려주지 않으면 횡설수설하는 이유가 너무 긴장해서인지 내용을 잘 몰라서인지 분간하기 어렵고, 이는 정확하고 공정한 평가를 하는 데 걸림돌이 되기도 한다.

자, 그럼 이제 행복한 면접을 하기 바란다. 그리고 공항 테스트에 대한 정답은 다음과 같다. "누군가와 여덟 시간 동안 공항에 갇혀 있는 일은 절대 없을 것이다. 비행기가 연착할 것 같으면 곧바로 쉐라톤공항으로 달려가 자판기에서 마실 걸 뽑아 비행기가 뜰 때까지 영화 〈브라보〉를 볼 것이다."

☑ 정말 필요한 인력을 올바로 채용하는 것이 어려운 이유는 여러분의 심리적 편견 때문이다. 자기 자신과 비슷한 사람에게 무의식적으로 끌리는 '친밀성 편향'이 대표적이다.

☑ 여러분의 주관적 직감이나 선호도에 따라 인력을 채용하면 두 가지 중요한 문제에 봉착하게 된다. 하나는 조직 내부에 생각, 경험, 배경의 다양성이 줄어든다는 것이다. 다른 하나는 여러분이 실제로 필요로 하는 기술과 역량을 가진 인재 채용에 실패한다는 것이다.

☑ 주관적인 심리적 편향을 줄이고 지원자가 여러분의 팀에서 꼭 필요로 하는 자질과 역량을 지닌 인재인지 확인하려면, 체계적이고 일관적이며 행동에 초점을 맞춘 질문을 중심으로 면접을 진행해야 한다.

☑ 행동에 초점을 맞춘 질문들을 통해서 지원자가 과거의 문제 상황에서 실제로 어떻게 행동하고 반응했는지 파악한다. 이는 앞으로 여러분의 팀에서 일하게 될 때 지원자가 어떻게 업무에 임할지 알려주는 가장 확실한 단서를 제공한다.

제16강

신규 입사자의 조직 적응을 체계적으로 도와라

블라우스와 재킷의 매무시를 고치고 머리카락은 귀 뒤로 넘기면서 엘리베이터 문을 거울삼아 재빨리 치아 상태가 깨끗한지 확인했다. 심호흡을 몇 번 하면서 쿵쾅거리는 심장을 진정시키고는 사무실로 안으로 들어섰다. 긴장과 불안, 흥분과 공포가 한꺼번에 밀려들었다. 동료들이 날 싫어하면 어떡하지? 출근 첫날 말실수라도 하면 어떡하지? 상사가 나를 두고 자격도 없는 사람을 잘못 뽑았다고 생각하면 어떡하지? 아침에 먹은 시금치 브리토가 치아 사이에 낀 것을 미처 발견하지 못했으면 어떡하지?

한 스타트업의 임원으로 처음 출근하던 날의 내 모습이다. 그때의 그 복잡한 감정은 자연스레 옛 기억을 불러일으켰다. 새로운 고등학교로 전학 갔던 첫날에 나는 친구들에게 거절당하는 것이 두려워 도서관에 몰래 숨어 점심을 먹었다. 이후 대학 졸업 후 처음 출근하던 날, 경영대학원에서 처음 인턴십을 하던 날, 대학원 졸업 후 처음 출근하던 날 등 모든 조직에서 경험한 첫날의 감정이 떠올랐다.

● 신입 팀원의 입사 초기 단계에 발생하는 위험 ●

경력의 길고 짧음과는 상관없이 새로운 곳에서 새로운 생활을 시작한다는 건 두려운 일이다. 잘 적응할 수 있을지, 점심을 혼자 먹게 되는 건 아닌지, 사람들과 잘 어울릴 수 있을지 두렵기만 하다. 새로운 일을 시작한다는 건 새로운 동료, 새로운 팀장, 새로운 역할과 책임을 의미하며, 그중에 일부는 안전지대를 벗어나 있을지도 모른다. 극도의 공포가 아닐 수 없다.

새로운 조직이나 팀에 합류할 때 거절당하거나 적응하지 못할 것이라는 두려움을 갖는 건 그리 이상한 일이 아니다. 인간으로서 우리는 본능적으로 외부인을 의심한다. 우리는 새로운 사람이 현재의 그룹에 속하지 않았다는 단순한 이유로 그를 내부인과 다르다고 여긴다. 낯선 상대는 무의식적으로 거리감을 만들기 때문에 신뢰 형성에 어려움이 생기며 고정관념이 만들어지기도 한다.[1] 이런 현상은 신입 팀원이 기존 팀원들과 비교해 나이, 인종, 성별 등에서 눈에 띄게 차이가 날 때 더 뚜렷하게 나타난다. 또 스스로 의식하거나 인정하지 않을 때조차 마음속에는 묘한 경쟁의식이 자리를 잡고 있다. 신입 팀원은 혼자서 조용하게 우리를 평가하고 있을 것이다. 이

사람은 친구인가, 적인가?

 신규 입사자가 조직에 적응하는 초기 단계에서 발생할 수 있는 가장 큰 위험은 적응에 실패한 채 떠나버리는 것이다. 이때 조직과 팀원들에게서 강한 소속감 및 유대감을 느끼게 되면 퇴사 가능성이 한결 낮아진다. 진심으로 환영받는다는 느낌, 완전히 동화되었다는 느낌이 들면 신뢰와 협동심이 커진다. 그러나 팀에 동화되었다는 느낌을 받지 못하면 갈등과 경쟁은 물론 이직의 위험이 커진다.

 그래서 여러분은 이렇게 생각할 수 있다. '신규 채용한 팀원은 우리 팀에 잘 적응할 거야. 나와 우리 팀은 완벽한 면접 절차를 운영하는 데다 심리적 안정감과 규범을 중시하는 문화도 팀 전체에 잘 자리 잡고 있으니까. 기존 팀원들도 모두 친절하고 배려심이 넘치니 신입 팀원이 와서 환영받지 못한다거나 배척당한다는 느낌을 받을 리 없어.'

 물론 친절하고 배려심이 넘치는 것은 중요하다. 하지만 신입 팀원이 잘 적응하기를 바란다면 운에 맡겨서는 안 된다. 더구나 과도한

---

1 사회학자들은 내부 집단 및 외부 집단 그리고 이들로부터 발생하는 역동성에 관해 오랜 시간 연구해왔다. 초창기 연구는 미국 심리학자 무자퍼 셰리프(Muzafer Sherif)가 1955년 오클라호마 주립공원 내의 로버스 동굴 근처 야영장에서 열두 명의 남학생을 두 그룹으로 나누어 진행한 '로버스 동굴 실험'의 토대가 되었다. 이들 두 남학생 그룹은 단지 서로 다른 그룹에 속해 있다는 이유로 서로를 몹시 싫어했다. 이 연구는 내부 집단 갈등 이론의 초석이 되었다. 더 자세한 내용은 다음 자료를 참고하기 바란다. Muzafer Sherif, O. J. Harvey, Jack White, William R. Hood, Carolyn W. Sherif, *The Robbers Cave Study: Intergroup Conflict and Cooperation* (Norman, OK: University Book Exchange, 1961)

친절은 신입 팀원이 적응하는 데 오히려 독으로 작용할 수도 있다. 훌륭한 팀장이라면 '잘 적응할 거야'라는 막대한 기대 대신 신입 팀원이 입사하기 전부터 조직에 적응하는 전체 과정을 세심하면서 철저하고 일관되게 진행해야 한다.

● 신입 팀원의 조직 적응 과정을 돕는 방법 ●

그러면 팀장으로서 여러분은 신입 팀원이 조직에 적응하는 과정을 어떻게 도와야 할까? 팀의 규모가 커서 신입 팀원 여러 명이 한꺼번에 들어왔을 때도 당황하지 않으려면 어떻게 해야 할까? 다음의 다섯 가지 방법을 구체적으로 살펴보자.

첫째, 상시로 활용할 수 있는 '신규 입사자를 위한 체크리스트'를 만들어둔다. 여러분의 조직에는 이미 신규 입사자 교육 및 관리 프로토콜이 존재할 수 있다. 그렇다면 그것을 기반으로 체크리스트를 만들면 된다. 체크리스트를 활용하면 깜빡 잊어버리는 실수를 방지하고 모든 팀원이 각자 자신의 역할을 숙지할 수 있다.[2] 신입 팀원 역시 필요한 정보를 얻는 분명한 절차가 있다는 것에 훨씬 편안함을

---

2 Atul Gawande, *The Checklist Manifesto: How to Get Things Right* (New Delhi, India: Penguin Books India, 2010).

느낄 것이다. 출근하는 첫 주부터 복사용지나 사무용품이 어디에 있는지 찾아다니거나 휴게실 냉장고의 음료수를 마셔도 되는지 물어보느라 이리저리 쫓아다니게 해서는 안 된다. 이전 회사에서 케이틀린이라는 동료가 있었는데, 그녀는 회사 냉장고의 요구르트를 매일 하나씩 먹다가 5개월이 지난 후에야 그것이 공용이 아니라 다른 동료 개인의 것이라는 사실을 알게 되었다. 신입 팀원에게 이런 굴욕을 안겨주지 말자.

나는 체크리스트를 입사 전, 입사 첫날, 입사 첫 주, 입사 첫 달의 네 개 카테고리로 나누어 작성한다. 자세한 내용은 240쪽의 예시를 참조하면 된다. 조직의 특성에 맞게, 여러분의 상황에 맞게 조정해 사용하면 된다.

둘째, 커피 한잔의 힘을 과소평가하지 말자. 팀원과 처음 만난 날 함께 밖으로 나가 커피 한잔을 하면서 인간적으로 다가서자. 지금 설레고 흥분되는 점, 긴장되는 점, 면접에서 미처 나누지 못한 개인적인 내용까지 편하게 이야기하는 기회를 준다. 출근 첫날에 바쁘다는 건 잘 안다. 하지만 시간을 만들어라. 그만한 가치가 충분히 있을 것이다.

셋째, 출근 즉시 업무를 배정한다. 신입 팀원이 합류해 출근하면 첫날에 2주 정도 기한의 프로젝트를 맡긴다. 회사의 다른 부서와 협력해야 하는 프로젝트면 더 좋다. 이를 통해 신입 팀원은 시간을 알차게 보내면서 환영식과 필수교육 사이에 주어진 시간을 허비하지 않을 수 있다. 때로 신입 팀원에게 너무 많은 부담을 주는 건 아닌지 염려스러운 마음에 아무 일도 맡기지 않는 팀장이 있는데, 그건 잘못된 생각이다. 신입 팀원은 무슨 일이라도 해서 하루빨리 자신의 능력을 입증하고 팀에 쓸모있는 사람이 되려고 한다. 또 프로젝트를 맡기면 신입 팀원의 자신감이 올라가고 팀의 운영 방식을 이해하는 데도 도움이 된다.

넷째, 기존 팀원들의 협조를 요청한다. 가령 신입 팀원을 위한 '친구' 역할을 요청할 수 있다. 신입 팀원의 친구가 되면 출근 첫 주 이런저런 궁금증을 해결해주고, 점심도 함께하면서 다정한 동료 역할을 하게 된다. 또는 기존에 진행하던 프로젝트에 신입 팀원을 받아들이도록 요청할 수도 있다. 공동의 목표를 위해 협업하는 것은 팀원들 간의 화합을 다지는 데 가장 효과적인 방법이다. 이를 통해 기존 팀원들도 신입 팀원을 한결 편안하고 가깝게 느낄 수 있다. 체크리스트 가운데 일부 항목을 기존 팀원에게 담당하게 해서 신입 팀원의 조직 적응을 돕도록 하는 것도 방법이다. 기존 팀원들 모두에게 신입 팀원이 조직에 잘 적응하도록 돕는 것이 팀 전체의 임무라는 점을 주지시킨다.

다섯째, 출근 첫 주의 적응 과정 소회를 물어본다. 첫 주의 마지막 날에 다시 한번 팀원을 밖으로 데리고 나가 커피를 마시며 일주일

간의 소회를 물어본다. 더불어 아직 이해되지 않는 점이나 특별히 궁금한 점은 없는지 질문한다. 조직에서 제공하는 신입 팀원 적응 프로토콜에 대한 피드백을 요청하고, 어떻게 개선하면 좋을지 물어본다. 첫날 커피 타임에서 여러분에 대한 개인적인 이야기를 할 기회가 없었다면, 이날 하는 것도 방법이다. 팀장으로서 몇 가지 약점을 솔직하게 드러내면 신입 팀원이 여러분을 좀 더 편하게 대하면서 신뢰가 형성될 수 있을 것이다.

데일 카네기(Dale Carnegie)는 《인간관계론》에서 저녁에 퇴근해 집에 돌아온 여러분을 강아지가 순전하고 순수한 기쁨으로 반겨주는 모습을 보며 느끼는 감정에 관해 언급한다. 이와 같은 방식으로 누군가 우리를 환영해주면 정말 기분이 좋다. 신입 팀원도 이처럼 환영해주고 체계적인 절차를 제시해주면 회사에 좋은 인상을 받고 긍정적인 마음으로 조직에 잘 적응할 수 있다. 때로는 "우리 팀에 와주셔서 감사합니다. 함께하게 되어 정말 기뻐요!"와 같은 간단하지만 진심이 담긴 표현을 하는 것도 큰 도움이 된다.

☑ 새로운 팀이나 조직에 합류할 때는 불안과 공포가 수반된다. 사람들은 본능적으로 낯선 사람을 경계하거나 신뢰하지 못하는 경향이 있기 때문이다.

☑ 훌륭한 팀장은 신규 입사자의 조직 적응을 돕기 위한 체계적인 절차와 구조를 마련한다.

☑ 신규 입사자를 위한 체크리스트를 작성하면 중요하게 챙겨야 할 것들을 놓치는 실수를 미리 방지할 수 있다. 신입 팀원 역시 조직에 잘 적응하고 업무를 성공적으로 수행하는 데 필요한 정보나 기술을 놓치지 않을 수 있어 안정감을 느끼게 된다.

☑ 입사 첫날과 입사한 지 일주일이 되는 날에 신입 팀원과 함께 밖에서 커피 한잔하는 시간을 꼭 갖도록 하라. 또 출근하는 첫날에 2주 정도 기한의 프로젝트를 맡기고, 다른 팀원들도 신입 팀원의 적응을 도울 수 있도록 협조를 요청한다.

◈ 신규 입사자를 위한 체크리스트 ◈

시기	체크리스트	담당자	확인
입사 전 1개월~ 1주일	입사 제안		
	사내 복지제도 개요 안내 및 확인		
	환영 이메일 발송 — 필독서 안내 (없을 경우 생략 가능)		
	입사 관련 서류, 서약서 등에 서명		
	인사 시스템에 직원 정보 등록		
	사무실 또는 업무공간 열쇠 주문, ID카드 생성		
	사내 시스템 접근 권한 부여 — 이메일 등 계정 생성		
	명함 제작 및 주문		
	복리후생 관련 물품, 상품권, 카드 등 제공 준비		
	팀장과 함께 역할, 목표, 프로젝트 논의		
	업무공간 준비 — 책상, 전화기 등		
	직무기술서 제공		
	업무 시작일, 출근 시간, 복장 등 출근 안내		
	환영 패키지 준비 — 근무지침서, 업무 매뉴얼 등 포함		
	팀 관련 주요 정보 업데이트 (면접 이후 변화 발생 시)		
	사내 인트라넷, SNS, 온라인 커뮤니티 초대		
입사 첫날	팀원들과 환영 오찬		
	친구 배정 — 친구에게는 어떤 질문도 편하게 하라고 고지		
	회사 전체 구조 및 사무실 배치 안내		
	열쇠 및 출입관리카드 전달		
	업무공간 각종 설치 및 관련 용품 전달		
	직무 관련 기술적인 세팅		
	팀장과 함께 역할, 목표, 프로젝트 논의		
	입사 첫날 소회 공유 — 특별한 질문이 있는지 확인		

입사 첫 주	경영진, 타 부서 관계자 등 주요 인사들과 인사		
	조직도 및 주요 구성원 소개		
	최근의 핵심 성과 공유 및 질의응답		
	기존 프로젝트 진행 상황 검토		
	첫 번째 프로젝트 배정 (첫날 배정하는 것이 이상적)		
	입사 첫 달 신입 팀원에 대한 기대사항 설명		
	주간 회의 일정 및 팀장 보고		
	멘토 배정		
	요일별로 점심식사 함께할 팀원 배정		
	한 주 마감 보고, 주요 질문에 답변		
입사 첫 달	개별 성장 계획 작성		
	신규 입사자 필수교육		
	멘토와의 만남		
	첫 달 성과 확인을 위한 비공식 회의		
	적응 과정에 대한 피드백 수집		

퇴사 문제는 최대한 관대하면서 신속하게 처리하라

누군가와 헤어지는 방법에 관해 이야기해보자. 첫째, 말없이 사라지기. 둘째, 모호하고 두서없는 메시지 보내기. 셋째, 두 사람 모두 다시는 가지 않을 어느 커피숍에 앉아 어색하기 짝이 없는 대화로 해결하기. 세 번째가 가장 용기 있는 방법이긴 하지만, 어느 쪽이든 어렵고 불편하긴 마찬가지다.

조직에서의 결별도 대개 세 가지 방식 중 한 가지로 이루어진다. 첫째는 팀원 스스로 그만두고 더 좋은 곳으로 이직하는 경우이다. 둘째는 팀원 개인의 실적 문제로 해고당하는 경우이고, 셋째는 인원 감축과 같은 조직의 문제로 해고당하는 경우이다. 조직에서의 결별 역시 스스로 그만두는 것이든 해고를 당하는 것이든 모두 기분이 썩 유쾌하진 않다. 여러분도 처음 팀원을 떠난 보낸 경험은 아마도 오랫동안 잊지 못할 것이다.

● 팀원과의 이별에 대처하는 팀장의 자세 ●

팀장은 조직을 떠나는 팀원을 상대로 함께 의논하며 걱정하고 상담하느라 많은 시간을 보내게 된다. 퇴사하는 팀원이 있을 때마다 많은 시간과 정성을 들여 대화를 나누다 보면 나중에는 이런 대화가 조금 수월하게 느껴지기도 하겠지만, 그렇다 해도 마음이 복잡하고 심란해지는 것은 어쩔 수 없다. 제17강에서는 이와 관련된 내용을 다룰 것이다. 앞서 우리는 새로운 팀원을 어떤 채용 절차에 따라 뽑아야 할지, 채용한 신입 팀원이 조직에 잘 적응하도록 도우려면 어떻게 해야 할지 살펴보았다. 그러니 이제는 팀원과 어떻게 작별할 것인지도 알아봐야 한다. 훌륭한 팀장은 팀원과의 작별에 어떻게 대처해야 하는지 잘 알고 있다.

여러분의 팀에 성과가 상대적으로 뒤처지는 칼리라는 팀원이 있다고 가정해보자. 그녀를 팀에 계속 남겨두기 위해 여러분은 갖은 노력을 다했다. 건설적인 피드백을 하고, 코칭도 하고, 성과개선계획을 진행하며 성장의 기회도 제공했다. 칼리와 계속 함께 가려는 최선의 노력에도 불구하고 마침내 여러분은 칼리를 내보내기로 했다. 이는 무척이나 힘든 결정이지만, 그렇다고 여기에서 끝나는 것도 아니다. 팀원의 퇴사가 결정되고 정리되기까지 여러분이 겪는 어려움은 크게 두 가지 측면에서 발생한다.

먼저 팀원의 퇴사 이유를 충분히 투명하게 공유할 수 없는 상황일 때다. 팀장으로서 여러분은 평소 팀원들과 터놓고 의사소통하는 데 신경을 쓴다. 하지만 팀원의 퇴사 문제는 여러분의 바람과 달리 그리 투명하게 진행되지 못할 때가 많다. 떠나는 사람을 존중하는 차원에서 퇴사 사유를 팀 전체에 구체적으로 밝히지 못할 때도 있다. 팀원 개인의 윤리적인 문제로 해고해야 할 때는 더욱 그렇다. 문제는 이런 경우 나머지 팀원들이 혼란스러워할 수 있다는 점이다. 조직의 중요한 정보를 전체 구성원이 공유해온 작은 조직에서라면 특정 직원의 퇴사 사유를 투명하게 밝히지 않는 것에 더욱 불만을 가질 수 있다.

다음은 한 팀원의 퇴사가 팀 전체에 불러오는 감정적 후폭풍이다. 동료가 팀을 떠나면 남은 사람들은 종종 쓸쓸한 기분에 야속한 마음도 든다. 동료의 퇴사로 남은 팀원들의 업무 부담이 과도해지면 울화가 치밀기도 한다. 누군가 원하지 않는 퇴사를 당하게 되면 나머지 팀원들은 불안감을 느낄 수밖에 없다. 동료의 퇴사가 언젠가는 자신에게도 닥쳐올 일이라는 생각에 조직에서 거절당하고 배신당한 느낌이 들기도 한다. 팀원 한 사람이 권고사직을 당해서 분노를 품게 되면 그 분노는 나머지 팀원들에게도 전달된다. 그 분노가 정당한가 그렇지 않은가와는 상관없이 말이다. 이렇듯 팀원과의 작별 과정에는 수많은 감정이 생겨나고, 팀장으로서 여러분은 다른 팀원들에게 원망을 듣게 될 수도 있다. 비록 해고 결정이 팀원과 조직 전체를 위한 것이었다고 해도 말이다. 화를 내며 원망하는 사람을 상대하는 것은 쉬운 일은 아니다.

• 퇴사 유형에 따른 팀을 관리하는 방법 •

그럼 이제 좀 더 구체적인 내용으로 들어가 보자. 퇴사 관련 정책이나 절차는 이 책에서 다루기에는 너무 방대한 양이 될 것이다. 그보다는 퇴사하는 팀원이 발생했을 때 팀을 관리하는 방법을 퇴사의 세 가지 유형별로 살펴보도록 하겠다.

첫 번째는 팀원의 개인 사유로 스스로 그만두는 경우이다. 실적이 뛰어난 팀원이 퇴사하게 되면 팀장으로서 무척 속상할 것이다. '그동안 얼마나 기회를 많이 줬는데 감사할 줄도 모르다니'라는 생각에 배신감이 들 수도 있다. 또 어떤 사람은 팀장으로서 뭔가 잘못한 건 아닌가 자책도 한다. 하지만 모든 감정을 눌러두고 우선은 팀원이 더 좋은 곳으로 옮겨가는 것을 축하하라. 훌륭한 팀장이라면 모든 팀원의 성장을 격려하고 지지해야 한다. 그 성장이 여러분의 팀이나 조직 밖에서 이루어져야 한다면 그 역시 인정하라. 사실 이는 좋은 일이다. 여러분은 우수한 인력을 발굴해 성장을 돕고 더 좋은 곳에서 일하도록 지원한 것이다. 이는 여러분이 훌륭한 팀장임을 보여주는 것이고, 이에 따라 여러분은 앞으로 더 많은 인재를 불러모으게 될 것이다.

물론 좋은 성과를 내던 팀원이 떠나면 나머지 팀원들이 불안해할 수 있다. 이때 여러분은 한 명의 유능한 팀원보다 팀 전체가 더 강하다는 점을 몇 번이고 반복해서 말해주고 보여주어야 한다. 이것이 나머지 팀원들이 동요하는 것을 최대한 막고 팀에 계속 머무를 강력한 동기를 부여하는 방법이다. 그다음엔 유능한 팀원의 퇴사를 조직에서 수용한 이유를 설명하고, 퇴사한 팀원이 그동안 팀에 공헌한 부분을 칭찬하며 새로운 출발을 진심으로 축하하라. 물론 실력자가 아닌 팀원이 그만두는 때도 있다. 그저 조직 문화에 잘 맞지 않거나 변화에 적응하지 못해서 자발적으로 퇴사할 때도 있다. 이럴 때도 퇴사를 선택한 팀원의 의사를 존중해주고 새로운 출발을 축하하라.

다만 갑작스럽게 퇴사를 하는 바람에 팀 전체의 성과와 인력 충원 등에 문제가 생기지 않도록 사전에 관리할 필요가 있다. 이를 위해 평소 팀원들과 일대일 면담을 자주 하면서 신뢰를 쌓고 적절한 시점에 진로 문제를 상의하도록 한다. 장기적인 목표를 위해 이직을 생각하는 팀원이 있다면 적극적으로 지원하고 격려하는 것도 방법이다. 이런 모습을 지켜본 팀원들은 이후에라도 퇴사 계획이 생겼을 때 훨씬 열린 마음으로 여러분에게 의논할 것이다.

두 번째는 팀원 개인의 저성과 문제로 해고하는 경우이다. 저성과 문제로 해고를 결정할 때 가장 중요한 것은 그것이 해당 팀원의 성장과 발전을 돕기 위해 충분히 의논하고 내려진 결정이라는 점을 분명히 하는 것이다. 해고 사실을 전달할 때는 갑작스러워서도 안 되지만 팀원이 상황을 분명하게 이해하도록 하는 것도 중요하다. 불필요한 말을 지나치게 많이 하면 오히려 혼란을 줄 수 있으므로 유의해야 한다. 해고 결정이 내려질 때 당사자인 해당 팀원도 본인의 성과가 좋지 않았고 충분한 지원을 받았음에도 좀처럼 개선되지 않았다는 사실을 정확히 인지하고 있어야 한다. 해고 사실을 알리는 대화를 할 때는 끝없이 공감하면서 관대한 태도로 임해야 한다. 실직 앞에서는 누구나 공포와 두려움을 느낀다. 정체성과 자의식에도 엄청난 타격이 가해진다. 따라서 퇴사 예정자가 다른 일을 찾아볼 시간을 가능한 한 충분히 주고, 팀장으로서 여러분이 할 수 있는 최대한의 지원을 해주도록 한다.

퇴사 예정자가 해고 사실을 숨기고 싶다는 분명한 의사를 밝힌 경우가 아니라면 나머지 팀원들에게 그 소식을 어떻게 전할지에 대해 의견을 듣고 함께 방침을 전한다. 해고를 당하는 팀원은 동료들이 자신을 어떻게 생각할지 두려워하기 마련인데, 이렇게 하면 한결 걱정을 줄여줄 수 있다. 또 나머지 팀원들이 동료의 퇴사를 받아들이고 인정하도록 돕는 것도 중요하다. 해고 당사자의 성과가 좋지 않았다는 것을 아는 팀원도 있겠지만, 그렇지 않은 팀원도 있을 것이다. 그런 팀원에게는 해고 소식이 엄청난 충격일 수 있다는 점을 염두에 두고 의사소통을 한다. 여러분이 팀장으로서 해당 팀원의 성과 개선을 위해 수 개월간 시간과 에너지를 투자하며 지원했다는 사실을 전달하는 것도 중요하다. 조직에 성과개선계획과 같은 성과 개선을 위한 체계적인 절차가 마련되어 있으므로 저성과자에 대한 해고 결정이 독단적이거나 즉흥적으로 이루어지지 않는다는 점도 분명하게 알려 팀원들을 안심시킨다.

세 번째는 전사적 인력감축 계획에 따른 권고사직의 경우이다. 비즈니스 환경 변화에 따른 전략적 이유로 조직에서 많은 사람을 한꺼번에 해고하는 경우 여러분은 과연 누구를 내보내고 누구를 남겨야 할지 심사숙고하게 될 것이다. 만약 여러분이 결정할 수 있다면 적정 인원보다 더 많이 감축하는 것이 좋다. 즉 지금 당장 필요한 감축 규모보다 훨씬 더 많은 인력을 해고함으로써 단 한 번에 끝내라는 것이다. 열 명을 해고한 다음 두 달 후에 또다시 다섯 명을 해고하고 석 달 후에 다섯 명을 더 해고하는 것은 최악의 시나리오다. 처음부터 한꺼번에 스무 명을 해고하는 편이 훨씬 낫다. 동료들이 무더기로 떠나는 것을 보면서 남게 된 팀원들은 언제 자기 차례가 올지 몰라서 불안감을 느끼게 마련이다. 심지어 불확실한 미래를 걱정하느라 자기 업무도 제대로 하지 못하게 될 것이다. 이런 상황이 되지 않게 하려면 한 번에 많이 줄여서 앞으로 더 이상의 해고는 없다는 점을 분명히 해주어야 한다. 이때 변화에 적응하기 위해 회사가 인력감축 외에 취하고 있는 다른 전략들이 어떤 것인지 공유하고, 남아 있는 팀원들이 여기에 참여할 수 있도록 유도하라. 가령 경비 절감이나 출장 축소와 같은 것이 대표적이다. 이렇게 되면 스스로 상황을 개선할 통제권을 조금이나마 가졌다고 느끼게 되어 닥쳐온 변화에 대응할 힘을 낼 수 있을 것이다.

조직의 인력감축으로 해고가 결정된 팀원에게도 깊은 공감과 관대함을 보여주는 것이 중요하다. 여러분이 할 수 있는 선에서 최대한 지원하고 힘을 실어주며 코칭도 제공하라.

● 퇴사 절차를 순조롭게 진행하는 방법 ●

어떤 경우이든 퇴사 문제를 잘 처리한다는 것은 매우 힘든 일이다. 하지만 여러분이 팀장인 이상 어쩔 수 없이 종종 마주해야 한다. 다음은 퇴사 유형과 상관없이 퇴사 절차를 순조롭게 진행하기 위한 일곱 가지 방법이다.

첫째, 구체적인 인수인계 계획서를 작성한다. 인수인계 계획서에는 퇴사하는 팀원의 업무를 세세하게 나열한 다음 각각의 업무를 누가 이어갈 것인지 정해둔다. 나머지 팀원들이 퇴사자의 업무나 주요 책임을 전혀 알지 못하는 상황을 만들어서는 안 된다. 인수인계 계획서는 나머지 팀원들에게 퇴사 소식을 알리기 전에 확실하게 정리하는 것이 좋다. 해당 팀원이 정확하게 며칠까지 출근하는지, 누가 그 팀원의 일을 맡을지, 후임자가 있다면 언제 합류하는지 등을 정리해서 팀원들에게 전달하라.

둘째, 팀원의 퇴사 소식을 숨기지 마라. 쉬쉬한다고 해서 나머지 팀원들이 퇴사 소식을 눈치채지 못할 것으로 기대하지 마라. 감출수록 불필요한 오해와 불안감만 커질 뿐이다. 팀 전체에 해당 팀원의 퇴사 소식을 공개적으로 알리고, 이런저런 질문을 받고 대답하는 시간을 가져라. 가능한 한 불확실성을 제거하는 것이 퇴사 이후 팀을 관리하는 데 훨씬 좋은 방법이다.

넷째, 의사소통 절차에 대해 심사숙고하라. 상황에 따라 해당 팀원의 퇴사 소식을 전체 팀원에게 알리기 전에 몇 사람에게만 먼저 알리는 게 효과적일 수도 있다. 예를 들어, 팀장이 그만두는 경우 팀장의 직속 부하들에게 먼저 알리고 나서 다른 팀원들에게 전하는 것이 바람직할 수 있다.

다섯째, 퇴사 처리는 신속하게 한다. 팀원이 개인 사유로 퇴사할 때는 본인의 요청으로 퇴사 처리가 지체되기도 한다. 가령 퇴사 의사를 밝히면서 인수인계를 위해 석 달만 시간을 달라고 요청한다. 저성과 문제로 해고가 결정되었을 때 여러분은 인수인계를 이유로 두 달을 더 붙잡아두기도 한다. 다음 일자리를 구할 때까지의 생활을 위해 퇴직위로금을 비롯한 재무적 보상은 관대하게 해주되, 퇴사가 결정되면 이후 과정은 신속하게 처리하는 것이 떠나는 팀원이나 남아 있는 팀원들 모두를 위해 더 낫다. 퇴사 결정 이후 실제로 회사를 떠나기까지의 기간이 길어질수록 팀 분위기가 더욱 어색해지고 생산성도 떨어진다. 떠나는 사람이든 남는 사람이든 퇴사로 인한 불편하고 씁쓸한 기분을 느끼는 기간은 짧을수록 좋다.

여섯째, 퇴사자 면담을 배움의 기회로 활용하라. 적절한 시점에 퇴사하는 팀원과 면담을 진행하라. 팀장으로서 꼭 물어야 할 질문과 상황에 따른 추가적인 질문이 있을 수 있다. 퇴사자에게도 팀장과 다른 팀원들에게 전하고 싶은 피드백이나 걱정거리를 공유할 기회를 준다. 무엇보다 중요한 것은 이러한 면담이 여러분과 해당 팀원 모두에게 배움과 성장의 기회가 되도록 하는 것이다.

일곱째, 긍정적인 관계에 집중하라. 퇴사 과정이 매우 복잡하고 골치 아플 때도 있겠지만, 그렇더라도 깊은 공감을 보여주고 친절한 태도를 잃지 마라. 팀을 떠난다고 해서 그 팀원과의 관계까지 끊을 필요는 없다. 여러분의 팀을 떠난 사람들과도 꾸준히 연락하면서 비공식적인 네트워크를 구축하라. 그들과 인연을 유지하며 어떻게 지내고 있는지 확인하라. 가능한 선에서 여러분이 할 수 있는 지원을 꾸준히 해주어라.

팀장에게 퇴사 문제는 결코 쉬운 일이 아니다. 여러분은 누군가를 해고해야 할지 말아야 할지 결정하느라 끊임없이 고심할 것이다. 남은 팀원들에게 동료의 퇴사 소식을 전할 이메일 초안을 작성하는 일마저 녹록지 않다. 실력 있는 팀원이 떠난 뒤에 팀을 어떻게 다시 정비할 것인지에 대해서도 고민이 많을 수밖에 없다. 여러분이 얼마나 많은 시간을 할애하든 어떤 퇴사는 순조롭게 진행되는 반면 어떤 퇴사는 재앙에 가까운 상황을 만들기도 한다. 이번 제17강에서 설명한 내용이 순조로운 상황은 늘리고 재앙적인 상황은 줄이는 데 도움이 될 것이다. 여러분 모두의 행운을 빈다.

● 변화의 과도기에 감정을 관리하는 방법 ●

해고는 채용과 마찬가지로 팀에 커다란 변화를 불러온다. 그리고 모든 변화는 힘든 과정을 수반한다. 훌륭한 팀장은 팀원들이 긍정적인 변화와 부정적인 변화 모두에 잘 대응할 수 있도록 이끌어야 한다. 여러분이 가장 중요하게 기억해야 할 것은 어떤 변화에 맞닥뜨렸을 때 모든 팀원이 같은 반응을 보이지 않는다는 점이다. 누군가에게는 새로운 기회가 주어질 신나는 변화가 누군가에게는 오히려 성장의 기회를 앗아갈 실망스러운 변화가 되기 때문이다.

영문학 교수이자 전환관리 분야 전문 컨설턴트였던 윌리엄 브리지스(William Bridges)는 커다란 변화 이후 사람들이 경험하는 감정 추이를 나타내는 프레임워크를 개발했다.[1]

그는 변화 직후의 '과도기'에 사람들이 겪는 서로 다른 감정에 주목했다. 예를 들어, CEO가 퇴사한다고 가정해보자. 조직 구성원들에게는 그 자체가 중요하고 커다란 변화이다. 팀장으로서 여러분은 팀원들이 이 과도기를 잘 넘길 수 있도록 관리해야 한다.

브리지스에 따르면, 변화 이후 과도기는 크게 이전 시기의 결말·탐색·새로운 시작의 세 단계로 구성된다. 그리고 단계별로 그와

---

1 William Bridges, *Managing Transitions: Making the Most of Change* (Boston, MA: Da Capo Press, 2009)

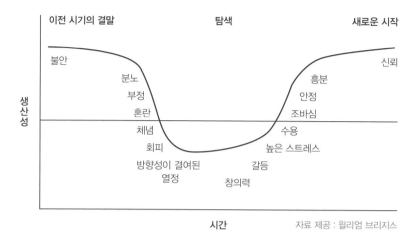

변화의 과도기에 겪는 감정적 경험들

관련된 수많은 감정이 존재한다.[2]

　결말의 단계, 즉 변화로 인해 어떤 한 시기가 끝나가는 시점에는
자연히 상실감, 분노, 불안, 혼란의 감정이 생겨난다. 이 시기에는
익숙했던 기존 질서를 떠나보내야 하므로 여러 가지 갈등이 발생하
기도 한다. 탐색의 단계는 이전 시기가 끝난 시점과 새로운 시기가
시작되는 시점의 중간에 위치한다. 기존 질서는 사라졌으나 새로운

2　브리지스는 슬픔 이후에 나타나는 전이 및 감정에 관한 프레임워크를 다음 자료에
서 차용했다. Elizabeth Kübler-Ross, *On Death and Dying* (New York: Macmillan,
1969). 한 가지 흥미로운 사실은 사람들의 감정은 선형으로 움직이지 않고 다시 초기 감정
상태로 돌아오거나 혹은 전이 초기 상태에서 감정이 순환할 수 있다는 것이다.

질서가 아직 정립되지 못했거나 제대로 기능하지 못하는 상태다. 이 시기에는 불확실성이 강하게 나타난다. 끝으로 새로운 시작 단계는 이전과 다른 새로운 질서가 형성되면서 사람들이 흥분과 설렘을 느끼는 시기다.

팀장으로서 여러분은 팀원들이 이 세 단계의 과도기를 잘 헤쳐갈 수 있도록 도와야 한다. 아끼던 팀원이 떠난 후에 겪는 과도기든 새로운 대표가 취임하면서 겪는 과도기든 상관없이 말이다. 가장 먼저 해야 할 일은 과도기에 단계별로 사람들 각자가 겪는 감정과 경험이 다를 수 있음을 이해하고 받아들이는 것이다. 가령 여러분은 변화가 발생한 직후 곧바로 새로운 단계를 시작하고자 할 수 있다. 가장 아끼던 유능한 팀원이 떠나면 여러분은 즉시 팀을 정비해서 새로운 단계로 돌입하는 편이 훨씬 더 유리하다고 판단할 것이다. 하지만 남은 팀원들이 아직 결말의 단계에 머물러 있다면 여러분의 팀에 필요한 것은 미래를 향한 열정이 아니라 과거를 떠나보내기 위한 공감이다.

그렇다면 변화의 과도기에 팀을 안정적으로 관리하는 최고의 방법은 무엇일까? 소통하고 또 소통하는 것이다. 팀원들이 겪을 감정을 인정하고 그 감정들을 솔직히 나누도록 독려하라. 253쪽에 제시한 브리지스의 프레임워크를 공유하면서 변화의 과도기에 사람들이 제각기 다른 감정 상태에 있다는 점을 이해하도록 도와라. 그런 후에 여러분이 세우는 미래의 계획을 팀원들에게 설명하고 공유하라. 이를 통해 팀원들이 과도기를 통과하고 새로운 변화를 맞이

하는 데 있어 스스로 어느 정도의 통제권을 가졌다고 느끼도록 돕는 것이 중요하다. 가령 신임 CEO가 조직에 새로운 질서를 가져오는 과정에서 팀원들이 제각기 할 수 있는 역할에 대해 의견을 나누고 격려한다. 팀원들이 과도기를 잘 헤쳐가는 데 도움이 될 만한 피드백과 해결책도 제공한다.

이와 함께 어떤 조직에나 존재하는 불확실성을 팀원들이 좀 더 편하게 받아들일 수 있도록 도와야 한다.[3] 팀원들 각자가 걱정하는 부분이 무엇이고 자신의 감정이 어떤지 툭 터놓고 대화하는 자리를 마련하라. 그리고 자신이 통제할 수 있는 영역에 집중하고 그렇지 않은 영역에 대해선 내려놓아야 한다는 점을 이해하고 받아들이도록 도와라. 불교의 수도승을 비롯해 깨달음을 얻기 위해 수행하는 사람들이 불확실성에 어떻게 대처하는지 알아두면 도움이 될 것이다. 그들은 불확실한 상황을 불안함이 아닌 호기심으로 바라본다.

---

3 불확실성에 관해 가장 유용하다고 생각하는 자료는 다음과 같다. Pema Chodron, *When Things Fall Apart: Heart Advice for Difficult Times* (Boulder, CO: Shambhala Publications, 2000).

☑ 팀장으로서 퇴사 문제에 대응하는 것은 가장 까다롭고 많은 시간이 소모되는 업무이다. 퇴사하는 팀원을 잘 떠나보내는 동시에 남은 팀원들에게도 시간과 정성을 쏟아야 하기 때문이다.

☑ 퇴사에는 세 가지 유형이 있다. 팀원 스스로 그만두는 경우, 저성과 등의 문제로 해고하는 경우, 비즈니스 환경 변화로 조직에서 인원 감축을 하는 경우이다.

☑ 각각의 유형별로 팀을 관리하는 방법에 조금씩 차이가 있지만, 가장 중요한 것은 퇴사자를 최대한 배려하여 또 다른 성장의 기회로 삼도록 하는 것과 퇴사 절차를 신속하게 마무리해 남은 팀원들이 동요하지 않도록 관리하는 것이다.

☑ 퇴사자가 발생했을 때 팀을 잘 관리하는 핵심 요건 역시 의사소통이다. 해당 팀원의 퇴사 시기와 일정을 조율하는 것은 물론 퇴사 이유를 다른 팀원들에게 잘 전달하는 것도 매우 중요하다.

제5장

팀
역학

몇 달 전에 생각하고 싶지도 않을 만큼 끔찍한 팀에서 일한 적이 있다. 카자흐스탄에서 진행되는 대규모 프로젝트였는데 다양한 배경의 사람들이 함께 참여했다. 프로젝트 성공을 위해서는 모두가 협력해서 일하는 것이 중요했지만, 시간이 지나도 좀처럼 사람들은 한마음으로 합쳐지지 않았다. 각자의 역할이 불분명한 데다 서로 반목과 갈등이 극심했으며 리더십까지 엉망이었다. 힘을 합쳐 일하기는커녕 모두가 서로를 험담하며 싸우기 바빴다.

　서둘러 신뢰를 회복하지 않으면 안 되는 시점이었기에 우리는 팀워크 전문가들을 초빙했다. 그들은 '철학자의 저녁'이라는 활동을 제안했다. 취지는 프로젝트에 참여하는 팀원들이 서로에 대해 좀 더 깊이 이해함으로써 유대감을 높이자는 것이었다. 모든 팀원은 자신에게 의미 있는 것을 한 가지씩 가져와 소개했다. 전문가들은 우리가 서로의 다른 점을 인정하고 공감함으로써 반목과 갈등을 멈추길 바랐다. 정말 그렇게만 된다면 우리 팀의 문제는 해결될지도 몰랐다.

　나는 배가 아프다는 핑계로 활동에 참여하지 않았지만, 친구이자 동료인 로드니로부터 모든 내막을 들을 수 있었다. 저녁 식사가 시작되자 프로젝트 리더 한 명이 먼저 나와 자신은 오래전부터 바로크 음악을 좋아했다며 오르간 음악 한 토막을 들려주었다. 이후 다른 팀원은 자기 인생에서 할아버지와의 관계가 무척 소중하다며 할아버지의 시계를 보여주었다. 다음은 빅터의 차례였다. 온종일 말이 거의 없는 그는 평소 팀원들을 철저히 무시한 채 카자흐스탄 관련 유튜브 영상만 보며 하루를 보냈다. 빅터는 적포도주를 천천히 한 모금 마시더니 코트 주머니에서 마카로프 권총 한 자루를 꺼내 탁자에 올려놓았다.[1] 순간 충격과 공포가 엄습했다. 팀원들에게 그는 이렇게 말했다. "사람들이 나를 만만히 보지 않았으면 좋겠다. 여러 말을 하기보다 이 총을 여러분에게 보여주겠다." 충격에 빠진 팀원들을 뒤로하고 전문가들마저 그길로 카자흐스탄을 떠났다. 우리는 다시 수동적이고 공격적이며 불협화음으로 가득한 팀으로 돌아와 늘 빅터의 기분을 살폈다. 팀원들은 커피나 페이스트리를 비롯해 그가 기분 좋은 하루를 보내기 위해 더 필요한 게 없는지 수시로

1　권총 마니아가 아닐 분들을 위해 설명하면, 마카로프는 1950년대 소련에서 개발된 반자동의 권총으로 아주 작지만 매우 위협적으로 생겼다.

물어보았다.

나는 가끔 농담처럼 최적의 팀 인원은 한 명이라고 말한다. 나쁜 팀에서 일하는 것보다는 혼자 일하는 것이 훨씬 낫기 때문이다. 우리는 가족이 그런 것처럼 종종 함께 일하는 팀원을 선택할 수 없다. 그런데 또 가족과 달리 팀원에게는 불쾌한 기분을 노골적으로 드러내거나 함부로 언성을 높일 수도 없다. 나쁜 팀은 사소한 일 하나를 처리하는 데도 엄청난 시간이 걸린다. 나쁜 팀은 사람들을 짜증스럽게 하고 영혼을 갉아먹는다.

하지만 대체로 팀은 필요하다. 좋은 팀은 만족감을 주고 동기를 유발하며 창조적이고 생산적이다. 그런 팀의 팀원들은 서로에게 사랑과 충성심을 보이며 목표를 향해 함께 전진한다. 훌륭한 팀원들은 우리가 더 나은 동료가 되고 더 나은 사람이 될 수 있도록 영감을 준다.

팀을 관리하는 것은 개인을 관리하는 것과 다르다. 팀은 서로 다른 역량과 기질을 지닌 개인들의 집단이다. 이렇게 여러 사람이 모여 일하는 그룹에는 특유의 역학 관계와 상황이 존재하기 마련이다. 제5장에서는 팀의 잠재력과 성과에 영향을 미치는 팀원들의 상호작용 방식, 즉 '팀 역학(team dynamics)'에 대해 살펴볼 것이다. 여러분의 팀에서 발생할 수 있는 분쟁을 피하려면 어떤 조치를 취해야 할지 논의하고, 팀원들 모두가 자신의 목소리를 내도록 하는 방법에 관해서도 이야기할 것이다. 여러분의 팀이 갈등으로 인해 추락하려고 할 때 어떻게 해야 상황을 바로잡을지도 이야기해보려

한다.

여러분은 팀장으로서 위에서 언급한 카자흐스탄 프로젝트팀과 같은 상황은 절대 마주하지 않길 바란다. 물론 그런 에피소드는 오랫동안 술자리 안줏거리가 되어주겠지만 말이다. 앞으로 살펴볼 팀을 관리하는 방법에 대해 잘 숙지한다면 어떤 팀원에게 페이스트리를 건네는 이유는 오직 진심 어린 애정 때문이어야 한다는 점도 이해하게 될 것이다.

제18강

탁월한 팀을 만드는
세 가지 핵심 요건을 관리하라

여러분이 해변에 집을 한 채 짓기로 했다고 가정하고, 한 가지 사고 실험을 해보자. 먼저 여러분은 인테리어 분야 인플루언서의 인스타그램에나 등장할 법한 근사한 주방을 설계한다. 벽에는 멋진 타일을 붙이고 레인지후드도 번쩍번쩍 광이 나는 것으로 고른다. 새하얀 침대 시트는 방금 다림질을 한 것처럼 반듯하고 뽀송뽀송하다. 그 옆에는 바다 느낌이 물씬 풍기는 작은 테이블이 놓여 있다. 거실의 샹들리에는 소박한 집안 분위기에 잘 어울리도록 맞춤 제작을 한 것이다. 여러분이 샹들리에를 보며 뿌듯해하는 그 순간에 갑자기 파도가 몰아치고 집은 한순간에 무너져 폐허가 되어버린다. 기초공사보다 온갖 장식에만 신경을 쓴 탓이다.

사실 이는 팀을 구성할 때 여러분이 자주 저지르는 실수이기도 하다. 어떤 팀장은 '완벽한' 팀을 만드는 데 많은 시간을 쏟아붓는다. 서로의 약점을 보완해줄 팀원들을 찾고, 각 팀원에게 어떻게 업무를 배분할지 고민하고, 사전에 세심하게 준비해서 회의를 진행하고자 노력한다. 그러다 팀이 와해하는 순간 가슴이 쿵 내려앉는다. 완벽하다고 여겼던 팀이 작은 문제도 감당하지 못하는 '개인들의 집합체'에 불과했다는 사실에 충격을 받는다.

그저 개인들이 모였다고 해서 팀이 될 순 없다. 여러분은 완벽한 팀을 만들려고 했겠지만, 결과적으로는 허울만 그럴듯한 팀을 만든 셈이다. 훌륭한 팀을 만들기 위해 가장 먼저 해야 할 일은 시간과 노력을 들여 기초공사를 탄탄하게 하는 것이다. 반복적이고 그리 즐겁지 않아 보이더라도 기초공사를 제대로 해야만 일순간에 무너지지 않는 강한 팀을 만들 수 있다.

● 탁월한 팀의 두 가지 공통점 ●

단순히 팀원들이 모여 있는 명목상의 팀이 아니라 상호작용을 통해서 시너지를 내고 목표를 향해 함께 달려가는 제대로 된 팀을 만들고 관리하려면 어떻게 해야 할까? 팀을 처음 조직할 때부터 탁월한 팀을 만드는 핵심 요건을 제대로 파악해야 한다. 탁월한 팀의 핵심 요건과 관련해 참조할 만한 연구 결과 중에 오래전 구글에서 진행한 '아리스토텔레스 프로젝트'라는 것이 있다. 프로젝트 진행 당시 구글은 조직 내 180개 팀을 대상으로 연구를 진행했다.[1] 그 결과를 보면 탁월한 팀들의 인력 구성이나 운영 방식 등이 서로 일치하지 않았다. 가령 어떤 팀은 나이, 경력, 출신 지역 등이 제각기 다른 다양한 팀원들로 구성되었고, 또 다른 팀은 비교적 동질성이 높은 팀원들로 구성되었다. 또 어떤 팀은 시간 관리를 엄격하게 하는 편이었지만, 또 다른 팀은 그렇지 않았다. 말하자면, 인력구성이나 운영 방식은 탁월한 팀을 만드는 핵심 요건이 아니었다. 탁월한 팀에는 두 가지 공통점이 있었는데, 그것은 바로 '명확한 규범'과 '심리적 안전감'이었다.

먼저 팀원들의 행동 기준인 '명확한 규범'에 대해 살펴보자. 이는 팀이 작동하는 방식과 관련되며 일종의 '게임의 법칙'이라고도 할 수 있다. 팀을 성공적으로 운영하기 위해 중요한 것은 어떤 규범을 만드느냐가 아니라 모든 팀원이 같은 규범에 따라 행동하는 것이다. 예를 들어, 팀 주간업무회의를 할 때 시간을 준수해 곧바로 업무 이야기를 하는 팀이라고 해서 회의 시작 전 지난 주말에 뭘 했는지 수다 떨며 20분을 허비하는 팀보다 반드시 더 높은 성과를 내는 것은 아니다. 중요한 점은 모든 팀원에게 똑같이 적용되는 규범이 있고, 모든 팀원이 이 규범을 토대로 어떻게 행동해야 하는지 명확하게 아는 것이다.

---

1   이 연구는 다음 자료에 잘 요약돼 있다. Charles Duhigg, "What Google Learned From Its Quest to Build the Perfect Team," *New York Times*, February 25, 2016.

두 번째는 심리적 기초공사라고 할 수 있는 '심리적 안전감'이다. 이는 심리학자 에이미 에드먼슨(Amy Edmondson)이 처음 만든 개념으로, 그는 심리적 안전감을 "조직에 속한 개인이 비판이나 처벌에 대한 두려움 없이 안전하게 위험을 감수할 수 있는 심리적 상태"라고 정의했다.[2]

심리적 안전감이 높은 팀원은 두려움 없이 도전적인 일에 뛰어들며 자기 업무에 온전히 헌신할 수 있다. 심리적 안전감이 높은 팀은 또다시 두 가지 공통점을 지닌다. 한 가지는 팀원들이 높은 공감력을 바탕으로 다른 팀원들의 관점과 경험을 이해하기 위해 노력한다는 것이다.[3]

다른 한 가지는 모든 팀원이 각자의 목소리를 내되 발언의 비율이 '전체적으로' 균형 있게 유지된다는 것이다. (여기에서 '전체적으로'라는 의미는 그야말로 팀 전체의 관점에서 그렇다는 뜻이며, 모든 회의에서 모두 같은 시간 분량의 발언권이 확보된다는 의미는 아니다.) 여러분 팀의 심리적 안전감이 어느 정도인지 궁금하다면 혹은 팀의 심리적 안전감을 높이고자 한다면 279쪽의 '심리적 안전감 질문지'를 활용해보기 바란다. 이 질문지는 에드먼슨 연구팀이 고안한 것으로 주로 팀원들 간

---

2   Amy Edmondson, "Psychological safety and learning behavior in work teams," *Administrative Science Quarterly* 44, no. 2 (1999), 350~383.

3   공감 지수가 높은지 확인하고 싶은가? 케임브리지대학교 시몬 바론-코헨 (Simon Baron-Cohen) 교수가 개발한 테스트를 진행해보라. https://well.blogs. nytimescom/2013/10/03/well-quiz-the-mind-behind-the-eyes.

의 역학 관계에 초점이 맞춰진 질문들로 구성되었다.

● 세 가지 핵심 요건을 관리하는 방법 ●

모든 팀원의 행동 기준이 되는 명확한 규범 그리고 높은 공감력과 공평한 발언권은 탁월한 팀의 핵심 요건이면서 팀을 안정적으로 조직하기 위한 기초공사에 해당한다.[4]

그러면 이제부터 여러분이 팀장으로서 세 가지 핵심 요건을 각각 어떻게 관리해야 할지 구체적으로 살펴보자.

첫 번째 핵심 요건은 명문화된 확실한 규범이다. 팀을 조직하는 초기에 팀원들과 함께 팀의 규범에 대해 의견을 나누고 기록해보자. 우리는 조직에서뿐 아니라 삶의 다른 영역에서도 머릿속으로 생각만 할 뿐 겉으로 드러낸 적 없는 기대치를 갖고 살아간다. 그런데 사실 우리는 말로 하거나 글로 적지 않는 이상 서로의 생각을 정확하게 알기 어렵다. 팀원들이 기대하는 팀의 규범에 대해 기록하도록 하는 이유는 세부적인 측면까지 상세히 이해하고 공유하기 위해서이다. 팀의 규범에 관해 의견을 나눌 때는 가치 중심의 질문에 각

---

4 팀 내 심리적 안전감을 높이는 방법으로 구글은 스프레드시트를 활용하고 있다. https://rework.withgoogle.com

자의 생각을 대답하는 형식으로 진행하는 것이 바람직하다. 반드시 공유하고 확인해야 할 질문들의 예시는 다음과 같다.

- 우리 팀이 어떤 목표를 갖고 어떤 방향으로 나아가길 바라는가?
- 우리 팀이 가장 중요하게 여기는 가치들은 어떤 것이길 바라는가?
- 우리 팀은 일의 능률과 효용성 중 어떤 것을 더 중요하게 여기길 바라는가?
- 우리 팀이 가장 선호하는 의사소통 수단과 방식이 무엇이길 바라는가?
- 팀에서 업무 피드백은 얼마나 자주 어떤 방식으로 이루어지길 바라는가?
- 팀 회의를 어떤 주제로 얼마나 자주 하길 바라는가?
- 팀 전체의 주요 사안에 대해 어떤 방식으로 의사결정을 하길 바라는가? (만장일치, 다수결, 팀장이 최종결정 등)
- 팀 회의 결과에 따른 피드백과 사후 조치는 어떻게 진행하길 바라는가?
- 팀의 공동 업무와 관련해 각 팀원의 역할을 어떻게 정하길 바라는가? (예: 회의 안건 작성 및 공유, 회의록 작성, 시간 관리, 회의 진행 책임 등)
- 각 팀원의 역할은 어떤 주기와 기준으로 바뀌길 바라는가?
- 그 밖에 추가하고 싶은 다른 규범이 있는가?

앞에서도 강조했듯이 규범의 내용 자체보다는 팀원들 모두가 그 규범의 내용을 정확하게 알고 자기 행동에 적용하는지가 더 중요하다는 점을 잊지 마라. 또 모두의 토론을 거쳐 규범을 결정하고 난 이후에도 자주 점검해서 필요에 따라 수정하도록 한다. 가령 비대면으로 업무를 해야 하는 상황이 된다든가, 새로운 팀원이 합류한다든가 하면 규범의 내용도 수정되어야 한다.

두 번째 핵심 요건은 팀원들 간의 높은 공감력이다. 다른 사람보다 공감 능력이 뛰어난 사람들이 있는데, 그들은 서로의 생각을 좀 더 잘 이해할 수 있다. 팀장으로서 여러분이 해야 할 일은 팀원들의 공감력을 키우는 것이다. 최고의 시나리오는 팀원들이 서로 열린 마음으로 소통하며 약점을 드러냄으로써 자연스럽게 공감의 폭을 넓혀가는 것이다. 그러려면 팀원들이 각자 자신이 어떤 사람인지, 자신에게 중요한 건 무엇인지 툭 터놓고 이야기할 수 있어야 하는데, 이는 절대 쉽지 않은 일이다. 특히 팀이 이제 막 만들어졌거나 이미 특정 문제로 진통을 겪고 있는 경우라면 더욱 그렇다.

이때 스트렝스파인더나 에니어그램과 같은 도구를 잘 활용하면 큰 도움이 된다.[5] 스트렝스파인더는 자신의 강점을 스스로 발견하도

---

5 이런 평가 결과를 해석하는 훈련을 받은 사람들은 무척 많다. 나는 이것을 토론 및 팀 조직을 위한 안전한 출발점으로 삼고 싶다. 갤럽의 스트렝스파인더 및 에니어그램 툴은 각각 다음 사이트에서 확인할 수 있다. https://www.gallup.com. https://www.enneagraminstitute.com.

록 돕는 프로그램으로, 설문 조사에 답하면 자신이 지닌 상위 강점들에 대해 알 수 있다. 에니어그램 역시 설문 조사에 답을 하면 아홉 가지 성격 유형 중 자신이 어느 유형에 속하는지 알 수 있도록 해주는 프로그램이다. 이러한 도구들의 특징은 모든 사람을 몇 가지 특정 범주로 구분한다는 것인데, 이는 개략적인 참조가 될 뿐 절대적인 것은 아니다. 다만 이런 도구를 활용하면 팀원들이 자신에 관해서 더 많은 이야기를 자연스럽게 할 수 있고, 이를 통해 서로의 강점과 약점을 비롯해 의사소통과 대인관계 방식, 일하는 방식 등에 대해 더 깊이 이해할 수 있다.

제13강에서 설명했던 '아름다운 질문'을 기억할 것이다. 팀장으로서 여러분은 팀원들이 서로에 대한 이해와 공감을 높이기 위한 아름다운 질문으로 주간업무회의를 시작할 수도 있다. 혹은 격주나 월 단위로 '아름다운 질문'을 위한 시간을 갖는 것도 괜찮다. 이때는 사전에 왜 서로 이런 질문들을 던지고 대답하는 것이 공감력을 높이고 팀 전체에 도움이 되는지 설명해준다. 아름다운 질문을 주고받는 시간을 통해 여러분은 팀원들에게 개인적인 삶에 관해 더 편안하게 이야기하도록, 회사에서 업무 외적으로 힘든 부분은 무엇인지 터놓고 이야기하도록 독려할 수 있다. 이때 활용할 수 있는 도구가 있는데, 이야기를 나누기 전에 각자 지난 일 년에 일어났던 일들을 시간순으로 적은 '나의 지난 일 년간의 여정'을 공유하는 것이다. 이 여정에는 자신의 삶과 직장에서 경험한 특별한 사건을 주로 기록하되 감정적인 부침들에 대해서도 그래프로 표현해주면 다른 사

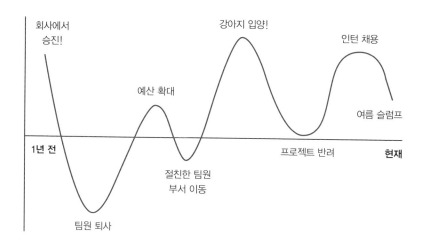

회사에서
승진!

강아지 입양!

인턴 채용

예산 확대

여름 슬럼프

1년 전

프로젝트 반려

현재

절친한 팀원
부서 이동

팀원 퇴사

'나의 지난 일 년간의 여정' 예시

람의 이해를 돕는 데 큰 도움이 된다.

세 번째 핵심 요건은 공평한 발언권이다. 발언권이 공평하다는 것
은 팀원 누구나 아무런 제한 없이 자기 목소리를 낼 수 있음을 의미
한다. 다음 제19강에서 팀원들이 편안한 마음으로 환영받는 분위기
에서 발언하도록 하는 방법에 대해 논의할 것이다. 여기에서는 우
선 발언권을 공평하게 적용하는 방법에 대해 살펴보도록 하자.

⦿ **선의의 비판자** : 중요한 결정을 해야 할 때는 선의의 비판자를 지
정해 일부러 반대하는 역할을 맡도록 한다. 이를 통해 팀원들은 반
대 의견에 대응하는 태도와 방법을 익히게 되며, 다른 사람의 의견

에 반대하는 발언을 하는 것에 제약을 느끼지 않게 된다.

- **발언 순서 배정** : 팀 회의시간에 팀에서 가장 막내인 팀원부터 발언하도록 하는 규범을 만든다. 이렇게 하지 않으면 회의가 끝나갈 무렵 막내 팀원은 한마디도 하지 못하고 있을 가능성이 크다.

- **발언자 지목** : 발언권을 얻지 못하는 팀원이 없도록 하려면 팀원들이 서로 질문할 때 발언자를 호명해 지목하는 것도 좋은 방법이다. 가령 "레슬리, 이번 홍보 전략에서 두 번째 권고 사항에 대해 어떻게 생각해?"라고 묻는 식이다. 특히 온라인 회의에서는 대면 회의와 달리 어떤 몸짓이나 단서로 발언권을 얻기가 어려우므로 이렇게 질문자가 발언권을 지정해줌으로써 공평하게 목소리를 내도록 할 수 있다.

- **공평한 시간 분배** : 혼자서 너무 오래 발언하는 팀원에게는 발언 및 경청 시간의 균형 차원에서 건설적인 피드백을 제공한다. 때로는 팀장으로서 단호하게 발언 시간을 제한할 수도 있어야 한다. 중요한 점은 사전에 팀원들에게 발언 시간의 균형을 언급하고 팀장이 개입할 수도 있음을 주지시키는 것이다.

여러 사람이 모였다는 이유로 팀이라고 부를 뿐 실제로 팀원들의 긍정적인 상호작용과 시너지라곤 찾아볼 수 없는 허울뿐인 팀에 속했던 경험이 여러분에게도 있을 것이다. 나는 대학원 시절 다섯 명이 함께 논문을 공저한 적이 있는데, 이때 수동적이고 공격적인 공동 작업이 얼마나 끔찍한지 절실히 경험했다. 어떤 스타트업을 공동 경영하게 되었을 때도 서로 비전과 가치관이 다른 경영진을 억지로 사랑해야만 했다. 최근에는 어떤 명상 단체에 속한 적이 있는데 수행을 하는 사람들이 모인 곳이니 아주 훌륭한 팀이 꾸려지지 않을까 기대했다. 하지만 우리의 기대는 어김없이 빗나갔고, 다른 유형의 팀들에서 볼 수 있는 매우 전형적인 이유로 끊임없이 삐걱댔다. 하지만 희망은 있으니 너무 절망하지 말기 바란다. 팀원들의 기대치를 반영해 명확한 규범을 만든 다음 이를 모든 행동의 기준으로 삼고, 여러 가지 도구를 활용해 팀원들이 서로를 이해하고 공감하도록 하며, 팀원들 모두가 공평하게 발언권을 갖고 자기 목소리를 낼 수 있도록 회의를 비롯한 의사소통 방식을 잘 구조화하면 된다. 그리고 이 세 가지 핵심 요건은 팀을 조직하는 초기에, 혹은 여러분이 새로운 팀을 맡은 초반에 반드시 탄탄하게 다져놓아야 한다는 점도 잊지 말기 바란다.

● 팀을 커뮤니티처럼 운영하라 ●

탁월한 팀을 위한 핵심 요건에 한 가지 더 추가하고 싶은 것이 있다. 달콤한 아이스크림 맨 위에 올리는 붉은 체리처럼 말이다. 그것은 바로 팀을 마치 '커뮤니티'처럼 운영하라는 것이다. 여러분이 속했던 최고의 커뮤니티를 떠올려보라. 대학에서의 스포츠팀일 수도 있고, 교회의 성가대 혹은 또래 친구들과 만든 댄스클럽일 수도 있다. 뚜렷한 지향점을 공유하는 훌륭한 커뮤니티에 속할 때 사람들은 강한 소속감을 느끼면서 커뮤니티 내의 다른 멤버들에게 진심으로 관심을 기울인다. 어떤 역할을 맡지 않더라도 어떻게 하면 커뮤니티를 성장시킬 수 있을지 고민하고, 커뮤니티의 각종 규정을 철저히 준수하려 애쓴다. 조직에서 구성원들을 한데 묶는 것은 흔히 '문화'의 역할이라고 말한다. 맞는 말이다. 다만 조직 문화를 기반으로 한 팀보다 커뮤니티처럼 운영되는 팀이 훨씬 자발적인 결속력을 지닌다.

스타트업 초기에는 대개 조직 문화에 관한 논의에 많은 시간을 할애한다. 때로는 조직 문화 자체만 논의하기 위한 워크숍을 열기도 한다. 논의를 통해 합의한 문화적 가치들은 목록으로 정리해 사무실 어딘가에 붙여둔다. 또 신규 인력을 채용할 때 이 문화적 가치들을 반영한 질문지를 중심으로 면접을 진행한다. 투자자를 비롯한 외부 관계자들에게도 사내 문화를 경쟁우위로 내세운다.

하지만 막상 일상적인 팀 운영에서는 그러한 문화적 가치가 공허한 구호처럼 여겨질 때가 있다. 팀원들은 회사에서 제시하는 문화적 가치가 자신의 일상 업무와 어떻게 연결되는지 파악하는 데 혼란을 겪기도 한다. 조직 규모가 커지면 팀원들은 자신이 속한 팀의 문화가 조직 내 다른 팀의 문화와 다르다고 느낄 수도 있다. 그토록 진지하게 고민해서 정한 문화적 가치들이 어느 순간 매우 건강한 맛이지만 딱히 맛있다고 할 순 없는 저염 음식처럼 느껴지기도 한다. 그러면서도 그 이유를 알아내기란 쉽지가 않다.

문화는 중요하다. 우리가 조직 내에서 어떻게 행동해야 할지 함축적이면서도 명확하게 알려주기 때문이다. 하지만 여러분은 팀을 운영하면서 어떤 문화적 가치는 지나치게 포괄적이어서 구체적으로 적용하기가 어렵다는 점을 알게 될 것이다. 따라서 팀을 효과적으로 관리하기 위해서는 훌륭한 팀 문화를 구축하려 애쓰기보다 팀을 훌륭한 커뮤니티로 운영하는 데 집중하라는 것이 나의 제안이다.

이러한 제안은 지금까지 여러분이 들어온 조직 문화와 관련된 지침과는 모순되는 것일 수 있다.[6] 하지만 나는 조직 문화가 전혀 쓸모없으니 배척하라고 말하는 것이 아니다. 다만 팀을 커뮤니티처럼 운영하는 데 집중하게 되면 팀원들이 훨씬 강하고 자발적인 결속력으로 뭉치게 된다는 점을 강조하고 싶다. 커뮤니티는 다른 조직 유형과 달리 구성원 한 명 한 명이 커뮤니티 성장에 강한 책임감을 느끼며 깊이 관여한다. 진정한 커뮤니티는 단 한 명의 구성원도 배제하지 않고 모두가 함께한다. 마찬가지로 커뮤니티처럼 운영하는 팀의 팀원들 역시 서로 긍정적인 작용을 하며 시너지를 내는 역학적 관계를 맺는다. 커뮤니티는 공통된 비전과 목적을 중심으로 모든 구성원을 하나로 모은다. 또 커뮤니티에서는 모든 구성원이 자기 목소리를 내는 것이 권장된다. 이것들은 모두 탁월한 팀을 위한 중

---

6   일부 경영학자는 커뮤니티를 문화 연구에 대한 추가적인 관점으로 편입해 논의하는 추세다. 이에 관한 구체적인 내용은 다음 자료를 참고하기 바란다. Etienne C. Wenger, William M. Snyder, "Communities of Practice: The Organizational Frontier," *Harvard Business Review* 78, no. 1 (2000), 139~146.

요한 요건들이며, 팀을 커뮤니티처럼 운영할 때 얻을 수 있는 이점들이다.

● 팀을 커뮤니티처럼 운영하는 방법 ●

그렇다면 어떻게 해야 팀을 커뮤니티처럼 운영할 수 있을까? 먼저 팀의 문화와 관련된 논의를 할 때 '문화' 대신 '커뮤니티'라는 단어를 사용하라. 한다. 가령 "우리의 문화적 가치는 무엇인가?"라고 질문하는 대신 "우리 커뮤니티의 가치는 무엇인가?"라고 질문한다. 또 "우리 팀 문화를 강화하기 위한 활동에는 무엇이 있는가?"라고 질문하는 대신 "우리 커뮤니티 발전을 위한 활동에는 무엇이 있는가?"라고 질문한다.

두 번째 방법은 커뮤니티 구축에 팀원들을 적극적으로 참여시키는 것이다. 커뮤니티는 구성원 한 명 한 명이 주인이다. 따라서 구성원들의 소속감을 고취하고 커뮤니티를 더욱 발전시키기 위해 무엇을 해야 할지 모든 팀원이 의견을 내고 직접 참여하도록 하는 것이 바람직하다. 팀장으로서 여러분은 팀원들이 스스로 변화를 끌어내고 만들어갈 수 있도록 힘을 실어주며 지지하면 된다.

끝으로 팀에서 크고 작은 의사결정을 할 때 "이것은 커뮤니티를 더 강화하는 데 어떤 역할을 할 것인가?"라는 질문을 던져보는 것이다. 팀장인 여러분이 이런 관점을 갖고 의사결정을 한다면 팀원들 역시 자신의 일상 업무에서 그렇게 할 것이다.

인간으로서 우리는 '연결'을 갈망한다. 하지만 우리 자신보다 더 큰 무언가에 속해 있다는 느낌을 받을 기회는 거의 없다. 대부분 사람에게 있어 가장 가깝게 느껴야 할 진정한 커뮤니티는 직장이어야 한다.[7] 조직 문화가 좋아서 다니고 있는 회사에서 계속 일한다고 말하는 사람들도 있다. 하지만 우리가 정말 사랑하는 것은 주변 사람들, 즉 커뮤니티다. 커뮤니티에 연결되었다는 느낌을 받지 못하는 팀원들은 결국 조직을 떠나게 된다. 따라서 훌륭한 팀장이 되려면 단지 문화가 아니라 커뮤니티 구축에 주력해야 한다.

7　사회학자 로버트 퍼트넘(Robert Putnam)이 커뮤니티 및 사회 구조의 종말에 관해 기록한 자세한 내용은 다음 자료를 확인하기 바란다. Robert Putnam, *Bowling Alone: The Collapse and Revival of American Community* (New York: Simon and Schuster, 2000)

☑ 단지 이름만 팀일 뿐 제 기능을 하지 못하는 팀이 있다. 이런 팀에서 팀원들은 모두 각자 생각대로 움직이기 때문에 긍정적인 상호작용과 시너지를 얻을 수 없다.

☑ 훌륭한 팀을 만들고 운영하려면 명확한 규범과 심리적 안전감(높은 공감력 및 공평한 발언권)이라는 두 가지 요건이 필요하다.

☑ 명확한 규범은 그 내용보다 모든 팀원이 그 규범을 공유하고 각자의 행동에 적용하는 것이 중요하다.

☑ 팀의 공감력은 팀원들이 서로를 더 깊이 이해함으로써 커질 수 있다. 스트렝스파인더, 에니어그램, 아름다운 질문과 같은 도구를 활용하라. 지난 일 년간의 주요 경험들을 그래프로 표현해 팀원들이 공유하는 것도 좋은 방법이다.

☑ 발언권이 공평하다는 것은 팀원 누구나 아무런 제한 없이 목소리를 낼 수 있고, 팀원들 모두가 거의 비슷한 분량의 발언권을 얻는다는 것을 의미한다. 선의의 비판자를 지정하고, 발언 시간을 균형 있게 통제하라.

◈ 심리적 안전감 질문지 ◈

※ 심리적 안전감 점수는 팀 분위기가 대인관계 위험을 어느 만큼 감수하도록 허용하는지 보여준다. 이는 다른 팀원을 신뢰하는 척도로 다른 사람에게 손해를 끼치며 개인적인 이익을 얻으려고 하지 않는 정도를 나타내기도 한다.

※ 질문에 대한 답이 '확실히 그렇다'면 5점, '그렇다'면 4점, '보통이다'면 3점, '대체로 아니다'면 2점, '전혀 아니다'면 1점에 체크하고, 마지막에 전체 점수를 합산한다. 점수가 높을수록 심리적 안전감이 높다고 할 수 있다.

질문	점수				
1. 이 팀에서는 위험을 감수하는 것이 안전하다.	1	2	3	4	5
2. 이 팀의 팀원들은 각종 문제와 어려운 상황을 기꺼이 공유한다.	1	2	3	4	5
3. 이 팀에는 나의 노력을 일부러 깎아내리려는 팀원이 아무도 없다.	1	2	3	4	5
4. 이 팀에서 누군가 실수하면 대체로 본인의 책임이다.	1	2	3	4	5
5. 이 팀의 팀원들은 종종 다르다는 이유로 다른 사람을 거부한다.	1	2	3	4	5
6. 이 팀에서는 다른 팀원에게 도움을 요청하기가 어렵다.	1	2	3	4	5
7. 이 팀원들과 함께 일하면 나의 고유한 기술과 역량이 가치 있게 여겨지고 잘 활용된다.	1	2	3	4	5

출처: Edmondson, A. (1999). "Psychological safety and learning behavior in work teams." *Administrative Science Quarterly*, 44, 350~383.

제19강

자유롭게 자기 목소리를 내는
문화를 만들어라

오래전 어느 무더운 여름날, 텍사스 중부지방에 사는 한 가족이 땀을 뻘뻘 흘리며 현관 앞에 앉아 있었다. 그러던 중 할아버지가 더위도 피하고 풍경의 변화도 느껴보자며 몇 가지 의견을 냈다. 하지만 어느 것도 썩 와닿지 않았다. 이어 할머니가 한두 가지를 더 제안했다. 그중에는 온 가족이 차를 타고 애빌린에 가서 저녁을 먹자는 의견도 포함되었다. 텍사스만큼 무더운 곳이었다. 아무도 별 반응이 없었다. 엄마가 아빠에게 물었다. "애빌린 가고 싶어요?" 아빠는 "별로"라고 대답했다. 이번에는 손자가 할아버지에게 물었다. "할아버지 애빌린 가고 싶으세요?" 할아버지는 어깨를 으쓱하며 어정쩡한 태도를 보였다. 모두가 이 무더운 날씨에 애빌린까지 가는 건 말도 안 되는 일이고 가고 싶지도 않다고 생각했다. 그런데 이게 웬일인가! 그들은 어느 순간 에어컨도 고장 난 낡은 자동차에 올라타 애빌린으로 가고 있었다. 그러나 그것은 현관 앞에 앉아 있는 것보다 훨씬 안 좋은 선택이었다.

이것이 바로 집단 사고의 한 형태인 '애빌린의 역설'이다. 애빌린의 역설은 사람들이 집단으로 일련의 행동에 대한 의사결정을 할 때 대다수 혹은 전체가 자신의 의사에 반해 원하지 않는 방향의 결정을 하는 데 동의하는 현상을 일컫는다. 이때 집단 내의 의사소통이 제대로 이루어지지 않은 상태에서 개인들은 집단의 의견이 자신의 의견과 다르다고 잘못 생각하면서도 반대를 하지 못해 어쩔 수 없이 동의한다.

● 팀원들이 자기 목소리를 내는 것이 중요한 이유 ●

여러분도 애빌린의 역설을 경험한 적이 있을 것이다. 친구들과 무엇을 먹을지 의논하는 상황에서 결국 아무도 좋아하는 사람이 없고 여러분 자신도 별로 내키지 않는 음식점에서 먹기로 결정을 내린 적이 있을 것이다. 이 같은 애빌린의 역설은 여러분의 팀에서도 빈번하게 발생한다. 누군가 머릿속에 처음 떠오르는 아이디어를 내놓으면 그 의견에 반대하는 사람이 없다는 이유로 결국 그것이 최종안으로 결정되는 때가 있다. 사실 아무도 그 아이디어를 훌륭하다고 평가하지 않았는데 말이다. 신규 채용을 할 때 모두가 3순위나 4순위쯤으로 여겼던 지원자를 선택하는 상황도 마찬가지다. 특별한 약점도, 그렇다고 특별한 강점도 없는 사람으로 최종 선택을 한 뒤 면접관들은 회의실을 나온다. 그러고는 머리를 긁적이며 이렇게 생각한다. '어쩌다 저런 사람을 뽑았지?'

팀장으로서 여러분에게는 팀의 의사결정 과정을 능률적이면서 효과적으로 이끌어갈 책임이 있다. 문제는 여러 사람이 모여 의사결정을 하면 애빌린의 역설과 같은 집단 사고의 함정에 빠지기 쉽다는 점이다. 팀에서 나쁜 의사결정이 이루어지는 이유는 솔직하게 자신의 반대 의견을 말하는 사람이 없기 때문이다. 팀을 제대로 운영하기 위해서는 팀원들이 자신의 목소리를 내거나(자신의 의견과 생각을 공유하는 것) 반대 의견을 내는 것(다른 사람, 특히 팀장인 여러분의 의견에 동의하지 않거나 반대하는 것)을 편안하게 받아들이도록 해야 한다. 이와 함께 어떤 팀원이 자신의 목소리를 내거나 반대 의견을 냈을 때 직급이나 위치에 상관없이 그 팀원의 생각과 의견이 함부로 간과되지 않고 진지하게 받아들여지도록 해야 한다.

그렇다면 팀원들이 자기 목소리를 내거나 반대 의견을 말하도록 하는 것이 그토록 중요한 이유는 무엇일까? 지난 역사를 돌이켜 보면 애빌린의 역설과 같은 집단 사고의 함정으로 인해 아주 유능한 팀이 최악의 의사결정을 한 사례가 수없이 많다. 1986년 우주왕복선 챌린저호가 전 세계인이 지켜보는 가운데 폭발해버렸다. 몇몇 전문가들의 의견을 무시하지 않았다면 충분히 막을 수 있는 참사였다. 실리콘밸리의 생명공학기업 테라노스는 피 한 방울로 250가지 질병을 진단할 수 있다는 획기적인 아이디어로 막대한 투자금을 끌어모았지만, 결국은 사기 행각으로 드러났다. 정재계의 내로라하는 인사들이 테라노스의 CEO를 지지함으로써 후광효과가 만들어지지 않았더라도 그런 대국민 사기극이 가능했을까?[1]

우버는 자체 개발한 불법 소프트웨어로 정부의 감시망을 교묘하게 피해온 것이 발각되어 법적 처벌을 받게 되었다. 평소 매우 성실하고 타인을 배려할 줄 알았던 우버의 몇몇 직원들이 이 의심스럽고 비윤리적인 소프트웨어가 사용되는 것을 그냥 지켜보기만 했던 것도 결국은 집단 사고로 인한 함정 때문이었다.[2]

어떤 팀에서 최악의 의사결정을 하는 이유는 대부분 집단 사고의 힘으로 인해 분명히 의식조차 하지 못하는 상황에서 소수의 반대 의견과 잠재적인 일부 정보를 간과하거나 배제하기 때문이다. 팀원들 모두가 심리적 안전감을 바탕으로 아무런 제한 없이 자기 목소리를 낼 수 있어야 하는 중요한 이유가 바로 여기에 있다. 또 다른 이유도 있다. 팀원들이 각자 자기 목소리를 내도록 함으로써 포용적이고 자율적인 팀 문화를 형성할 수 있기 때문이다. 사안의 긴급성과 효율성이 특정 팀원의 목소리를 배제하는 근거가 되어서는 안 된다. 특히 권력자들은 현재 상태의 특권을 영속하기 위해 긴급성

1 John Carreyrou, *Bad Blood: Secrets and Lies in a Silicon Valley Startup* (New York: Knopf, 2018).

2 Mike Isaac, "Uber Faces Federal Inquiry Over Use of Greyball Tool to Evade Authorities", *New York Times*, May 4, 2017.

을 이유로 다른 의견을 수용하지 않는다.[3]

　여러분은 어쩌면 '우리 팀은 절대로 그런 끔찍한 의사결정을 할 리 없어. 항상 건전한 토론을 하고, 팀원들은 늘 내게 늘 사실만을 말하니까'라고 생각하고 있을지도 모른다. 하지만 집단 사고의 함정은 늘 예고 없이 등장하기 때문에 좀처럼 알아채기 어렵다. 우리는 집단 사고가 어떻게 생겨나는지 보지 못할 뿐만 아니라 그것이 언제 생겨났는지도 알지 못한다.

● 왜 우리는 반대 의견을 쉽게 말하지 못할까? ●

　그렇다면 집단 사고는 왜 우리가 의식하지 못하는 사이에 그렇게 생겨나는 것일까? 모든 팀원이 각자의 목소리를 내고 집단 사고와 다른 반대 의견을 분명히 말하기란 왜 어려울까? 그 이유는 대개 다음의 다섯 가지로 정리할 수 있다.

　첫째, 우리는 집단의 일원이 되길 강력히 원하기 때문이다. 이런 이유로 나머지 대다수 팀원과 다른 반대 의견을 내기란 쉬운 일이 아니다. 자신의 의견이 소수 의견일 때는 대부분 사람이 심각한 불

3　Kenneth Jones, Tema Okun, "White Supremacy Culture," in *Dismantling Racism: A Workbook For Social Change Groups* (ChangeWork, 2001).

안을 느낀다. 심리학자 솔로몬 애쉬(Solomon Asch)의 아주 유명한 실험 결과, 사람들은 집단 사고에 반대하기보다 차라리 잘못된 의견을 내는 것으로 나타났다.[4]

우리는 자신이 속한 집단의 다른 사람들이 자신을 어떻게 생각하는지 신경 쓰기 때문에 설령 집단 사고가 틀렸다는 것을 알더라도 거기에 순응하려고 한다.

둘째, 여러 사람이 모인 집단에서는 새로운 정보를 공유하지 않기 때문이다. 여러 사람이 모이면 서로 이미 알고 있는 내용만 말하다가 대화가 끝나버리는 경우가 많다. 나는 이것을 '고등학교 친구들 현상'이라고 부른다. 여러분도 알다시피 고등학교 친구들을 만나면 모두가 함께 기억하는 일화나 친구에 관한 이야기 등 추억을 나누며 대부분 시간을 보낸다. 각자 최근의 새로운 소식은 딱히 공유하지 않는다. 조직에서도 마찬가지다. 여러 사람이 모인 자리에서 자신만 알고 있을지 모를 새로운 정보를 꺼내놓는 일이 쉽지 않다. 설사 그 정보가 매우 유용하거나 꼭 필요한 것이라 해도 말이다. 더말도 안 되는 사실은 전문가들도 똑같은 현상을 경험한다는 것이다. 여러 연구 결과에 따르면, 의사들이 환자를 진단할 때 여럿이 함께 있으면 새로운 정보를 공유하기보다 이미 알고 있는 사실만 되

---

4   Solomon Elliot Asch, Harold Guetzkow, "Effects of group pressure upon the modification and distortion of judgments," *Organizational Influence Processes* (1951), 295~303.

풀이함으로써 결국 잘못된 진단을 내린다고 한다.[5]

셋째, 우리는 깨닫지 못하는 사이 다른 사람의 판단에 영향을 받기 때문이다. 일종의 '정신적 오염'이라고 할 이러한 현상으로 인해 우리는 아무런 편견 없이 의견을 교환하기가 어렵다. 다 같이 모여 아이디어를 내는데 가장 처음 나온 아이디어나 팀에서 제일 높은 사람이 낸 아이디어에서 맴도는 상황을 떠올려보라. 이는 우리의 생각이나 의견이 스스로 알지 못하는 사이에 다른 사람의 생각과 뒤섞이며 오염되기 때문이다.

넷째, 의사결정이 어떻게 되든 신경 쓰지 않기 때문이다. 우리는 여럿이서 어떤 문제를 논의할 때 종종 '백기 들기'라는 행동을 한다.[6] 이는 몸만 회의실에 있을 뿐 정신은 완전히 다른 곳에 가 있어 의사결정에 전혀 신경 쓰지 않는 상황을 가리킨다. 회의가 어서 끝나길 기다리며 점심으로 뭘 먹을지 생각하는 자크, 후텁지근한 회의실에

5　정보 흐름과 팀에 대한 좀 더 구체적인 내용은 다음 자료를 참고하기 바란다. Garold Stasser, W. Titus, "Pooling of unshared information in group decision making: Biased information sampling during discussion," *Journal of Personality and Social Psychology* 48, no. 6 (1985), 1467. Gwen Wittenbaum, Jonathan M. Bowman, "A social validation explanation for mutual enhancement," *Journal of Experimental Social Psychology* 40, no. 2 (2004), 169~184.

6　백기 들기 관련 내용 및 그것을 방지하는 방법에 관한 내용은 다음 자료에 자세히 소개돼 있다. Paul W. Mulvey, John F. Veiga, Priscilla M. Elsass, "When teammates raise a white flag," *Academy of Management Perspectives* 10, no. 1 (1996), 40~49.

서 빨리 벗어나고 싶어 몸이 근질근질한 것을 겨우 참고 있는 스티비가 모두 '백기 들기'를 하는 것이다. 우리는 다른 사람들이 자신보다 더 전문가라고 생각할 때, 결정된 내용이 자신에게 직접적인 영향을 미치지 않는다고 여길 때, 혹은 의사결정 과정에 자신이 의미 있는 기여를 하지 못한다고 간주할 때 백기 들기를 선택한다.

다섯째, 우리는 다른 사람에게 호감을 주길 원하기 때문이다. 우리가 집단에서 반대 의견을 내기 힘든 마지막 이유는 다른 사람들에게 성격이 고약한 사람으로 비치길 원하지 않기 때문이다. 우리는 자신이 낸 아이디어를 기꺼이 들어주고 인정해주는 사람에게 호감을 느낀다. 선배와 팀장에게 호감을 주길 원하는 신출내기 팀원들이 웬만한 아이디어에는 모두 손뼉을 치며 환호를 보내는 것도 그런 이유이다. 그런 이들이 유능한 팀장이 낸 아이디어에 작은 스크래치라도 날 만한 발언을 하는 것이 과연 가능할까?

● 팀원들이 반대 의견을 말하게 하는 방법 ●

팀원들이 반대 의견을 쉽게 내지 못하는 이유를 살펴보았다. 그렇다면 여러분은 팀장으로서 팀원이 자기 목소리를 내고 반대 의견을 말하도록 어떻게 격려할 수 있을까?

- **서로 다른 의견과 생각을 나누도록 독려한다.** 때로는 모든 사람을 무도회로 초청해야 한다. 사람들의 의견을 구하고, 그들이 그것을 나누면 진심으로 들어주는 것을 팀의 관행으로 자리 잡게 하라.

- **선의의 반대자를 지정한다.** 팀원들과 함께 중요한 의사결정을 해야 하는가? 그렇다면 여러분의 책임은 모든 주장에 반대 의견을 내는 사람을 한 명 지정하는 것이다. 이는 더 풍부한 정보를 바탕으로 효과적인 의사결정을 하도록 해줄 뿐만 아니라 신출내기 직원이 반대 의견 말하기 훈련을 하는 데도 도움이 된다. 비슷한 맥락에서 "모두 동의하시죠?"라는 식으로 '집단적으로' 물어서 사람들이 고개를 끄덕이는 상황으로 몰아가지 마라. "애슐리, 동의하나요?"라든가 "에린, 이 결정이 효과가 없을 것으로 생각하는 이유 한 가지만 말해줄래요?"와 같은 식으로 한 명씩 지정해 질문하고 구체적으로 의견을 확인해야 한다.

- **일대일로 만나 아이디어를 들어보아라.** 다 같이 모여 여러 가지 아이디어를 논의하는 회의를 계획하고 있다면, 회의 시작 전 팀원들을 한 명씩 따로 만나 각자의 아이디어를 들어보아라. 이렇게 하면 생각이 오염될 가능성이 줄어들어 더욱 창의적이고 다양한 아이디어가 나올 수 있다. 의사결정을 위한 토론을 할 때도 마찬가지로 다른 사람의 의견에 영향을 받기 전에 각자의 주장이나 사실들을 먼저 적어보도록 한다.

● **반대 의견 제시에 칭찬하고 보상하라.** 용기 있게 반대 의견을 내는 팀원을 공개적으로 칭찬하고 보상하는 문화를 만들어라. 어떤 기업은 조직 전반에 '반대'를 독려하고 자연스럽게 받아들이는 문화를 조성하기도 한다. 특정 회의에서는 모든 팀원에게 반대 의견 제시를 의무화하는 것도 방법이다.

● **팀장은 가장 마지막에 발언하라.** 팀장은 권위와 권력이 부여된 자리이기 때문에 팀원들은 여러분을 다른 팀원과 동등하게 대할 수 없다. 즉 팀장의 말과 행동을 훨씬 무겁게 받아들이고 영향도 더 크게 받는다. 여러분 자신은 그런 것을 원하지 않더라도 어쩔 수가 없다. 여러분이 아무리 유행에 민감하고 유머 감각까지 갖춘 젊은 팀장이라도 마찬가지다. 그러니 막내 직원에게 가장 먼저 의견을 물어보고 여러분은 가장 마지막에 발언하라.

● **백기 들기를 하면 그것 자체만 지적하라.** 팀원들에게 '백기 들기'가 무엇인지 알려주고, 백기 들기를 하는 팀원이 보이면 그냥 넘어가지 말고 상황을 일깨워준다. 다만 비난을 섞지 말고 백기 들기를 하는 행동 자체만 지적한다. 가령 회의에서 딴생각하며 토론에 참여하지 않는 팀원이 보이면 "미유키, 지금 자네 백기를 들고 있군. 무슨 딴생각이라도 하나?"라는 식으로 말하면 된다. 내가 장담하건대, 이것이 "미유키, 지금 회의가 너무 지루해서 죽겠다는 듯한 그 표정 좀 어떻게 해줄 수 없겠나?"라고 말하는 것보다 훨씬 효과적이다.

● 올바른 의사결정을 위한 팀장의 역할 ●

팀장으로서 여러분의 역할은 누가 어떤 형태로 발언하든 모든 의견을 진지하게 듣고 수렴하는 것이다. 그러려면 어떤 사람에게는 자기 목소리를 내거나 반대 의견을 말하는 것이 특히 더 어렵고 복잡할 수 있다는 점을 알아두어야 한다. 예를 들어, 내 제자였던 한 흑인 남학생은 공격적이거나 적대적인 사람으로 보이고 싶지 않아서 자기 목소리를 내거나 반대 의견 말하는 것을 일부러 자제했다고 말한 적이 있다. 나 역시 어떤 팀에서 유일한 여성 팀원으로 일했을 때 내 주장을 드러내고 반대 의견 말하는 것을 무척 조심스러워했다. 무의식적으로 그럴 때도 있었고, 때로는 의식적으로 말을 줄였다. 함부로 흘려보내지 않는 것이다.

또 여러분은 목소리가 크고 말이 빠른 사람이 발언권을 장악해 몇몇 사람의 의견이 묻히지 않도록 회의 문화를 잘 조성하는 데도 신경을 써야 한다. 간혹 성격이 유독 내향적이거나 생각을 정리하는 데 특별히 많은 시간이 필요한 사람이 있다. 이전에 스타트업에서 일할 때 중국 출신의 클레어라는 동료가 있었는데, 그는 어릴 때 "무슨 말이든 내뱉기 전에 세 번은 생각해야 한다"라는 말을 듣고 자랐다고 했다. 무슨 생각이든 떠오르면 그때그때 발언하도록 하는 우리 팀의 회의 문화에서는 클레어가 자기 목소리를 낼 기회를 얻는 것이 무척이나 어려웠다. 이후 팀장은 클레어의 발언 순서를 뒤로 미루어 시간을 충분히 주고 본인이 준비되었을 때 발언할 수 있도록 배려했다. 만일 불가피하게 회의를 빠르게 진행해야 할 때는 회의 전후에 본인의 의견을 글로 적어서 제출하는 것도 허용했다.

팀원들의 의견을 수렴해 의사결정을 할 때 팀장인 여러분이 주의해야 할 또 한 가지는 혹시라도 무능한 팀장으로 비치는 것이 불안해서 모든 문제에 대한 답을 알고 있는 것처럼 말하거나 행동해서는 안 된다는 것이다. 어떤 팀장은 약점이 드러나는 것을 경계해 자기 생각과 결정이 논쟁에 부쳐지는 것 자체를 허용하지 않겠다는 식으로 말하기도 한다. 하지만 그런 불안은 과감히 떨쳐내라. 팀원들이 적극적으로 자기 목소리를 내고 반대 의견을 말하도록 하는 편이 여러분의 팀에 훨씬 이롭다. 궁극적으로는 여러분이 팀장으로서 경쟁력을 갖추는 데도 더 큰 도움이 된다. 팀원들이 자기 목소리를 내는 훈련을 계속하다 보면 자연스레 더 나은 의사결정을 하게 된다. 무엇보다 여러분과 팀원들 모두 자유롭게 의견을 나누고 안전하게 반대의 목소리를 냄으로써 애빌린의 역설에 갇히지 않는 팀에서 일하는 편이 훨씬 더 즐거울 것이다.

☑ 애빌린의 역설에서 보듯이 집단 사고는 팀의 의사결정에 강력한 영향을 미친다. 팀장으로서 여러분이 주의를 기울이지 않으면 자칫 아무도 만족하지 않는 나쁜 의사결정으로 이어질 수 있다. 이러한 현상이 발생하는 이유는 주변 사람들에게, 특히 자신보다 높은 지위의 사람들에게 호감을 얻고 긍정적으로 평가받고 싶은 우리의 욕구 때문이다.

☑ 회의 때 몸만 참석하고 정신은 딴 데 팔린 나머지 자기 생각을 공유하지 않고 어떻게 의사결정이 되든 신경 쓰지 않는 이른바 '백기 들기'를 하는 팀원들이 있다. 이런 경우 감정적 비난을 섞지 말고 백기 들기 자체만 지적해서 회의에 집중하도록 이끈다.

☑ 모든 팀원이 적극적으로 자기 목소리를 내고 안전하게 반대 의견을 말하도록 독려하는 팀의 규범과 문화를 만드는 것은 팀장의 매우 중요한 역할이다. 가령 반대 의견을 낸 팀원에게는 칭찬과 보상을 함으로써 조직 차원에서 반대 의견 말하기를 권장하는 문화를 조성하라.

☑ 여러 사람의 의견을 모아 의사결정을 할 때는 선의의 비판자를 지정하고, 막내 팀원부터 시작해 모든 팀원이 발언하도록 한다. 팀장은 본인이 원하지 않아도 불필요한 영향을 끼칠 수밖에 없으므로 언제나 마지막에 발언한다.

☑ 어떤 팀원은 자신의 성격이나 사회적 편견 등의 이유로 자기 목소리를 내는 데 더 큰 어려움을 겪기도 한다. 팀장으로서 여러분의 역할은

그러한 팀원들에게 관심을 기울이고 어떤 이유로든 자기 목소리를 제한받지 않도록 하는 것이다. 또 목소리 큰 일부 팀원에게 발언권이 몰리지 않도록 함으로써 공평한 발언권이 보장되는 회의 문화를 조성하는 것도 여러분의 중요한 역할이다.

제20강

갈등을 생산적인 상호작용으로 전환하라

어느 이른 저녁, 나는 친구 바이와 함께 팔과 엉덩이를 힘차게 흔들며 파워워킹에 나섰다. 늘 그렇듯 우리는 주로 일에 관한 이야기를 나누었다. 바이는 자신이 맡은 팀에서 분열과 갈등이 끊이질 않고 때로는 고성이 오가는 싸움이 일어나기도 한다며 푸념을 시작했다. 어떻게 해야 갈등 상황을 해결할지 이야기하기 전에 나는 먼저 바이에게 물었다. "너희 팀은 어떤 종류의 갈등을 겪고 있어? 싸우는 이유가 구체적으로 뭐야?"

갈등은 부정적인 것이라는 인식이 많지만 사실 갈등 자체는 나쁜 것도 좋은 것도 아니다. 갈등은 때로 끔찍하다. 좀처럼 좁혀지지 않는 의견 차이로 인한 대립과 갈등은 분노를 불러일으키고 관계를 망가뜨린다. 많은 팀이 이러한 적대적 갈등으로 인해 길을 잃고 도태되거나 추락한다. 하지만 우리가 어떻게 관리하느냐에 따라 갈등이 오히려 생산적인 작용을 하기도 한다. 중요한 것은 잘 싸우는 기술이다. 이는 이혼 위기에 처한 부부가 상담받을 때 자주 듣는 조언이기도 하다. 생산적인 갈등은 우리가 무의식적인 인지 편향이나 집단 사고의 오류에 빠지지 않도록 도와준다. 의견 대립을 피하지 않고 적극적으로 대응하다 보면 오히려 새롭고 혁신적인 아이디어가 생겨나기도 한다.

● 팀에서 발생하는 갈등의 세 가지 유형 ●

여러분의 팀이 갈등을 겪는다면 무엇으로 인한 갈등인지 먼저 파악해야 한다. 의견 불일치로 인한 대립인지, 일하는 방식과 순서의 차이로 인한 반목인지, 특정 팀원의 업무 태만으로 인한 불만인지 등등. 여러분의 팀원은 모든 갈등에 한결같이 스트레스를 받겠지만, 팀장으로서 여러분은 갈등을 무조건 부정적인 것으로 간주해선 안 된다. 무엇을 위해 싸우는가에 따라 갈등은 여러분 팀을 생산적으로 도와줄 수도 있고 해악을 끼칠 수도 있다. 훌륭한 팀장은 팀이 겪는 갈등이 어떤 패턴과 유형의 것인지, 그것에 어떻게 대처해야 하는지 알아야 한다.[1]

다음 페이지의 그림에서 보듯이, 조직에서 발생하는 갈등은 크게 관계 갈등, 절차 갈등이라는 세 가지 유형으로 나눌 수 있다. 관계갈등은 서로 가치관이 다른 팀원들 사이에서 발생하는 관계의 문제이다. 업무 갈등은 특정 사안에 대한 아이디어의 충돌에서 비롯되며, 절차 갈등은 업무 전반에 걸쳐 절차, 우선순위 등 규범에 대한 서로의 이해가 다른 것에서 비롯된다.

각각의 갈등 유형별로 좀 더 자세히 살펴보자.

첫째, 관계 갈등은 팀원들 간의 고질적인 '차이'로 인해 생겨나는 것으로 가장 골치 아픈 갈등 유형이다. 팀원들은 신념, 가치, 취향 등 세상을 바라보는 근본적인 시각 차이를 인정하지 못해 서로를 미워하고 소리를 지르며 싸우기도 한다. 이러한 관계 갈등은 팀을 파괴한다. 의사소통을 단절시킴으로써 신뢰를 무너뜨리고 급기야 팀의 생산성도 떨어트린다. 성과가 좋은 팀일수록 대체로 관계로 인한 갈등이 적다.

관계로 인한 갈등의 가장 골치 아픈 점은, 갈등 자체는 두 사람 사이에서 발생하지만 그로 인한 부정적 감정은 팀 전체로 스며든다는 점이다. 이는 또 다른 형태의 '감정 전이'다. 여러분은 팀 전체에 균열이 생기기 전에 불화를 잘 해결해야만 한다.

그렇다면 여러분은 팀장으로서 어떻게 해야 할까? 제18강에서

---

1   팀 내 갈등에 대한 양질의 연구는 수없이 진행되었다. 그중에서 카렌 젠(Karen Jehn), 엘리자베스 마닉스(Elizabeth Mannix)는 갈등의 세 가지 유형 및 성과가 좋은 팀의 갈등 패턴을 주로 연구했다. Karen Jehn, Elizabeth Mannix, "The Dynamic Nature of Conflict: A Longitudinal Study of Intragroup Conflict and Group Performance," *Academy of Management Journal* 44, no. 2 (2001), 238~251.

관계 갈등

세상에나!
어떻게 라마가 낙타보다 낫다고
생각하는 사람이 있을 수 있지?

이래서 내가
캐럴을 싫어할 수밖에
없다니까.

업무 갈등

우리 상품의 마스코트는
반드시 라마가 되어야 해.
이국적인 분위기를 전달하니까!

난 반대야. 낙타가 브랜드에
훨씬 잘 어울려. 보기에도
좋고 오래 견디니까.

절차 갈등

화요일에 만나서 낙타 조사를 시작해보자.

안 돼. 수요일에 시작하는 게
훨씬 나아.

세 가지 갈등 유형별 유발 요인

살펴본 탁월한 팀을 만드는 세 가지 핵심 요건을 다시 떠올려보기 바란다. 특히 팀원들이 서로에 대해 더 깊이 이해하고 공감할 수 있는 환경을 만들어주는 것이 중요하다. 심리학자 로리 고틀립(Lori Gottlieb)은 이렇게 말했다. "서로를 깊이 알면 서로 좋아하지 않을 수가 없다."[2]

갈등을 겪고 있는 팀원들이 있다면 서로에 대해 깊이 알 수 있는 대화를 나누고 호감을 느끼도록 도와야 한다.

둘째, 업무 갈등은 실질적인 업무와 관련해 서로의 의견 차이를 좁히는 과정에서 발생하는 갈등이다. 곧 출시될 신상품에 벨과 호루라기 중 어떤 것을 장착할지, 혹은 두 명의 지원자 중 어떤 사람을 채용할지 등 어떤 사안을 두고 열띤 논쟁을 벌이는 상황을 예로 들 수 있다. 팀원들 간의 불화와 달리 업무에 대한 의견 대립은 무조건 부정적이기만 한 것은 아니다. 제19강에서 살펴봤듯이 적극적으로 반대 의견을 내는 것은 우리가 지닌 인지적 편향과 집단 사고의 오류를 줄여주는 역할을 한다. 또 의견 대립은 어떤 아이디어를 더 충실하게 보완해주며 새롭고 혁신적인 아이디어가 생겨나도록 해준다. 강한 팀일수록 건강한 의견 대립이 더 많이 일어난다. 만약 여러분의 팀에 의견 대립이 전혀 없다면 이것이 오히려 걱정해야 하는 상

---

2   Lori Gottlieb, *You Should Talk to Someone: A Therapist, HER Therapist, and Our Lives Revealed* (New York: Houghton Mifflin, 2019).

황이다.

의견 충돌을 생산적인 갈등으로 끌어가려면 팀장인 여러분은 먼저 팀원들이 모두 다르다는 점을 인정하고 다양성을 환영해야 한다. 팀원들의 성장 배경이나 업무 경험 등이 다른 것은 오히려 건전한 의견 대립을 장려하는 데 도움이 된다. 그런 차이들이 똑같은 문제 상황에서도 각자의 관점과 경험을 적용한 다양한 해결책을 생각해내도록 해주기 때문이다.

의견 대립을 건전한 방향으로 끌어가는 또 다른 방법은 집단 사고의 함정을 피하는 방법과 비슷하다. 선의의 비판자를 지정하고, 그룹 토론을 하기 전에 자신만의 아이디어를 구상하는 시간을 준다. 각자의 아이디어를 펼쳐놓고 토론할 때는 적극적으로 반대 의견을 내도록 장려함으로써 치열하지만 결과적으로는 생산적인 논쟁이 되게 한다.

셋째, 절차 갈등은 업무 일정과 절차를 비롯한 구체적인 업무 수행에서 서로 다른 규범과 기준을 적용하려고 하는 데서 발생한다. 특히 하나의 프로젝트를 여러 팀원이 함께 수행하는 경우, 실제 업무를 수행하는 과정에서 서로 다른 기준을 기대하거나 적용함으로써 갈등이 일어나게 된다. 특히 팀원들이 생각하는 업무의 중요도나 일정 등에 대한 기준이 다를 경우 팀장의 업무 배정에 커다란 불만을 품을 수 있다. 이러한 갈등은 잘 조율하기만 하면 오히려 업무를 더 효율적으로 수행하는 방법을 찾는 데 도움이 되지만, 그렇지 않으면 팀원들을 지치게 하고 관계의 불화로 이어지기도 한다.

다시 한번 탁월한 팀의 세 가지 기본요건 중 '명문화된 확실한 규범'에 대한 내용을 떠올려보기 바란다. 특히 새로운 프로젝트를 시작하기 전에 여러분은 관련된 여러 가지 규범들을 팀원들과 함께 정하고 기록해서 공유해야 한다. 각자 어떤 업무를 담당할지, 어떤 절차로 진행하고 마감은 언제인지, 중요한 의사결정은 어떤 방식으로 할지, 회의를 어떤 주기로 하고 참가자 범위는 어떻게 할지 등에 대해서 명확한 기준을 설정한다. 규범은 구체적이고 상세할수록 좋다. 가령 주간업무회의는 매주 어떤 요일 몇 시에 얼마의 시간 동안 할지 결정한다. 회의록을 돌아가면서 작성하기로 했다면 순서도 미리 정해놓는다. 화상회의를 한다면 시스템 담당자를 미리 정해 준비하도록 한다. 단순해 보이더라도 이런 세부 규범들을 잘 정해두면 불필요한 갈등을 피할 수 있다.

● 갈등은 좋은 것이라는 인식을 심어주어라 ●

갈등은 반드시 부정적이기만 한 것은 아니고 잘 관리한다면 오히려 생산적인 상호작용이 될 수 있다. 갈등을 잘 관리하기 위해서는 세 가지 유형의 갈등이 시간에 따라 보이는 서로 다른 양상에 대해 이해하는 것이 도움이 된다. 뛰어난 성과를 보이는 팀을 대상으로 연구한 결과를 보면, 관계 갈등은 전반적으로 낮은 수준을 보인다.

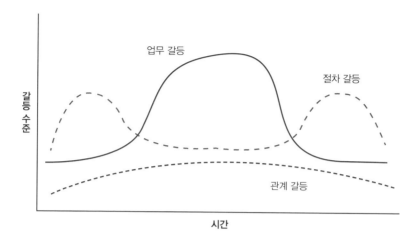

업무 갈등

절차 갈등

갈등 수준

관계 갈등

시간

고성과 팀에서 나타나는 갈등 유형별 양상

업무 갈등은 프로젝트를 시작하고 중반부에 이르렀을 때 가장 커지며, 절차 갈등은 프로젝트의 시작과 마무리 시점에서 특히 두드러진다.[3]

나는 한때 유난히 갈등이 심한 팀에 몸담은 적이 있다. 온갖 갈등이 끊이지 않았고 방향 설정을 두고도 늘 티격태격했다. 당시 팀원들은 정말 다양한 방법으로 싸우며 갈등을 표출했다. 다른 팀원이 낸 아이디어를 소리치며 무시하기, 침묵으로 반응하기, 동시다발적으로 울어버리기, 전략적으로 눈물 보이기, 무관심하기, 충돌 자체

3 Karen Jehn, Elizabeth Mannix, "The Dynamic Nature of Conflict : A Longitudinal Study of Intragroup Conflict and Group Performance.", *Academy of Management Journal*, Apr 1, 2001.

를 부정하기…. 사업의 방향을 어떻게 수정할지(업무 갈등), 어떤 아이디어를 어떻게 채택할지(절차 갈등)에 관한 논의는 늘 팀원들 간의 관계 갈등으로 빠르게 치달았다. 일단 갈등이 관계의 문제로 비화되면 신뢰가 무너져 다시 돌이키기 어려웠다.

이러한 경험을 통해 내가 깨달은 것은 갈등은 아주 복잡하다는 것이다. 이해를 돕기 위해 갈등의 세 가지 유형을 제시했지만, 실제로 모든 갈등이 그리 명쾌하게 나뉘는 것은 아니다. 두 가지 갈등이 섞여 있기도 하고, 한 가지 갈등이 다른 갈등으로 이어지기도 한다. 또 겉으로 드러난 것과는 다른 속사정을 감추고 있어 다루기가 특히 까다로운 갈등들도 있다. 하지만 여러분이 팀에서 발생하는 갈등이 어떤 유형이고 어디에서 비롯되었는지 파악하기 위해 깊이 들여다보는 것은 여전히 갈등을 빠르게 해소하는 데 도움이 된다.

갈등을 관리하는 팀장으로서 여러분의 또 다른 중요한 역할은, 팀원들에게 갈등이 부정적인 것만은 아니며 생산적이고 유익한 상호작용이 될 수 있다는 점을 알려주는 것이다. 갈등에 대한 인식이 긍정적으로 바뀌면 갈등으로 인해 발생하는 부정적인 악순환을 방지할 수 있다. 즉 갈등이 더 심해지거나 갈등이 또 다른 갈등을 낳으며 복잡해지는 상황을 피할 수 있다.

팀원들만 갈등을 겪는 것은 아니다. 팀장인 여러분도 불화, 의견 대립, 규범의 차이로 인한 갈등을 겪을 수 있다. 앞으로 팀원들의 의견이 마음에 들지 않아 분통이 터지려고 하면 반대 의견을 말하기 전에 여러분이 무엇을 위해 싸우는지 생각해보기 바란다. 여러분의 반대 의견이 어떤 갈등을 불러오고 어떤 상호작용으로 이어질지 가늠해보기 바란다. 그러면 여러분도 기꺼이 갈등을 즐기고 생산적으로 이용할 수 있게 될 것이다.

☑ 갈등은 나쁘기만 한 것도 좋기만 한 것도 아니다. 그 유형에 따라 팀
에 생산적인 도움을 주기도 하고 해악을 끼치기도 한다.

☑ 팀원들 간의 불화는 서로 양립할 수 없는 차이에서 기인하므로 되돌
리기가 매우 어렵고 그만큼 까다로운 갈등 유형이다. 관계 갈등은 의
사소통을 가로막고 신뢰를 무너뜨리며 궁극적으로 팀을 와해해 추락
시킨다.

☑ 업무 갈등은 팀의 방향에 대한 생각이나 특정 사안에 대한 아이디어
가 서로 달라 충돌하면서 발생한다. 의견 대립 자체는 우리가 집단 사
고의 오류에 빠지지 않도록 해주므로 특히 창조적인 업무를 수행하는
팀이라면 반대 의견 내는 것을 장려하고 의견 대립을 포용할 수 있어
야 한다.

☑ 절차 갈등은 업무 일정과 절차를 비롯한 구체적인 업무 수행과 관련
한 규범들을 서로 다르게 이해하고 적용하는 데서 비롯된다. 이러한
갈등은 좀 더 효과적인 업무 수행 방식을 탐색하도록 권장한다는 점
에서 긍정적인 작용을 하기도 한다. 하지만 이러한 갈등도 지나치면
팀원들을 지치게 할 수 있으므로 팀장은 명문화된 확실한 규범을 마
련해 팀원들과 공유해야 한다.

제21강

회의 참석자를
신중하게 선정하라

한 가지 예화로 시작해보자. 프레셔스는 스타트업에서 CEO 비서로 사회생활을 시작했다. 대학 졸업 후 첫 직장이어서인지 CEO의 일정을 관리하는 일이나 간혹 있는 점심식사 주문까지 모든 일이 그저 즐겁기만 했다. 그중에서도 가장 좋아한 일은 회의록 작성이었다. 아마도 여러분은 길고 지루한 회의록 작성을 왜 좋아했는지 궁금할 것이다. 프레셔스는 비서로서 CEO가 참석하는 모든 회의에 동석해 회의록을 작성했다. 덕분에 회사가 처음 대규모 계약을 체결하던 순간을 비롯해 회사의 성장 과정에서 중요했던 순간들을 가까운 곳에서 지켜볼 수 있었다. 경영진이 구조조정을 결정하던 순간에도, 시리즈 B 투자 유치가 성사되던 순간에도 프레셔스는 그곳에서 함께하며 회의록을 작성했다.

어떤 중요한 순간을 함께하고 지켜보는 것은 가슴 벅차고 짜릿한 일이다. 더구나 경력이 얼마 되지 않는 팀원이라면 자신보다 한참 선배이거나 상사인 사람들에 둘러싸여 무언가에 압도되는 듯한 느낌도 받을 것이다. 경영진이 굵직한 사안을 두고 전략적인 의사결정을 할 때, 혹은 CEO가 외부 경쟁사를 대상으로 까다로운 협상을 할 때와 같은 상황을 옆에서 지켜보는 것만으로 팀원들은 많은 것을 배우고 성장한다. 프레셔스가 회의록 작성하는 일을 좋아한 것도 바로 그런 이유 때문이었다.

● 기회이면서 비생산적인 회의의 역설 ●

그러면 회의의 또 다른 이면도 한번 살펴보자. 최근 나는 친구로부터 트레이더조 마켓에서 특정 제품이 판매 중단되었다는 소식을 긴 문자메시지로 받았다. 친구는 한 커뮤니티에 올라온 글을 캡처에서 그 제품이 사라진 이유와 관련한 각종 음모론에 자신의 의견까지 더해 장문의 메시지를 보냈다. 그 내용은 무척 자세하고 구체적이며 광범위했다. 그런데 알고 보니 친구는 직장에서 회의하던 중에 그 문자메시지를 보낸 것이었다. 또 다른 사례도 있다. 나는 서른 명이 함께하는 화상회의에 참석하는 중이었다. 그 시간은 무척 생산적이었다. 특가세일을 하는 운동복을 샀고, 새로운 치과를 찾아냈으며, 비트코인 가격도 확인했다. 그리고 강아지 입양센터 몇 군데에 지원서도 제출했다.

여러분도 어떤 회의에 참석했다가 어느 순간 이렇게 질문한 경험이 있을 것이다. "내가 대체 여기 왜 있는 거지?" 여러분 대다수는 끊임없이 이어지는 회의에 치여 혀를 내두르고 있을지 모른다. 조직의 규모가 커지면 협력하는 일이 점점 더 어려워지고, 이때 가장 흔히 사용되는 해결책이 각종 회의 개수를 늘리는 것이다. 그러다 업데이트 회의, 부서 회의, 아이디어 개발 회의, 주간 회의 등등 회의 없이는 아무런 의사결정도 하지 못하는 지경에 이르게 된다. 그리고 여러분은 팀장으로서 어떤 팀원도 배제하거나 서운하게 만들고 싶지 않다. 그래서 모든 팀원을 회의에 초대한다. 만약을 위해서.

그런데 여기에 역설이 존재한다. 여러분은 모든 팀원을 회의에 초대하기 원한다. 팀원의 성장을 돕고자 하는 팀장에게 회의 초대는 아주 좋은 기회이다. 조직 규모가 커지면서 의사결정으로부터 점차 멀어지는 팀원들의 불만을 해소하는 데도 도움이 된다. 하지만 참석자도 횟수도 지나치게 많은 회의는 그 자체로 비생산적일뿐더러 효과적인 시간 관리를 방해한다. 별 효용도 없는 회의들에 짓눌리다 보면 팀의 다른 기능에까지 악영향을 미친다.

그렇다면 여러분은 팀장으로서 어떻게 해야 할까? 훌륭한 팀장이 되려면 회의 주최자로서 참석자를 선정할 때 매우 신중하면서 조심스럽게 접근해야 한다. 마치 신상품이나 신입 팀원을 대하듯이 그리고 투자 피칭을 하거나 판촉 전화를 돌릴 때처럼 말이다.

● 팀 회의를 효과적으로 운영하는 방법 ●

제19강에서 효과적인 의사결정 방법을 살펴봤는데, 이는 회의 운영에서도 매우 중요한 요소이다. 명확한 기대치와 규범을 설정하는 것 역시 마찬가지다. 두 가지 모두 여러분이 팀장으로서 성공적으로 회의를 운영하기 위한 필요조건이다. 그러면 이제부터 팀 회의를 생산적으로 관리하면서 동시에 팀원들이 회의를 통해 혜택을 얻는다고 느끼도록 하는 방법에 대해 살펴보자.

첫째는 '회의의 역설'을 받아들이고 팀원들을 이해시키는 것이다. 회의 참석자 인원 축소는 조직이 커지면서 겪는 자연스러운 변화이지만 한편으로 팀원들에게는 큰 타격이 될 수 있다는 점을 인정하라. 모든 팀원이 모든 회의에 참석하지 않으며 그럴 수도 없음을 미리 인지시킨다. 다만 팀원들이 우려하는 문제가 있다면 언제든 논의할 수 있다는 점도 강조한다. 또 회의 참석자 선정 기준에 팀원들의 의견을 반영하라. 즉 팀원들이 각자의 성장 목표에 도움이 되는 회의를 '선택해서' 참여하도록 한다. 가령 장기적으로 영업 능력을 키우고자 하는 팀원이라면 매월 열리는 영업 회의에 참석해 관련 경험을 쌓도록 한다.

둘째, 회의 참석자는 배려심을 갖고 신중하게 결정한다. 어떤 회의든 참석자 명단을 작성할 때는 신중해야 한다. 특별한 역할이나 뚜렷한 참석 목적이 없는 팀원은 우선순위에 넣지 말거나 과감히 제외한다. 참석 명단에서 제외되어 심각한 소외감을 느낄 만한 팀원에게는 사전에 그 이유를 알려주고 회의가 끝난 후에는 논의 내용을 공유한다. 이것만으로도 해당 팀원은 회의를 통해 시사점을 배우고 성장의 기회를 얻을 수 있다.

셋째, 주제가 없는 회의는 하지 않는 것을 원칙으로 삼아라. 팀원들에게도 "주제가 없이는 회의도 없다"는 점을 분명히 하라. 회의 주제와 회의 목적(의사결정, 아이디어 개발, 업무 확인) 그리고 참석자에게 요구되는 사항(회의자료 사전탐독 등)을 정해 미리 공유하라.

넷째, 회의와 관련한 역할을 모든 팀원에게 배정한다. 막내 팀원만 회의록을 작성하라는 법은 없다. 회의 시작 전과 회의 중 그리고 회의가 끝난 이후에 각각 발생하는 업무들을 회의에 참석하는 모든 팀원에게 골고루 배정한다. 그리고 팀원들이 각자의 역할을 분명히 인지했는지 확인한다.

다섯째, 여러분과 팀원들 모두 회의 중에 딴짓하는 것을 허용하지 마라. 아무리 급한 이메일이라 하더라도 회의가 끝난 후에 회신해도 된다. 뭔가를 확인하려고 인스타그램에 들어갔다가 한참을 푹 빠져 있지도 말고, 어제 말다툼을 한 친구에게 사과 문자를 보내지도 마라. 회의 도중 다른 일을 동시에 하는 자기 모습을 발견한다면 지금 꼭 해야만 하는 일인지 자문하라. 대부분 그런 일이 아닐 것이다. 그렇다면 회의에 집중하라. 팀장을 비롯해 높은 직급의 참석자가 다른 일을 동시에 하기 시작하면 다른 참석자들 역시 집중하지 못한다.

여섯째, 회의 절차를 한발 앞서 관리하라. 회의를 운영하는 팀장으로서 여러분은 첫 번째 데이트를 하면서 두 번째 데이트를 계획하는 연인처럼 행동해야 한다. 회의 종료 전에 후속 조치에 관해, 즉 누가, 무엇을, 언제까지 할 것인지를 명확하게 하라. 그리고 이 후속 조치를 누가 담당할지도 분명히 확인하라.

화상회의에서는 한눈팔기와 같은 안 좋은 습관이 더욱 두드러지게 나타난다. 팀 회의를 원격으로 진행할 때는 다음 사항을 반드시 기억하기 바란다.

첫째, 화상회의도 대면회의와 마찬가지로 참석자를 엄격하게 선정하라. 화상회의를 할 때 참석자를 초대하기 쉽다고 해서 모든 팀원을 초대해야 하는 건 아니다. 또 화상회의에서는 한눈팔기가 더 쉬워지므로 이러한 것도 염두에 두어 참석자를 더 엄격하게 선정해야 한다.

둘째, 화상회의에서는 답변자를 지정해서 질문하는 것이 더 효과적

이다. 화상회의를 주재할 때는 참석자를 일일이 호명하며 질문한다. 가령 "피드백할 사람 있습니까?"라고 묻지 말고 "소렌, 이번 슬라이드 내용에 대해 어떻게 생각하나요"라든가 "할리, 이번 의사결정과 관련해 혹시 다른 의견이 있나요?"라고 물어라.

셋째, 화상회의에서는 신속한 의사 진행을 위해 예의를 덜 차려도 된다. 화상회의를 하다 보면 몇 사람이 동시에 말을 시작했다가 서로에게 먼저 말하라며 양보하느라 시간을 잡아먹기 일쑤다. 팀원들에게 이런 사과는 굳이 하지 않아도 되니 곧바로 의견을 말하라고 전한다. 누군가 말할 시간이 충분하지 않으면 여러분이 발언 기회를 주거나 직접 전화한다.[1]

넷째, 대면회의와 화상회의를 동시에 하지 마라. 멀리 떨어져 있는 팀원 한 명만 화상회의에 접속하고 나머지 팀원들은 회의실에 모이는 경우가 있다. 이렇게 회의를 진행하면 화상회의에 접속한 팀원은 발언에서 제외될 가능성이 크다. 따라서 누군가 원격으로 회의에 참석해야 하는 상황이라면 나머지 팀원들도 대면회의를 하지 말고 화상회의에 참여하도록 한다. 또 몇 사람만 비대면 그룹통화를 이용해 참여하고 나머지는 화상회의를 하는 경우라면 나머지 팀원

---

1   이 화상회의의 원칙은 라이프랩스 러닝(LifeLabs Learning) 사이트에서 발췌한 것이다. https://lifelabslearning.com.

들도 화상회의 대신 음성회의로 전환하는 것이 바람직하다.

　나는 주기적으로 회의 관련 점검을 한다. 앞으로 한 달간 주재할 회의들을 검토하며 각 회의의 주제와 목적을 냉정하고 철저하게 평가한다. 그리고 이메일 한 통으로 빠르게 처리할 수 있는 안건에 대해선 회의를 취소한다. 굳이 참석이 필요하지 않은 팀원들에게는 회의 참석을 요구하지 않는다. 내가 달성하고자 하는 실질적인 목적에 맞게 회의시간을 줄이거나 늘린다. 일종의 회의를 위한 봄맞이 대청소인 셈이다. 이때도 정리의 달인 곤도 마리에(Kondo Marie)의 원칙을 적용해 '설레지 않는' 회의는 과감히 취소하라.

☑ 조직에 큰 영향을 미치는 의사결정 회의처럼 중요한 순간과 장소에 함께하는 건 무언가를 배우고 성장할 기회이면서 매우 짜릿한 경험이다.

☑ 하지만 조직 규모가 커질수록 회의가 많아지다 보면 오히려 회의의 역설이 발생한다. 너무 많은 회의와 너무 많은 회의 참석자는 오히려 비생산적인 회의를 양산한다.

☑ 팀장으로서 여러분은 팀원들이 회의에 참석하는 것이 시간 낭비가 되지 않도록 이끌 중요한 책임을 지니고 있다.

☑ 팀 회의를 효과적으로 운영하기 위해서는 사전에 회의 주제와 목적을 분명하게 설정하고, 회의 중 한눈팔기를 허용하지 않으며, 회의 참석자를 엄격하게 선정해야 한다.

☑ 생산적이고 효과적인 화상회의를 위해서는 대면회의 못지않은 세심한 주의가 필요하다.

제6장

자기
경영

수개월 전 우리 팀에는 신위라는 사랑스러운 팀원이 있었다. 신위는 대학을 갓 졸업한 신입사원이었다. 어느 날 오후 신위와 함께 커피를 마시며 걷다가 우연히 그녀의 친구들과 만나게 되었다. 신위는 친구들에게 나를 자신의 '상사'라고 소개했다. 나는 잠시 할 말을 잃고 쭈뼛거리다가 이내 생각했다. '아, 맞네. 나는 이제 누군가의 상사네.'

어떤 이유로든 그날 오후 누군가의 상사로 내가 소개된 것은 큰 충격으로 다가왔다. 아마도 내가 '상사'라는 단어에 익숙하지 않아서였을 수 있다. 혹은 팀원이 나를 자신과 완전히 구별된 존재로 여긴다는 느낌에 대한 거부감 때문일 수도 있다. 나는 팀장이면서도 팀원들이 나를 상사가 아닌 동료로 인식해주길 바랐던 것 같다.

한 번은 내 상사가 팀원에서 팀장이 되는 것을 두고 '일을 완료하는 것'에서 '일이 완료되었는지 확인하는 것'으로 역할이 변하는 것이라고 말한 적이 있다. 그러면서 팀장으로서 자신의 역할이 신입사원 때와 완전히 달라졌음을 깨달았던 순간에 대해 말했다. "팀장이 되면 업무에 접근하는 방식이 근본적으로 바뀐다. 또 다른 사람이 당신을 생각하는 관점도 근본적으로 바뀐다." 하지만 다른 사람과 팀 전체를 관리해야 하는 자리로 이동하는 것은 말처럼 그렇게 단순하지가 않다. 여러분 스스로 아직 팀장이 되었다는 것을 완전하게 받아들이지 못하는 것도 이유가 될 수 있다.

팀장으로서 여러분은 모든 팀원이 나를 싫어한다는 느낌을 받을 수 있다. 다수 팀원이 동의하지 않는 의사결정이나 일련의 조치를 해야 하는 순간에 직면할 수도 있다. 팀원들과 동떨어져 있다는 것에 몹시 외로움을 느낄 수도 있다. 이는 한 번도 경험해보지 못한 느낌일지 모른다. 또 불쾌감이나 불편함을 느끼는 순간들도 수없이 많을 것이다. 팀장으로서 실수도 할 텐데 아마 팀원일 때보다 실수의 결과가 한결 파급력이 크다는 것에 놀랄지 모른다. 팀장으로서 여러분은 엉뚱한 사람을 채용해서 애를 먹거나 프로젝트를 제대로 이끌지 못해 팀을 위기로 몰아넣을 수 있다. 쓸데없는 것까지 일일이 참견하고, 회의 중 팀원의 사기를 꺾는 말을 하거나, 팀원의 퇴사 절차를 매끄럽지 않게 처리할 수도 있다. 스스로 마치 사기꾼이 된 것 같은 느낌에 사로잡혀 '내가 정말 팀장이라는 위치에 적합한가'라는 의문을 품을 수도 있다. 또 팀원들에게 팀장 자격이 없다는 평가를 받으면 어쩌나, 애써 감췄던 약점이나 부족함을 들켜버리면 어쩌나 하는 두려움을 느낄 수도 있다.

제6장에서는 여러분이 팀장으로서 자기 자신을 관리하는 방법, 즉 '자기경영'에 대해 살펴보겠다. 팀장으로서 얻은 새로운 힘을 어떻게 다룰지, 절친한 동료의 상사가 되어 느끼는 불편함을 어떻게 다스릴지, 팀장으로서 여러분 자신의 경력에 대한 의사결정들을 어떻게 관리할지 논의할 것이다.

여러분이 이 책을 읽고 있다는 것은 여러분이 팀장이거나 곧 팀장이 될 위치에 있어서 본인의 역량 개발과 성장에 신경 쓰고 있음을 의미한다. 이는 매우 중요한 일이다. 여러분이 최고의 팀장이 되어 팀원들에게 최고의 경험을 선사하도록 노력하겠다는 뜻이기 때문이다. 나는 여러분이 훌륭한 팀장이 되기 위한 여정을 제대로 가고 있음을 굳게 믿는다. 2016년 당시 미국 대통령이었던 버락 오바마는 이런 말을 했다. "그러니까 자신감을 가져야 합니다. 여러분이 여러분 자신의 첫 번째 팬이 되어야 합니다."[1] 여러분 자신을 관리하는 데 있어 첫 번째 교훈은 바로 이것이다. 여러분이 팀장이 된 것은 그만한 이유가 있기 때문이다. 여러분이 자신의 첫 번째 팬이 되길 바란다.

---

1   "Hamilton at the White House," March 14, 2016, https://obamawhitehouse. archives.gov/the-press-office/2016/03/14/remarks-president-hamilton-white-house.

약점을 드러냄으로써
신뢰를 쌓아라

이 책을 쓰면서 좋은 점 중 하나는 내 지인들이 경영과 관련된 언론 기사나 유튜브 영상을 무수히 보내준다는 것이다. 나는 지인들에게 경영과 관련해 가장 좋아하는 문구도 보내달라고 부탁했다. 그러면서 이렇게 물었다. "사막에서 홀로 지내야 하는 상황에서 경영과 관련된 문구 딱 하나만 기억해야 한다면 무엇을 추천하겠는가?" 그러자 믿을 만하고 진심 어린 답변이 쏟아졌다. 다음은 몇 가지 가장 기억에 남는 답변을 추려본 것이다.[1]

"칭찬은 나누고 잘못은 떠안아라."

"사람들은 여러분이 본인에게 얼마나 신경 쓰는지 알기 전까지는

---

[1] 인터넷 자료를 검색해보면 알겠지만, 두 번째 인용구는 시어도어 루스벨트(Theodore Roosevelt), 세 번째 인용구는 마야 안젤루(Maya Angelou)가 언급한 것이다.

여러분 지식이 얼마나 뛰어나든지 신경 쓰지 않는다."

"사람들은 여러분이 한 말을 잊을 것이다. 여러분이 한 행동도 잊을 것이다. 하지만 여러분이 자신에게 준 느낌은 잊지 않을 것이다."

"회의시간에 팀원들 앞에 서기 전에는 반드시 바지 지퍼를 확인하라."

이외에도 영감을 주는 포스터나 이메일 서명란에서 흔히 봤을 법한 다양한 문구들이 전해졌다.

● 아랫사람에게 약점을 보여야 하는 이유 ●

가장 기억에 남는 문구는 내 친구 타일러가 전해준 것이었다. 그에게 팀장이 되었을 때 받은 가장 도움이 되었던 조언을 알려달라고 하자 이런 문구를 보내왔다. "윗사람에게는 자신감을, 아랫사람에게는 약점을 보여라."

나는 이 조언을 무척 좋아한다. 특히 신임 팀장이 기억해야 할 수많은 중요한 개념들이 요약되어 있기 때문이다. 우선 이 말은 윗사람, 즉 여러분의 상사와 어떻게 관계를 맺는지가 중요하다는 점을 강조한다. 이는 제24강에서 구체적으로 살펴보겠지만, 중요한 것은 업무 실행력과 팀 관리 능력에서 자신감을 보여주면서 동시에 상사와 '생각 파트너'로서 관계를 맺어야 한다는 점이다. 또 상사의 필요를 미리 파악해서 과부하가 될 만한 불필요한 정보들은 묻지 않고도 미리 걸러낼 수 있을 만큼의 전문가가 되어야 한다. 그것이 상사에게 보여야 할 자신감이다.

　그런데 아랫사람, 즉 팀원들에게 약점을 보이라는 것은 어떤 의미일까? 더구나 신임 팀장이라면 팀원들에게 군이 약점을 보이기보다 자신감을 보여주고 존중받길 원하지 않을까? 이에 대해선 두 가지로 답변할 수 있다. 첫째, 사람들은 풍기는 냄새만으로도 능숙하게 거짓말을 알아챈다. 이제 막 팀장 자리에 오른 여러분이 지나친 자신감을 보인다면 팀원들은 그것을 허세로 받아들일 것이다. 사람들은 자신이 무엇을 모르는지 알고, 도움을 청할 수 있으며, 자신들의 말에 기꺼이 귀 기울여주는 리더를 원한다. 팀원들에게 지나친 자신감을 내세우면 독재자처럼 느껴질 수 있고, 내 경험상 이런 유형의 팀장은 언젠가는 도태되고 만다.

　둘째, 약점을 드러낸다는 것은 팀장이라고 해서 늘 모든 답을 아는 건 아니라고 솔직히 드러내는 것이다. 팀장 역시 업무에서 실수할 수 있고 결점과 단점도 있다. 이러한 두렵고 불안한 마음을 공유하는 것이 약점을 드러내는 것이다. 이렇게 약점을 드러냄으로써 여러분은 신뢰를 얻을 수 있다. 신뢰는 의사소통의 질을 높이고 부정적인 유형의 갈등을 줄여주는 마법 수프이다. 팀원들이 커뮤니티에 소속된 것처럼 느끼게 하고, 심리적 안전감을 주어 위험을 감수하도록 하는 등 팀원들이 어떤 일이든 더 잘하게 만들어주는 마법 수프 말이다.

　약점을 드러내야 한다는 말에 아직은 고개를 갸웃하는 사람이 있을 것이다. 하지만 최근 들어 우리 삶에서뿐 아니라 조직에서도 '약점을 드러내는 것'은 점점 더 중요해지고 있다. 많은 연구자와 치료사들이 그 가치를 인정하고 있다. 다만 특히 신임 팀장은 무능을 약점과 혼용해서 사용할 위험이 있으므로 주의해야 한다. 여러분은 약점을 드러내려 했는데 팀원들은 그것을 무능으로 간주할 수 있다. 능력이 부족한 팀장이 약점을 드러내는 것은 오히려 위험하다.

● 무능과 약점을 혼동하지 마라 ●

그렇다면 무능과 약점의 차이는 무엇일까? 가상의 사례를 통해 구체적으로 살펴보도록 하자.

첫 번째 사례

크리스티나 팀장은 '테드 토크(TED Talk)' 형식의 프레젠테이션을 전체 팀원 앞에서 진행하라는 요청을 받았다. 그것은 크리스티나가 팀장으로서의 여덟 명의 팀원들에게 약점을 드러낼 좋은 기회였다. 크리스티나는 프레젠테이션을 정말 열심히 준비했다. 나는 평소 해당 분야에서 크리스티나의 역량을 고려할 때 그녀가 프레젠테이션을 성공적으로 마칠 것이라고 확신했다. 그렇다면 그녀는 이번 프레젠테이션에 관해 팀원들에게 어떻게 말하는 것이 좋을까?

- 1번 : 이번 테드 토크는 완전히 망할 것 같아요. 전혀 준비를 못 했거든요.

- 2번 : 프레젠테이션 경험이 많은 데도 사람들 앞에서 말하는 건 여전히 너무나 긴장됩니다. 그래서 중요한 프레젠테이션을 준비할 때는 아직도 전체를 외워서 합니다.

여러분은 1번과 같은 프레임을 선택한 적이 없는가? 학창시절 "시험공부를 하나도 못 했어"라는 엄살을 부려본 적이 있을 것이다. 하지만 1번처럼 말하는 것은 여러분의 무능함을 드러낼 뿐이다. 더구나 크리스티나는 거짓말로 무능함을 드러냈다. 약점을 드러내려면 2번처럼 말해야 한다. 프레젠테이션에 능숙한 이들도 여전히 긴장한다는 점을 통해 크리스티나는 자신의 약점을 자연스럽게 드러냈다.

두 번째 사례

함께 일했던 동료 중에 파티마라는 팀장이 있다. 그녀는 팀원들에게 구조조정 가능성에 대해 언급해야 하는 상황이었다. 파티마는 팀원들의 안위는 고사하고 자신의 자리마저 위태로운 상황에 무척 겁을 먹었다. 무거운 분위기를 눈치챈 팀원들은 파티마에게 상황의 불확실성이 어느 정도인지 물었다. 파티마는 어떤 프레임으로 답변하는 것이 좋을까?

● 1번 : 여러분, 저 역시 여러분처럼 아무것도 모르는 상황입니다. 저도 직장을 잃을까 무척 겁이 나네요. 어떻게 될지 전혀 아는 바가 없습니다.

● 2번 : 여러분, 현재 우리 앞에 놓인 불확실성으로 인해 저 역시 무척 불안합니다. 어떻게 될지 아무것도 정해진 게 없는 상황에서 의사결정을 하고 일상 업무를 조율해가야 한다는 사실이 두렵기만 하네요. 우리 팀을 위해 가능한 한 서둘러 정확한 정보를 전달할 수 있도록 노력하겠습니다.

1번 답변에서도 파티마는 팀 전체가 겪고 있는 상황에 공감하면서 실직에 대한 두려움을 드러내고 있다. 하지만 팀원들은 파티마가 자신의 실직 문제를 지나치게 걱정하는 나머지 팀원들이 향후 거취와 관련해 가장 나은 선택을 할 수 있도록 신경 써줄 여력이 없다고 생각할 것이다. 즉 팀원들은 상황에 대한 통제권이 전혀 없는 파티마를 무능하다고 여길 것이다. 2번 답변에서 파티마는 현재 처한 불확실한 상황에 공감을 표현하면서 그런 상황이 왜 어려운지 솔직하고 구체적으로 설명한다. 그러면서 팀원들을 지원하기 위해 자신이 어떤 행동을 취하겠다고 제시한다. 불확실한 상황에서 팀장으로서 약점을 드러낸다는 건 잘못이나 실수를 인정하는 것을 넘어서서 자신 역시 완전히 낯선 경험을 하고 있으며 이전에 겪어보지 못한 각종 어려움을 마주하고 있음을 공유하는 것이다.

팀장들은 간혹 팀원들의 질문에 모두 답해주어야 한다고 생각한다. 하지만 여러분은 모든 분야에서 전문가가 될 수 없으며 모든 답을 가질 수도 없다. 신임 팀장을 대상으로 하는 코칭에서 다양한 역할극을 한다. 그러면서 팀원과 어려운 주제로 대화하는 연습을 하기도 하는데, 신임 팀장들은 종종 내게 이렇게 묻는다. "팀원이 X에 관해 물어보면 어떻게 대답해야 하죠?" 그런데 X는 정확하게 대답하기 불가능한 질문이다. 이런 상황에서 팀장은 "나도 잘 모르겠어"가 최선의 답변임을 받아들이기 힘들어한다. 그래서 팀원이 물어볼 질문에 대한 답변을 자신이 갖고 있지 않으면 대화 자체를 피하려고 한다. 여러분은 절대 모든 답을 알 수 없다. "나도 잘 모르겠어"라고 답하는 것에 익숙해져라.

● 팀장의 방어적 태도는 왜 위험한가 ●

팀장이 자신의 실수나 선택한 방향이 잘못됐음을 인정하지 않거나 약점을 드러내지 않는다면 어떻게 될까? 먼저 팀원들은 여러분을 방어적이고 속내를 잘 알 수 없는 사람이라고 여기게 될 것이다. 그래서 팀원들은 불편함을 초래할 수 있는 상황은 만들려 하지 않고, 여러분의 의견에 반대하거나 감정을 상하게 하는 일은 피하게 된다(자신의 잘못을 인정하지 않는 사람에게 누가 굳이 나서서 지적하겠는가). 잘못을 인정하지 않는 여러분의 방어적 태도가 포용성이 없고 무력한 팀을 만들어버린다.[2] 그러니 실수를 인정하고 약점을 기꺼이 드러내라.

개인적으로나 업무적으로나 자신의 약점을 드러내는 일은 절대 쉽지 않다. 많은 용기가 필요하다. 하지만 그만큼 얻는 것도 크다. 수년 전 나는 한 반에 서른 명 정도의 대학원생들을 가르쳤다. 한번은 수업 중에 적나라한 토론이 진행되었고 일부 학생은 사회적 편견에 따르는 위험을 무릅쓰며 자신의 이야기를 솔직하게 나누었다. 이전의 토론 수업에서 나는 조정자 역할만 하면서 주변부에서 맴돌았다. 그런데 그날 토론은 전혀 예상치 못한 방식으로 내게 큰 감동을 주었기에 나도 내 개인적인 이야기를 꺼냈다. 그리고 울기 시작했다. 서른 명의 학생들이 쳐다보는 앞에서. 여성으로서 또 비교적 젊은 선생으로서 그 순간에 나타난 날것의 약점은 숨길 수가 없었다. 덜컥 겁이 났다. 그간 열심히 가르치며 선생으로서 쌓아온 진지함, 친밀감, 존경심이 완전히 무너져내릴 것 같았다.

하지만 내 예상과는 전혀 반대의 상황이 펼쳐졌다. 학생들도 나

---

2 방어적인 태도는 억압적인 문화의 특징이다. 방어적 태도는 사람들이 권력자에 대한 비판을 위협적이거나 부적절한(또는 무례한) 것으로 여길 때 나타난다. 이는 새롭거나 도전적인 아이디어에 수동적으로 대응해 그런 아이디어를 제안하기조차 어렵게 만든다. 이런 조직에서는 사람들의 감정이 상하지 않았는지 확인하거나 방어적인 사람 주위에 머물지 않으려 애쓰는 데 많은 시간을 쏟는다. 권력자의 방어적 성향으로 나타나는 또 다른 문화적 특징은 '위안받을 권리', 즉 '힘을 가진 이들이 정서적·심리적 위안(감정보다 논리를 중시하는 또 다른 측면)을 받을 권리'가 있다고 믿는 것이다. Kenneth Jones, Tema Okun, "White Supremacy Culture." *Dismantling Racism: A Workbook For Social Change Groups* (ChangeWork, 2001).

도 서로에게 훨씬 가까워졌다. 우리는 신뢰를 쌓았다. 내가 약점을 드러내 보였음에도 학생들은 나를 무능한 선생으로 여기지 않았다. 학생들 앞에서 우는 건 내가 절대 해서는 안 될 행동 가운데 하나였다. 하지만 그 순간의 울음은 내 마음의 진실함을 표현해주었고 학생들과 깊이 연결되도록 해주었다.

자, 정리하면 아주 간단하다. 훌륭한 팀장이 되려면 윗사람에게는 자신감을, 아랫사람에게는 약점을 보여주어라.

☑ 내가 아는 한 팀장의 자기경영을 위한 최고의 조언은 "윗사람에게는 자신감을, 아랫사람에게는 약점을 보여주어라"이다.

☑ 상사와 파트너로서 관계를 맺고 필요로 하는 것을 미리 파악해 알아서 처리하라. 그것이 자신감이다.

☑ 약점을 드러내는 것은 자신의 실수를 인정하고, 무엇이 왜 두려운지 감정을 솔직하게 공유하는 것이다.

☑ 약점을 드러냄으로써 진정성을 보여주고 신뢰를 쌓을 수 있다. 신뢰와 진정성은 팀과 여러분 모두에게 중요한 자원이다.

☑ 약점을 드러내되 무능해 보여서는 안 된다. 무능과 약점은 다르다. 특히 신임 팀장의 경우 지나치게 자신을 낮추다가 무능해 보이는 오류를 범하지 않도록 주의하라.

제23강

권한을 팀원의 성장을
돕는 데 사용하라

가상의 상황을 떠올리며 이야기를 시작해보자. 여러분은 목요일 퇴근 후에 가까운 동료들과 가벼운 술자리를 가졌다. 이런저런 마실 것을 고르고 이야기를 나누며 좋은 시간을 보냈다. 업무 이야기를 비롯해 주말에 하이킹 다녀온 이야기와 사내에서 누가 누구와 연애 중이라는 이야기까지 이런저런 대화를 주고받았다. 여러분은 스타트업에서 일하는 건 무척 고되지만, 한편으론 존경할 점이 많은 좋은 동료들과 함께 일할 수 있으니 무척 행운이라는 생각을 하며 집으로 돌아갔다.

금요일 아침이 밝았다. 승진 결과가 발표됐다. 세상에! 여러분이 승진했다. 신이 나서 펄쩍펄쩍 뛰었다. 다만 절친한 동료의 상사가 되었음을 알기 전까지는. 많은 시간을 함께하며 바로 어젯밤에도 술자리를 함께한 동료였다. 지난 몇 년간 여러분과 동고동락하며 함께 울고 웃었던 그런 친구 같은 동료 말이다.

● 친구 같은 동료의 상사가 되었을 때 ●

팀장이 되면 별로 하고 싶지 않은 불편한 일도 해야 한다. 잘 받아들여지지 않을 걸 알면서도 건설적인 피드백을 해야 한다. 팀원들이 반기지 않는 의사결정도 해야 한다. 모두가 좋아하는 팀원이라도 성과가 개선되지 않으면 해고해야 한다. 신임 팀장이 직면하는 가장 곤란한 상황 중 하나는 또래 친구 같았던 동료의 상사 노릇을 해야 할 때다. 그나마 나은 경우라면 여러분이 정말 좋아하는 동료의 팀장이 된 경우다. 그렇다 해도 개인적으로 가까운 사람을 대상으로 권위를 행사하는 데는 여러 가지 어려움이 따른다.

여러분이 팀장이 되어 친구를 팀원으로 두면 보통 어떤 상황이 발생할까? 내 경험상 두 가지로 나뉜다.

◉ 1번 : 매우 지시적이고 형식적으로 변한다. 과묵하고 사무적으로 행동하기 위해 노력하며 관리자다운 면모에 집중하다 보니 독재적이고 군림하는 팀장으로 보이기 쉽다.

◉ 2번 : 지나치게 공손한 모습을 보인다. 행여 우정에 금이 갈까 두려운 마음에 동료를 화나게 하지 않으려 전전긍긍한다. 두 사람의

관계에서 필요하거나 기대하는 바를 절대 언급하지 않는다.

'친구'와 '팀장'이 반드시 배타적인 존재는 아니다. 친구이면서 동시에 팀장으로서 관계를 맺는 것은 얼마든지 가능하다. 다만 그러기 위해서는 여러분 자신에 대한 깊은 이해와 더불어 관계에 접근하는 방식에 대한 공감과 훈련이 모두 필요하다.

팀장이 되면 어떤 일이 일어나는지부터 이야기해보자. 여러분은 팀장이 되면 더 커진 권한을 갖게 된다. 팀장으로서 여러분은 팀을 어떻게 운영할지 결정하는 권한을 갖는다. 팀원들은 여러분에게 팀의 방향과 지침을 묻는다. 여러분의 말과 행동은 팀의 분위기에도 많은 영향을 미친다. 이 모든 것이 팀장으로서 여러분이 권한을 가졌음을 보여준다.

● 권한을 가지면 무엇이 달라질까 ●

그렇다면 팀장에게 주어진 권한을 어떻게 사용해야 할까? 어떻게 해야 권위를 유지하고 적절한 영향력을 미치면서도 좋아하는 동료들과 친구 같은 관계를 맺을 수 있을까? 사실 우리는 권한을 갖게 되는 순간 이전과는 다르게 행동한다. 심지어 훌륭한 팀장에게 요구하는 것과 반대되는 행동을 하기도 한다. 좋든 싫든 권력에는 부패하기 쉬운 속성이 있다. 친구처럼 가까운 동료들이 팀장이 된 여러분을 걱정하는 것은 어쩌면 당연한 일이다.

따라서 여러분은 권한을 지녔을 때 어떤 일이 일어나는지 이해함으로써 팀장으로서 갖게 된 영향력을 잘못 사용하지 않도록 해야한다. 다음은 여러분이 팀장으로서 권한을 갖게 되었을 때 발생할수 있는 상황이다.

⦿ 사람들은 대개 권한을 받으면 어떻게든 그 권한을 지키려고 한다.여러분도 팀장으로서 팀원들에게 권한을 이양하기보다 자신을 위해 권한을 보호하려 할 것이다.[1]

⦿ 권한을 갖게 되면 여러분은 자신과 비슷한 사람을 선호하게 된다.[2]

그래서 해당 분야의 전문가보다 여러분과 비슷하게 생각하고 행동하는 팀원들로부터 정보나 의견을 구할 가능성이 크다.

⦿ 권한을 가지면 행동의 제약을 덜 받으므로 여러분은 이전과 비교

---

1 인간의 권력 유지 욕구는 사회학자, 정치과학자, 심리학자들이 오랜 기간 연구해온 주제다. 이러한 연구는 인종차별적이고 불공정한 사회 구조와 제도를 해체하고 반억압적인 조직을 만들기 위한 작업을 지원한다.

2 Kathleen M. Eisenhardt, L. J. Bourgeois III, "Politics of strategic decision making in high-velocity environments: Toward a midrange theory," *Academy of Management Journal* 31, no. 4 (1988), 737~770.

해 자기 의지대로 행동할 자유가 커진다.[3]

◉ 여러분의 권한이 너무 커지면 팀원들은 더 이상 위험을 감수하려 들지 않는다. 팀 내부의 전체적인 심리적 안전감도 줄어든다.

따라서 친구 같은 동료의 팀장이 된 상황에서 가장 먼저 깨달아야 할 것은 바로 여러분이 팀장으로서 갖게 된 권한으로 인해 이전과는 다르게 행동하게 되리라는 점이다. 훌륭한 팀장이 되고 싶다면 이를 먼저 받아들여야 한다.

팀장으로서 권한을 갖게 되면 이전과 다르게 행동하리라는 것은 알았다. 그 밖에 여러분이 친구 같은 동료의 팀장이 되었을 때 겪게 될 또 다른 어려움은 어떤 것일까? 엘리너 아미트(Elinor Amit)와 조슈아 그린(Joshua Greene)의 연구 결과에 따르면, 우리는 사회적으로 가까운 관계의 사람과 관련해서 의사결정을 할 때 객관적인 기준이 아니라 감정적인 잣대에 더 의존하게 된다.[4]

---

3 Adam D. Galinsky, Joe C. Magee, Deborah H. Gruenfeld, Jennifer A.Whitson, and Katie A. Liljenquist, "Power reduces the press of the situ-ation: Implications for creativity, conformity, and dissonance," *Journal of Personality and Social Psychology* 95, no. 6 (2008), 1450~1466.

4 Elinor Amit and Joshua D. Greene, "You see, the ends don't justify the means: Visual imagery and moral judgment," *Psychological Science* 23, no. 8 (2012), 861~868.

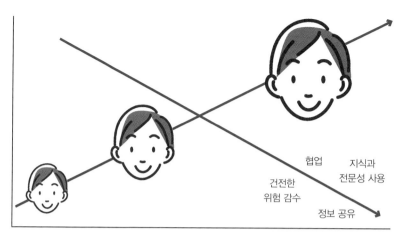

증가하는 권한

권한이 커질수록 줄어드는 것들

이것은 곧 여러분이 친구 같은 동료의 팀장이 되고 나면 이성적인 의사결정을 하지 못할 수도 있음을 의미한다. 명확한 데이터를 무시함으로써 냉정하고 차분한 판단을 하는 것이 힘들어질 수도 있다. 권한은 의사결정뿐 아니라 팀장으로서 여러분에게 필요한 또다른 관리 역량에도 악영향을 미칠 수 있다. 여러분이 친구 같은 동료의 팀장이 되었을 때 그들이 도망가는 건 어쩌면 당연한 일이다.

● 친구 관계를 유지하며 훌륭한 팀장으로 일하는 법 ●

친구 같은 동료의 팀장이 되었을 때 친구로서의 관계를 유지하면서 훌륭한 팀장으로 일하기 위한 몇 가지 방법을 소개하겠다.

첫째, 어색함을 인정하라. 제일 중요한 것은 그런 불편한 관계에 놓인 것에 관해 터놓고 대화하되, 앞으로도 얼마든지 잘 지낼 수 있음을 인지하는 것이다. 지금 당장 어색한 것은 어색한 대로 일단 두어도 된다. 동료의 감정이 어떤지도 물어보아라. 그리고 시간이 좀 더 지난 후에 다시 한번 이런 대화를 나눠보면 어색함이 확실히 줄어들 것이다.

둘째, 관계에 대한 기대를 전달하라. 어색함을 인정하고 난 후에는 팀장과 팀원으로서 어떻게 관계를 유지할지 두 사람이 함께 일련의 기준을 정한다. 어떤 방식으로 함께 일하고 의사소통하기 원하는지 여러분의 솔직한 기대를 전달하라. 이는 모든 팀장이 거쳐야 할 과정이지만, 팀원과 다소 복잡한 관계일 때 특히 더 중요하다.

셋째, 여러분의 역할은 팀장이라는 것을 기억하라. 팀장으로서 여러분의 역할은 무엇을 해야 할지 일일이 언급하는 게 아니다. 팀원들의 동기를 유발하고 원활한 의사소통을 돕는 것이며, 팀원들의 성장을 도움으로써 팀의 성과를 내는 것이다. 여러분과 팀원의 관계는 명령을 따르는 상하관계라기보다 서로를 돕는 파트너 관계에 더 가깝다. 그러니 "팀원들의 업무에 내가 어떤 도움을 줄 수 있을까?"라는 자세로 팀을 운영하라. 친구 같은 팀원이 더 잘 성장하고 높은 성과를 내도록 하려면 여러분이 무엇을 어떻게 도와야 할지 생각하라. 같은 팀원일 때와 방법은 달라지겠지만 여전히 그 친구 같은 동료를 보살필 수 있어서 기쁘고 설렐 것이다.

넷째, 여러분의 약점을 드러내라. 다만 충분한 이유가 있어 승진한 것이니 그 부분에서는 확실하게 자신감을 가져도 된다. 성공한 사람들 가운데 자신의 업적을 스스로 인정하지 못하고 움츠러드는 경우가 많다. 이러한 '가면증후군'은 친구 같은 동료를 팀원으로 두었을 때 유독 두드러지게 발현될 수 있다. 여러분 스스로 팀장이 될 준비가 안 되었다는 불안감을 느낀다면 동시에 친구 같은 동료가 그런 자신의 속내를 훤히 들여다보리란 것에도 두려움을 느낄 것이기 때문이다. 여러분을 승진시킨 회사의 의사결정에 의문을 품거나 스스로 깎아내리지 말되, 아직 배워야 할 것이 많으므로 더 성장하기 위해 노력할 것이라고 솔직하게 이야기하면 된다.

다섯째, 건설적인 피드백을 두려워하지 마라. 이제 팀장이 되었으니 친구 같은 동료에게도 자주 피드백을 주도록 노력해야 한다. 다만 그 피드백이 인신공격이 되지 않도록 조심해야 한다. 더 중요한 것은 친구 같은 동료도 여러분에게 건설적인 피드백을 자주 하도록 독려하는 것이다. 피드백은 감정을 섞지 않고 객관적으로 하는 것도 중요하지만 때를 놓치지 않고 적절한 시점에 하는 것도 중요하다. 실망스러운 마음이 생길 때까지 참았다가 뒤늦게 피드백을 주면 자칫 감정적으로 변질되어 상처를 주기 쉽다. 이렇게 되면 두 사람의 관계도 악화할 수 있으므로 유의해야 한다.

여섯째, 의사소통에 신중하라. 친구 같은 동료와 팀장으로서 대화를 나눌 때는 특히 단어 선택을 신중히 해야 한다. 여러분 자신과 상대를 구별하는 듯한 표현에 주의하라. 가령 "우리는 네가 6개월 안에 승진할 것으로 생각해"처럼 상대를 여러분과 다른 위치에 두는 말을 해서는 안 된다. 그런 표현은 인간미가 없을뿐더러 부당하고 배타적인 대우를 받는다고 느끼게 한다.

공감, 연민, 정직, 인내심 그리고 가장 좋은 것을 주고 싶은 마음은 좋은 친구 관계를 위한 중요한 심리적 자원이다. 친구 같은 동료의 팀장이 되었을 때 여러분에게 필요한 자원도 이와 똑같다.

☑ 친구 같은 동료를 팀원으로 두고 팀장 역할을 해야 하는 경우가 종종 생긴다. 특히 스타트업에서는 친한 친구의 상사 위치에 놓일 수도 있다.

☑ 우리는 권한을 얻게 되면 무의식적으로 행동이 변한다. 가령 전문적인 지식이나 자격을 갖춘 사람 대신 말과 행동이 자신과 비슷한 사람으로부터 조언을 들으려고 한다.

☑ 팀장이 지나치게 큰 권한을 가지면 팀원들이 위험을 감수하려 들지 않거나 정보 공유를 꺼릴 수 있다.

☑ 부하직원이 된 친구와 좋은 관계를 유지하려면 우선 둘의 관계에서 어색한 감정이 들 수밖에 없음을 인정하고 받아들여야 한다. 그런 다음 팀장으로서 친구의 성장을 돕고 약점을 솔직하게 드러냄으로써 새로운 신뢰 관계를 정립하도록 한다.

☑ 더불어 팀장의 역할도 잘 수행하려면 적절한 기준과 기대치를 설정하고, 건설적인 피드백을 주고받으며, 상대를 세심하게 배려하는 의사소통을 해야 한다.

상사의 성공을 돕는
파트너가 되어라

가장 최근에 근무했던 스타트업에서의 경험을 나누며 이야기를 시작해보려 한다. 당시 나는 매주 화요일마다 아침 아홉 시에 상사인 사마이야와 주간 회의를 진행했다. 월요일 밤이면 나는 주간 회의를 어떻게 할지 다섯 개의 선택지를 놓고 고민했다.

첫 번째 선택지는 전체 회의에서 약 40퍼센트 적용하는 선택지다. 월요일 밤에 회의를 취소하고 "회의할 만한 새로운 주제가 없네요. 다음 주에 이야기 나누시죠"라는 문자메시지를 남기는 것이다.

두 번째 선택지는 첫 번째 선택지를 약간 변형한 것으로 아무런 쪽지나 고지 없이 회의를 취소하는 것이다. 그러면서 사마이야가 너무 바빠서 회의가 취소되었다는 사실조차 모르고 넘어가길 바란다. 단연코 내가 가장 좋아하는 선택지지만 그리 자주 사용하진 않는다.

세 번째 선택지는 어느 정도 계획이 필요하다. 회의시간에 사마이야와 대화를 나누고 그의 현명한 조언을 들을 수 있는 안건을 준비한다. 안건은 주로 업무와 관련해 직면한 '위기'에 관한 것들이다. 이 선택지는 사마이야 스스로 본인을 꽤 쓸모 있고 똑똑한 사람으로 여기도록 하는 추가적인 장점이 있다. 더욱이 나는 거의 말을 안해도 되는 이점도 있다. 세 번째 선택지는 내가 두 번째로 자주 사용하는 것으로 가끔은 매우 흥미진진한 대화로 이어진다.

네 번째 선택지는 말 그대로 수다를 떠는 것이다. 가장 재미있으면서 동시에 가장 위험한 선택지다. 회의를 시작하기 전에 나는 사마이야에게 연애, 반려견, 주말 계획 등과 관련해 속사포 질문을 던진다. 이야기가 마무리될 즈음엔 "혹시 그 이야기 아세요?"라는 질문으로 새로운 화제를 꺼낸다. 사마이야가 미끼를 덥석 물어 즐거운 수다로 회의시간 전체를 때울 수 있기를 희망하면서. (이 선택지는 나도 그리 좋아하지 않으며 그저 경험을 나누는 차원에서 언급하는 것이다.)

다섯 번째 선택지는 되면 좋고 안 돼도 어쩔 수 없다는 자포자기에 가까운 심정으로 선택한다. 아무런 준비도 하지 않고 회의실에 들어가 사마이야가 나와 의논하고 싶은 주제를 가져와 주길 바라는 것이다.

● 왜 상사와 성공적인 관계를 쌓아야 하는가 ●

상사와 성공적인 관계를 쌓는 것은 훌륭한 팀장으로 거듭나기 위한 필수조건임에도 의외로 간과되는 경우가 많다. 앞에서 상사와의 주간 회의와 관련해 공유한 나의 경험은 상사와 성공적인 관계를 맺는 문제와 관련해 여러분이 맞닥뜨리게 될 가장 흔한 일화이다. 여러분은 상사를 어떤 식으로 활용해야 할지, 상사와 어떻게 상호작용해야 할지, 자신의 문제를 상사에게 얼마나 노출해야 할지, 그리고 상사가 여러분에게 원하는 것이 무엇인지 제대로 알지 못한다.

여러분은 이렇게 질문할지 모른다. 훌륭한 팀장이 되는 것과 상사와 성공적인 관계를 맺는 것이 도대체 무슨 상관이지? 이에 대한 나의 답변은 간단하다. 상사와의 관계 관리에 실패하면 팀원 관리에도 혼란이 발생할 수 있다. 여러분은 팀장으로서 팀원들의 직무설계를 하고 팀을 잘 운영해 그들의 성장을 도와야 할 책임이 있다. 그런데 간혹 어떤 팀장은 아무런 합리적 설명도 없이 "위에서 이렇게 지시가 내려왔네요"라는 무책임한 말 한마디로 팀원에게 업무를 배정한다. 상사가 제안했다는 이유로 자신은 동의하지 않는 의사결정을 내리고 이를 팀원들에게도 일방적으로 전달하는 것이다. 여러분이 상사와의 관계를 관리해야 하는 이유는 바로 이런 의사결정을 내리지 않기 위해서이다. 윗사람과의 관계를 제대로 맺지 못하면 팀원들에게 여러분의 권위를 제대로 세울 수 없다. 즉 윗사람과의 관계를 올바르게 관리해야 아랫사람과의 관계도 올바르게 관리할 수 있다.

● 인지부하와 조명효과의 충돌 ●

상사와 생산적이고 긍정적인 관계를 맺음으로써 여러분의 팀 운영 능력과 리더십에 부정적인 영향을 미치지 않도록 하려면 어떻게 해야 할까? 우선 상사와의 관계에서 흔히 부딪히는 어려움에 대해 먼저 이야기해보자. 그것은 한마디로 '인지부하'와 '조명효과'의 충돌로 설명할 수 있다. 즉 여러분은 조명효과로 인해 자신이 어떻게 일하고 있는지 상사가 잘 알아줄 것이라고 믿지만, 막상 여러분의 상사는 부하직원이 어떤 일을 하는지 기억조차 하지 못한다. 그 이유는 대개 처리해야 할 다른 정보들이 너무 많은 탓에 인지부하가 증가하고 기억력이 저하되었기 때문이다.

인지부하는 뇌에서 정보를 처리하고 저장하는 인지적 과정에서 요구되는 정신적 노력이라고 할 수 있다.[1] 뇌에서 처리해야 할 정보가 너무 많거나 어려워지면 인지부하가 증가한다. 그리고 인지부하가 증가하면 단기 작업기억의 기능이 감소한다. 즉 무수히 많은 정보가 뇌에 쌓여 있을 때 우리의 기억력은 더 나빠지는 것이다. 처리해야 할 일이 유독 많은 날에 평소에는 그러지 않던 사람이 자기 노트북의 비밀번호를 잃어버리는 이유도 인지부하 증가로 인한 기억력 감퇴로 설명할 수 있다. 매일 수백 통의 이메일을 받고 수많은

---

1 인지부하 개념은 존 스웰러(John Sweller)가 그의 박사학위 논문을 통해 처음 고안했다. John Sweller, *Effects of Initial Discrimination Training on Subsequent Shift Learning in Animals and Humans* (doctoral dissertation, Adelaide, Australia, 1972).

의사결정을 해야 하는 여러분의 상사 역시 인지부하 증가로 인해 단기 기억력이 저하된 상태일 수 있다.

조명효과는 우리 내면의 자기중심성과 관련이 있다.[2] 조명효과의 핵심은 실제 이상으로 다른 사람들이 우리를 주목한다고 여기는 것이다. 하지만 그들은 우리를 주목하지 않는다. 그들 자신을 생각하느라 혹은 그들 주변 사람들이 그들을 주목하는 것에 대해 생각하느라 너무 바쁘기 때문이다. 하지만 팀장으로서 해야 할 일들에 집중하다 보면 그 일들이 너무 중요하게 여겨진 나머지 상사 역시 여러분 자신과 여러분의 역할에 높은 관심을 보일 것이란 편견에 사로잡히게 된다.

다시 한번 강조하지만 여러분의 상사는 단기 작업기억을 요구하는 수많은 일을 동시에 처리하느라 늘 바쁘다. 그리고 여러분은 자기 자신과 자기 일에 대해 다른 사람의 생각보다 더 중요하게 여기며 상사가 늘 여러분과 여러분이 진행하고 있는 프로젝트만 신경쓸 것이라고 착각한다. 하지만 여러분의 상사는 늘 생각할 거리가 넘쳐나서 심지어 여러분이 어떤 일을 하고 있는지조차 기억하지 못한다. 여러분은 상사와 성공적인 관계를 쌓고자 할 때 이 조명효과와 인지부하의 충돌이 있다는 것을 받아들이고 그 틈새를 해결하기

---

2   Thomas Gilovich, Victoria H. Medvec, and Kenneth Savitsky, "The spotlight effect in social judgment: an egocentric bias in estimates of the salience of one's own actions and appearance," *Journal of Personality and Social Psychology* 78, no. 2 (2000), 211.

나는 너무 중요해!
내 상사는 항상 나만 생각해!

난 할 일이 백만 가지고,
관리해야 할 사람이 아홉 명이야.
그런데 자네는 누군가?

당신

상사

팀원의 조명효과 vs. 팀장의 인지부하

위한 노력을 해야 한다.

● 상사보다 전문성 수준이 높아지는 변곡점 ●

여러분의 첫 번째 팀장은 여러분보다 더 똑똑했을 것이다. 일을 매끄럽게 처리하는 방법, 회사 제품의 세부 사양, 여러분 업무에서 필요한 핵심 역량 그리고 회사가 속한 업계 흐름까지 여러분보다 더 많은 것을 알았을 것이다. 한마디로 팀장이 전문가였기 때문에 여러분은 팀장이 답을 알려주기만 기다렸다.

그러면 여러분의 팀원은 팀장을 어떻게 바라볼까? 신임 팀장으로서 여러분은 해당 업무에 전문적인 능력을 갖추고 있어 승진했을 가능성이 크다. 마케팅에 탁월한 사람은 마케팅팀을 이끌게 된다. 회계분석에 전문적인 능력을 갖춘 사람은 재무팀을 이끌게 된다. 팀원들은 여러분이 자신들보다 더 많이 안다고 생각하므로 여러분에게 답을 구한다.

이미 어느 정도 전문성을 갖추고 팀장으로 출발한 여러분은 시간이 흐르면서 자신의 업무 분야에서 상사보다 더 높은 전문성을 갖추는 시점을 맞이하게 된다. 오른쪽의 그림에서 보듯이 여러분이 계속 성장하면서 어느 지점에 이르면 상사보다 전문성 수준이 더 높아지는데, 이 지점이 바로 '팀장 – 전문가 변곡점'이다. 가령 한 회사의 COO는 재무, 법률, 준법감시 등의 영역에서 사내 최고 전문가가 아니다. 법무팀 수석팀장이 COO보다 법률 관련 지식을 훨씬 더 많이 알고 있다.

상사와 성공적인 관계를 위해서는 팀장 – 전문가 변곡점에 도달했을 때 이를 인지하고 수용해야 한다. 이 지점에 이르면 상사와의 대화나 회의에서 이전과는 다르게 접근해야 하며 다른 층위에서의 관계를 쌓아야 한다. 더 이상 상사가 모든 답을 주길 기다려서는 안 된다. 대신 상사가 여러분 업무를 다른 팀 업무와 어떻게 연계해서 바라보는지, 혹은 여러분이 해결하고자 하는 문제가 상사의 우선순위 목록에서 어느 정도 위치를 차지하는지에 대한 정보를 요청해야 한다. 이제 여러분은 상사를 모든 질문에 답을 주는 '해결사'가 아니라 문제를 함께 고민하고 해결책을 생각하는 '파트너'로 대해야 한다. 여러분은 전문가로서 상사가 자신의 임무를 수행하고 의사결정

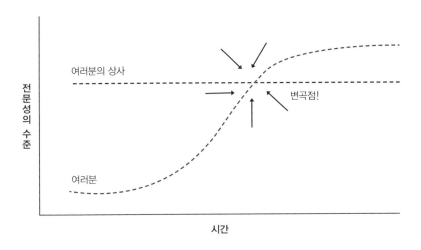

팀장－전문가 변곡점

을 하는 데 필요한 관련 정보들을 모두 확보했는지 확인해야 할 책임이 있다(이때 상사가 불필요한 정보로 인해 과부하 상태가 되지 않도록 유의해야 한다).

● 상사와의 성공적인 관계를 위한 핵심 요건 ●

여러분은 팀장으로서 상사와 생각의 파트너로서 관계를 맺고 상사가 자신의 임무를 성공적으로 수행하도록 도와야 한다. 그러려면 조명효과와 인지부하의 충돌을 현명하게 극복하고 팀장 – 전문가 변곡점도 수용해야 한다. 여러분이 상사와의 관계를 관리해야 하는 이유는 그것이 여러분의 팀 운영 능력에 직접적인 영향을 미치기 때문이다. 다음은 상사와 성공적인 관계를 맺기 위한 두 가지 핵심 요건이다.

첫째, 상사와의 관계에서 파생되는 모든 측면에서 주도적으로 움직여라. 상사와의 관계에서 파생되는 두 가지 측면이 있는데, 하나는 전술적 측면이고 다른 하나는 전략적 측면이다. 전술적 측면에서 여러분은 상사에게 꼭 필요한 정보만 걸러서 미리 전달하는 전문가 역할을 해야 한다. 회의에 참석할 때는 주제를 미리 정해서 상사에게 전달하고 회의 자체도 여러분이 주도해야 한다. 한편으론 충분한 의사소통을 해서 업무와 프로젝트에 관련된 정보를 적절하게 공유하고 자주 건설적인 피드백을 요청한다. 상사가 먼저 프로젝트 진행 상황을 묻는 일은 절대 없어야 한다.

전략적 측면에서 여러분은 상사의 '생각 파트너'가 되어 그가 문제를 해결하고 성공하도록 도와야 한다. 상사가 필요로 하는 것을 예측해서 주도적으로 대응하되 여러분의 문제가 아닌 해결책에 초점을 맞추는 것이 중요하다. 모든 상사는 부하 팀장에게 이런 질문을 받길 원한다. "본부장님, 제가 A라는 문제에 부딪혔는데요, 이를 해결하기 위한 세 가지 대안을 고민해봤습니다. 본부장님은 어떻게 생각하시나요?"

둘째, 상사의 업무 스타일을 이해하고 그것에 적응하라. 상사가 성공하는 데 필요한 것이 무엇인지 파악하고 상사의 성공을 위해 헌신하라. 여러분이 상사와 같은 팀이라는 사실을 상사 자신도 인지하도록 하라. 항상 상사의 뒤에서 보좌하고, 솔직하고 건설적인 피드백을 하며, 상사가 자신의 역할을 성공적으로 수행하는 데 필요한 것이 무엇인지 탐색한다. 상사의 업무를 보좌할 때 그의 업무 스타일이 여러분과 같을 것이란 기대는 버리는 것이 좋다. 더 안 좋은 건 상사가 여러분의 업무 스타일에 맞출 것으로 기대하는 것이다. 회사생활을 하는 동안 수많은 상사와 함께 일하게 될 것이다. 그들의 서로 다른 업무 스타일을 이해하고 그에 적응하려면 자신의 업무 스타일을 어떻게 조정해야 할지 스스로 연구해보라. 말하자면, 여러분이 잘할 수 있는 방식으로 적응 '기술'을 쌓아야 한다. 가령 여러분의 상사가 무질서하고 체계도 없이 일하는 스타일이더라도 불평하느라 시간을 허비하지 말고 어떻게 하면 두 사람의 관계에 질서와 체계를 부여할 수 있을지 생각한다.

내 경우를 돌아보면 나와 업무 스타일이 180도 다른 상사와 일할 때 가장 보람이 컸다. 물론 처음에는 나와 완전히 다른 업무 스타일과 가치관을 가진 상사 때문에 무척 혼란스럽고 실망스러웠다. 하지만 그러한 스타일의 상사와 함께 일해봄으로써 상사의 업무 스타일에 적응하는 법을 배울 수 있다는 것을 깨닫고 나자 정말 큰 보람이 느껴졌다.

훌륭한 팀장이 되려면 상사와의 관계를 능숙하게 관리해야 한다.

이를 위해서는 상사와 함께 일할 때 주도적으로 정보를 제공하고 해결책을 고민함으로써 상사의 인지부하가 늘어나지 않도록 도와야 한다. 그리고 상사들의 서로 다른 업무 스타일에 적응하면서 동시에 보완할 방법에 관해서도 연구해야 한다. 이렇게 해서 상사와 성공적인 관계를 구축하면 여러분은 팀 내에서 롤모델이 될 것이다. 이는 한편으로 (여러분을 롤모델로 삼아 열심히 학습한 팀원들 덕분에) 여러분의 인지부하가 줄어들 것이고, 어떤 팀원도 여러분과의 일대일 회의를 비밀리에 취소하지 않으리란 것을 의미한다.

☑ 상사와의 관계를 관리하는 것은 훌륭한 팀장으로 거듭나기 위한 필수 조건이지만 간과되는 경우가 많다.

☑ 상사와의 관계를 관리하고자 할 때 가장 유의해야 할 문제는 인지부하와 조명효과의 충돌이다. 즉 여러분은 실제 이상으로 상사가 여러분과 여러분 업무에 주목한다고 여기는 데 반해 여러분의 상사는 처리해야 할 정보들이 너무 많아 막상 아랫사람들이 무슨 일을 하는지 쉽게 잊어버린다. 따라서 여러분은 상사의 인지부하를 줄이는 데 도움을 주어야 한다.

☑ 상사와의 성공적인 관계를 위해서는 여러분이 상사보다 더 높은 전문성을 성취하는 시점에 이르렀을 때 그것을 인지하고 수용해야 한다. 그리고 그러한 시점에 이르면 여러분은 전문가로서 상사에게 꼭 필요한 핵심 정보를 잘 선별해서 미리미리 전달해야 한다.

☑ 더불어서 상사에게 해결사 역할을 기대하지 말고 함께 해결책을 고민하는 파트너로서 관계 맺어야 한다. 상사가 필요로 하는 것에 선제적으로 대응하면서 주도적으로 해결책을 고민하고 제안해야 한다.

☑ 상사의 업무 스타일을 이해하고 적응해야 한다. 상사의 업무 스타일에 단점이 있다면 그것을 어떻게 보완해서 여러분과 상사의 관계에 유리하게 적용할지 생각해야 한다. 이렇게 한다면 여러분은 상사에게 귀중한 자원이 될 것이며, 두 사람의 관계는 더욱 돈독해질 것이다.

이직은 신중하게
결정해야 한다

이 책에서 소개한 내용을 충분히 숙지하고 잘 활용한다면 여러분은 분명히 모든 팀원에게 사랑받는 훌륭한 팀장으로 거듭날 수 있을 것이다. 어쩌면 다른 회사에서도 탐낼 만한 인재로 성장하게 될 것이다. 꼭 그렇지 않더라도 여러분은 언젠가 지금의 회사에 계속 남을 것인지, 아니면 다른 곳으로 옮겨갈 것인지 선택해야 하는 시점을 맞이하게 될 것이다.

나는 성공적으로 투자를 유치하며 빠르게 성장하는 스타트업으로 스카우트된 적이 있다.[1] 당시 나는 자리를 옮길 생각이 전혀 없었는데도 그냥 지나치기엔 그 회사의 제안이 너무 좋은 기회처럼 보

---

[1] 여러분을 채용하는 모든 스타트업은 '빠르게 성장하고' '투자금이 풍부하다.' 그러나 실제로 그런 것인지는 전혀 다른 이야기다.

였다. 내가 이직을 고려하고 있다며 고민을 말하자 당시 내 상사였던 다이애나 팀장은 풍부한 경험을 토대로 매우 멋진 조언을 해주었다.

● 스카우트 제안을 받았을 때의 세 가지 선택지 ●

다이애나는 "예상치 못한 이직 제안을 받았을 때 좋은 점은 한발 뒤로 물러나 세 가지 다른 선택지를 생각해볼 수 있는 것"이라며 그 세 가지에 관해 설명해주었다.

- 1번 : 사실 나는 지금 하는 일을 무척 좋아하지만, 장기적으로 이 일을 계속하려면 수정하거나 보완해야 할 부분들이 있어.
- 2번 : 이번 새로운 제안은 내가 딱 원하던 일이네. 아무래도 계속 진행해야겠어.
- 3번 : 이번 제안은 내가 원하는 건 아니지만, 지금 일하는 회사를 떠나 일해보고 싶다고 생각하는 계기가 됐어.

다이애나의 조언은 인생에서 중요한 결정을 앞둔 팀원이 고민을 털어놓을 때 너그러운 팀장으로서 어떻게 대응해야 하는지를 잘 보여준다. 그런데 내가 이 조언을 의미 있게 여기는 또 다른 이유는 어려운 이직 결정을 통해 여러분 스스로 성장할 수 있는 자기경영 방법이 담겨 있기 때문이다.

　나는 칭찬에 아주 약한 사람이다. 예상치 못한 이직 제안을 받았을 때 그런 내 약점이 고스란히 드러났다. 다이애나의 멋진 조언에도 불구하고 나는 3번 선택지를 충분히 고려하지 못했다. 나는 당시 하고 있던 일이 장기적으로는 내게 안 맞는다는 사실을 인지했고, 내게 온 좋은 기회를 그냥 지나칠 수 없었다. 그렇기에 이직을 하더라도 그 시점을 뒤로 미루고 왜 이직을 해야 하는지 진지하게 고민할 가능성에 대해서는 전혀 고려하지 않았다.

　이후 한참 시간이 지나서야 3번 선택지가 옳은 선택이었을지 모른다는 생각이 들었다. 나는 왜 3번 선택지를 전혀 고려하지 않았을까? 제13강에서 '현상유지 편향'에 대해 설명한 것을 기억하는가. 우리에게는 스스로 잘 아는 확실한 상태에 계속 머무르고자 하는 내재적 욕구가 있다. 이 이론대로라면 우리는 절대로 2번 선택지를 선택할 수 없지만, 우리 주변에는 늘 직장을 옮겨 다니는 사람들이 있다. 우리가 3번 선택지를 쉽게 간과하는 주된 이유는 '가로등 효과' 때문이다. 가로등 효과란 뭔가를 찾을 때 가장 찾기 쉬운 곳만 살펴보는 현상을 말한다. 가령 자동차 열쇠를 잃어버리면 어두운 곳은 제외하고 가로등 불빛 아래서만 찾는 것처럼 말이다. 가로등 효과는 또 다른 인지 편향이다. 1번과 2번 선택지는 가로등 바로 아래에 있던 데 반해 3번 선택지는 어둠 속에 있었다. 어두운 곳에서 잃어버린 것을 찾기 위해서는 어두운 곳으로 가야 한다. 하지만 빛이 없으면 찾을 수가 없으므로 결국 찾는 것을 포기하게 된다.

● 이직을 검토할 때의 다양한 접근 방식 ●

그렇다면 이직 제안을 받았을 때 남는 것도 떠나는 것도 아닌 3번 선택지를 놓치지 않고 검토하려면 어떻게 해야 할까? 여러분이 이직 제안을 받은 시점이 일이 너무 바빠서 마음의 여유가 없을 때라면, 혹은 직업적 딜레마에 빠져 일에 대한 근본적인 고민을 하고 있을 때라면 어떻게 해야 할까? 그럴 때도 그냥 남거나 떠나는 대신 이직 여부를 신중하게 검토하려면 어떻게 접근해야 할까? 나는 상황을 잘게 쪼개어 보면서 쉬운 것부터 검토하고 판단해보라고 조언하고 싶다. 만약 "남을 것인가, 떠날 것인가"에 대한 답이 "나중에 떠나야 한다"인 경우 이직 결정을 검토하는 데 도움이 될 만한 몇 가지 접근 방식을 소개하겠다.

첫 번째는 '목적 기술하기'다. 요가 수업을 시작할 때 처음 몇 초간 목적을 설정하는 시간이 주어진다. 왜 내가 이 수업에 있는지, 수업을 통해 무엇을 이루고자 하는지 생각하는 것이다. 무작정 다음 활동으로 넘어가지 않고 짧지만 깊이 생각해볼 수 있는 시간이 주어진다는 점에서 요가는 정말 매력적인 운동이다. 이직을 고민할 때도 마찬가지다. 이직하려는 이유와 목적에 대해 먼저 분명한 생각을 정리해야 한다. 더 중요한 것은 이직함으로써 시작될 다음 단계의 경력이 어떠하기를 바라는지 생각하는 것이다. 왜 내가 이직을 하고 싶은지(현재의 직장을 찾을 당시에는 놓친 부분일 수 있다), 무엇을 성취하고 싶은지, 다음 단계의 경력에서 무엇을 얻고자 하는지 한두 줄 정도로 적어보자.

두 번째는 '직업에 대한 관점 탐색하기'다. 인생의 동반자를 선택할 때와 마찬가지로 모든 일은 타협할 수 있는 부분과 그렇지 못한 부분이 섞여 있다. 이직을 고민할 때는 일과 삶의 모든 측면에서 직업이 갖는 의미에 대해 깊이 탐색하는 시간을 가져야 한다. 가령 자신이 일하고 싶은 회사에 대해 구체적으로 적어보고, 어떤 업무가 자기 적성에 맞고 어떤 역할을 맡아야 보람을 느낄 수 있을지 생각해본다. 그리고 일을 통해서 자기 삶의 물질적·정신적 욕구들을 어떻게 충족시킬 수 있을지도 고민해본다. 그런 다음 각각의 항목별로 타협할 수 있는 것과 타협하기 어려운 것을 구분한다.

세 번째는 '직업적으로 부러운 것의 목록 작성하기'다. 나는 작가로서 코치로서 충분히 행복하게 일하고 있다. 그런데도 직업적으로 정말 부러워하는 친구가 딱 한 명 있다. 그녀는 아주 멋진 회사에서 일하는데 팀원들도 더없이 좋고 보수는 물론 여행 특전도 넘쳐난다. 나는 내가 친구 회사의 어떤 점을 부러워하는지, 거기에서 현재 혹은 미래의 내 직업에 포함되었으면 하는 요소는 무엇인지 생각해보기로 했다. 여러분이 직업적으로 부러워하는 주변 사람 다섯 명의 이름을 적고 각각 그 이유를 적어보라. 그들과 커피 한잔하면서 그들이 무슨 일을 하는지, 본인들의 직업에서 가장 좋아하는 점은 무엇인지, 가장 안 좋아하는 점은 무엇인지도 물어보라.

네 번째는 '이상적인 직업관 적어보기'다. 직업에 대한 여러 가지 관점을 탐색하고 직업적으로 부러운 점을 떠올리면서 자신이 생각하는 이상적인 직업의 모습을 적어보라. 이렇게 적은 내용을 다른 사람과 공유할 수 있도록 한 단락으로 정리해보라(나중에 자세히 적으면 된다. 지금은 우선 간단히 적어라). 예를 들어 이렇게 적을 수 있다. "오스틴 지역에 있는 핀테크 분야의 소규모 회사나 탄탄하게 성장 중인 스타트업의 경영팀에서 운영 업무를 해보고 싶다. 재무, 운영, 법무, 인사 분야에서 다양한 경력을 쌓고 싶다."

다섯 번째는 '느슨한 유대 관계의 강점 이용하기'다. 마크 그래노베터(Mark Granovetter)의 연구 결과에 따르면, 친구의 친구처럼 '느슨한 유대 관계'의 사람들로부터 직장을 구할 가능성이 크다고 한다.[2] 여러분은 지금까지 친한 사람들에게 "나에게 관심을 가질 만한 괜찮은 회사가 있을까?"라고 물었을 것이다. 이제는 그들에게 "나에게 관심을 가질 만한 사람이 있으면 소개해달라"고 부탁하라.

우선 친한 친구나 동료 열다섯 명에게 이메일을 보내(간략히 정리한 이상적인 직업의 모습도 첨부) 여러분이 다른 일자리를 찾고 있다고 전

2　Mark Granovetter, *Getting a Job: A Study of Contacts and Careers* (Chicago, IL: University of Chicago Press, 2018).

하라. 그리고 그들이 보기에 여러분에게 관심을 보일 만한 서너 명의 친구를 소개해달라고 부탁한다. 이때 구체적으로 말하는 것이 핵심이다. "내게 흥미를 보일만 한 사람을 알고 있니?"라고 묻지 말고 "이 분야에 있는 친구 3명만 소개해줄 수 있니?"라고 물어라.

이러한 다섯 가지 과제를 일주일에 한 가지씩 시도해보라. 다섯 가지를 한꺼번에 하려고 하지 말고 다음 과제를 미리 생각하지도 마라. 팀원에게 업무를 주고 그 즉시 결과를 확인하려 들 만큼 성급한 사람이 있다. 이렇게 성급한 사람일수록 일부러 천천히 가는 연습을 하는 것이 좋다.[3] 잘게 쪼개진 각각의 접근법을 한 가지씩 차근차근 진행하되, 다음 단계로 나아가기 전에 충분히 숙고하는 시간을 가지도록 한다.

물론 이력서를 업데이트하고 자기소개서를 새로 정리하거나 채용 담당자들과 직접 의사소통하는 것은 구직 활동에서 매우 중요한 부분이다. 그런데 이와 동시에 자신이 원하는 직업이나 직업을 통해 이루고자 하는 목표에 대해 깊이 생각하고 정리하는 시간을 가짐으로써 직장을 옮기지 않고 현재의 일에서 의미를 발견하고 더 성장하기 위한 노력을 해볼 수도 있다(제10강에서 살펴본 잡 크래프팅을 떠올려보기를). 이처럼 다섯 가지 접근법을 단계별로 차근차근 진

---

3 Juno Demelo, "Precrastination: When the Early Bird Gets the Shaft," *New York Times*, March 25, 2019.

행하다 보면 여러분이 다음 직업을 선택하는 데 있어 무엇을 원하고 필요로 하는지도 깊고 넓게 생각해보는 계기가 마련된다. 이렇게 되면 예상치 못한 이직 제안을 받았을 때도 좀 더 준비된 자세로 3번 선택지를 진지하게 검토해볼 수 있을 것이다.

● 여러분 자신을 사랑하라 ●

수년 전 내가 가장 좋아하는 팀원 중 한 명이었던 캐서린이 회사를 떠나 흥미로운 일자리를 찾아가는 모습을 지켜본 적이 있다. 그녀는 내게 지난 몇 년간 도움을 주어 고맙다며 사랑스러운 카드를 한 장 건넸다. 캐서린은 그 카드에 나와 함께 일하면서 들었던 조언 중 가장 인상적인 한 마디를 적어두었다. 그것은 바로 '당신에게 사랑을 되돌려줄 수 없는 대상에게 사랑을 주지 마라'는 것이었다. 복잡한 조직을 효과적으로 운영하는 방법이나 새로운 임무를 맡았을 때 전략적으로 사고하는 법, 혹은 스타트업에서 온전한 정신으로 살아남는 법에 관한 내용이지 않을까 짐작했던 나는 카드를 보며 다소 놀라지 않을 수 없었다.

여러분은 회사와 사랑에 빠져 전부를 다 바쳐 헌신하고 회사에서의 역할과 가치를 중심으로 정체성을 형성한다. 여러분의 팀원들에게 온 마음과 영혼을 내어주고, 회사를 여러분의 삶에서 가장 높은 우선순위로 둔다. 하지만 그 헌신의 대가로 기대했던 승진에서 밀려나고 급여도 오르지 않는다면 어떻게 될까. 여러분은 완전히 좌절하고 만다. 그토록 열심히 사랑을 주었건만 여러분은 왜 그 사랑을 돌려받지 못하는 것일까?

캐서린이 이직을 알아보며 힘들어하고 있을 때 나는 이 조언을 건넸다. 우리 회사에 오고 나서 그녀는 무척 성장했고, 이후 장기적인 관점에서 캐서린의 경력을 생각했을 때 의미 있는 도전이 될 만한 직무를 더 이상 찾아보기 어려웠다. 캐서린은 그토록 사랑하고 자기 정체성의 큰 부분을 차지했던 회사를 떠나야 한다는 사실에 무척이나 혼란스러워했다.

훌륭한 팀장이 되려면 조직과 조직에서의 역할에 대한 여러분의 기대를 스스로 정하고 관리해야 한다. 즉 열심히 최선을 다해 일하고 동료들을 사랑하되 여러분을 사랑할 수 없는 대상에게 영원한 사랑을 받으려고 기대해서는 안 된다. 여러분의 조직은 변화할 것이며 언젠가는 여러분의 성장 수준을 훌쩍 뛰어넘을 수 있다(반대로 여러분이 조직을 능가할 수도 있다)는 사실을 이해해야 한다. 이는 곧 여러분의 회사는 가족이나 동료 혹은 반려견처럼 여러분을 사랑할 수 없다는 의미다.

팀원들의 성장과 경력을 책임지는 것은 팀장의 매우 고된 임무이다. 여러분의 말과 행동이 팀원들에게 큰 영향을 미친다는 점도 여러분의 책임을 무겁게 하는 요인이다. 하지만 팀장으로서 팀원들과 돈독한 관계를 쌓으며 그들의 경력과 삶에서 중요한 길잡이 역할을 하는 것은 여러분이 할 수 있는 가장 보람된 일이기도 하다. 그런데 이렇게 팀장의 역할을 충실하게 수행하면서 동시에 어느 정도 거리와 평정심을 유지하는 것도 중요하다. 그렇지 않으면 여러분은 감정적으로나 지적으로나 큰 타격을 받을 수 있다.

그렇다면 팀과 팀원들에게 온전히 헌신하면서 여러분 자신의 감정과 욕구도 잘 돌볼 방법이 있을까? 내가 제안하고 싶은 바는 현재의 자리에서 최선을 다해 일하고 적극적으로 성장의 기회를 모색하면서 한편으론 지금의 일이나 조직이 아니더라도 다른 선택지가 있을 수 있음을 인지하며 각종 기회를 열린 마음으로 대하라는 것이다. 여러분은 자기 발전과 미래를 위해 회사를 떠나는 것도 선택할 수 있어야 한다.

나는 여러분이 헌신적이고 충직하며 열심히 일하는 팀장이라고 확신한다. 여러분은 팀을 위해 비록 거칠고 고된 여정일지라도 늘 최고를 추구하며 팀원들과 함께할 것이다. 여러분이 열정과 헌신을 바치며 헤쳐나갈 앞으로의 여정에서도 이 한 마디만 반드시 기억하기 바란다. "여러분에게 사랑을 되돌려줄 수 없는 대상에게 사랑을 주지 마라."

☑ 뜻밖의 이직 제안은 현재 직장에 남아 있길 원하는지, 새로운 곳으로 옮기길 원하는지, 아니면 현재의 직장이 아닌 곳에서 다른 일을 찾아보고 싶은지 서로 다른 선택지를 두고 스스로 생각해볼 기회가 된다.

☑ 지금 당장은 아니더라도 이직할 가능성을 염두에 두고 있다면 차근차근 단계별로 준비하는 것이 좋다. 어떤 회사에서 어떤 역할을 맡고 싶은지 이상적인 직업관을 정리해서 공유하고, 구직 활동에 도움을 줄 사람들과 네트워크 형성을 시작해보라. 그 밖의 접근법으로 이직을 통해 얻고 싶은 바가 무엇인지 정리하기, 직업에 대한 자기 관점을 깊이 있게 탐색하기, 평소 다른 회사에서 부러웠던 점을 통해 다니고 싶은 회사에 대해 그려보기가 있다.

☑ 이직을 검토하고 구직 활동을 할 때는 이러한 접근법들을 단계별로 한 가지씩 진행하고, 이전 단계에서 얻은 교훈을 다음 단계에서 적용하는 식으로 충분히 시간을 갖고 신중하게 접근해야 한다.

☑ 아무리 여러분이 지금의 조직을 좋아하고 헌신한다 해도 언젠가는 떠나야 할 때가 온다. 조직도 성장하고 여러분도 성장하는데 그 속도와 방향이 늘 일치할 순 없기 때문이다. 현재의 자리에서 최선을 다하되 앞으로 다가올 기회에 대해서도 마음을 열어두기 바란다.

＊ 감사의 말

2018년 봄, 나는 볼티모어에서 친구를 만나 점심을 먹었다. 내가 책을 쓰고 싶다는 바람을 전하자 친구는 곧바로 이런 제안을 했다. "책부터 쓰지 말고 블로그를 시작해봐." 덕분에 내 블로그가 탄생했고 결국 이 책까지 쓸 수 있었다.

친구, 동료, 고객, 블로그 구독자, 가족, 학생 등 내 주변의 정말 많은 사람들이 해준 조언과 격려, 크고 작은 무수한 도움들 덕분에 이 책이 빛을 볼 수 있게 되었다. 매주 글을 쓰는 것이 너무 힘들어 블로그를 접고 싶을 때 격려의 이메일을 보내주셨던 분들, 생생한 경영 현장의 경험을 들려주고 영감을 얻도록 해주셨던 분들에게 감사를 전한다. 블로그의 글을 읽고 솔직하게 건전한 피드백을 해준 분들과 이 책의 편집을 꼼꼼하게 도와준 분들에게도 감사를 전한다. 그분들이 있었기에 책 집필을 끝내고 결승선을 통과할 수 있었다.

정말 다양한 형태로 많은 분들에게 도움을 받았다. 이 책에 등장하는 인물들의 이름은 사실 그분들의 이름에서 빌려와 지은 것이다. 전형적인 감사의 말을 전하는 대신 나만의 방식으로 고마운 마음을 표현하고 싶어 그렇게 했다.